DERECK SIMONS

CÓMO COMPRAR ACCIONES DE AMAZON

Cómo invertir en la Bolsa de valores para principiantes,
Aprende Cómo Invertir en Acciones y ganar dinero

El arte de invertir

ÍNDICE

Prólogo

Todos soñamos con tener una vida cómoda en la que podamos mantener a nuestros seres queridos, darnos un capricho de vez en cuando y tener seguridad financiera. Pero lograr nuestros sueños a menudo requiere tener suficientes recursos, lo que nos impulsa a trabajar más duro y encontrar formas de ganar más.

Tener un empleo es lo primero que nos viene a la mente cuando decimos que necesitamos una fuente de ingresos estable. Pero a veces, nuestro cheque de pago regular es suficiente para cubrir nuestras necesidades cada vez mayores. Luego pensamos en formas de presupuestar nuestros ingresos limitados, o para los emprendedores, para ganar más ofreciendo productos o servicios con fines de lucro.

Nuestro ingreso por estar empleado o por ser empresario se llama ingreso activo porque lo ganamos esforzándonos por trabajar. Pero, ¿sabía que puede obtener ingresos pasivos si deja que su dinero trabaje para usted? A esto se le llama ingreso pasivo.

Ahora considera dos opciones: iniciar un negocio o invertir en acciones . Iniciar un negocio le permite obtener ingresos activos, mientras que invertir en el mercado de valores le permite obtener ingresos pasivos.

Antes de tomar una decisión, aquí hay algunas cosas en las que debe pensar:

Considere los riesgos involucrados

Hacer la pregunta: "¿Debo iniciar un negocio o invertir en el mercado de valores?" es como elegir entre caramelo y vainilla. No hay una respuesta correcta porque todo se reduce a preferencias, habilidades personales, nivel de conocimiento y recursos.

Sin embargo, es importante enfatizar que invertir en acciones y comenzar un negocio conllevan riesgos. De cualquier manera, es posible perder todo su dinero. Por eso es importante comprender en qué se está metiendo antes de dar el salto.

Al iniciar un negocio, encontrar el capital suele ser el mayor obstáculo. Debe tener en cuenta las tarifas gubernamentales, los gastos operativos mensuales, el equipo y otros activos que necesita para lanzar su negocio.

Tenga en cuenta que también hay posibilidades de que su negocio se desacelere, no gane o, peor aún, se arruine. Aunque es dueño del negocio, su flujo de efectivo no es tan líquido y es posible que no pueda retirar su dinero si tiene una emergencia.

A pesar de las dificultades, muchos todavía se aventuran en el negocio debido a la posibilidad de obtener altos rendimientos. Pero la realidad es que no es para todos. Otra opción es invertir en acciones.

Invertir en el mercado de valores puede ser un poco abrumador para algunos debido a la falta de conocimiento, el miedo a perder el dinero que tanto les costó ganar, el miedo a las estafas y la mala gestión del flujo de caja, entre otros.

Con la popularidad de las plataformas de inversión en línea, algunos filipinos se lanzan a invertir sin tener suficiente conocimiento de cómo funciona. Por sí solo, invertir en el mercado de valores no garantiza altos rendimientos para la propia inversión; mucho peor, uno podría terminar perdiendo dinero si lo atraviesa por prueba y error. La inversión directa en el mercado de valores conlleva mayores riesgos. Si invierte en el mercado de valores sin el conocimiento suficiente, entonces se convierte en una apuesta que podría causarle grandes pérdidas.

Considere la cantidad de tiempo que tiene que dedicar

Iniciar un negocio requiere mucho tiempo. Ser el propio jefe requiere mucho trabajo, paciencia y sacrificio. Por lo general, los dueños de negocios terminan pasando más tiempo trabajando en comparación con los empleados asalariados, especialmente cuando el negocio recién está comenzando. ¿Está dispuesto a perder tiempo con amigos y familiares o perder el sueño para hacer que su visión cobre vida?

Por otro lado, invertir en bolsa te presenta varias opciones. Si bien puede invertir y administrar directamente sus acciones, también puede optar por invertir en fondos mancomunados, como fondos mutuos, fondos fiduciarios de inversión unitaria y fondos de seguros de vida vinculados a inversiones . Dependiendo del tipo específico de fondos mancomunados que elija, puede abrir una cuenta de PhP 5,000 a PhP 10,000 y tener administradores de fondos que puedan tomar decisiones financieras acertadas por usted. Esto ayuda a minimizar los riesgos de perder su dinero.

Una de las mayores ventajas de invertir en el mercado de valores es que no tiene que preocuparse por la administración tanto como lo hacen los dueños de negocios. Debido a que no toma ninguna decisión en el negocio real en el que posee acciones, no necesita lidiar con problemas comerciales reales. Necesita monitorear el mercado de valores, pero esto aún le da más tiempo y libertad para hacer otras cosas.

Algunos también podrían argumentar que tener un buen portafolio no es tan satisfactorio como ingresar a su propia oficina o ver su nombre en un logotipo. Las personas con un don para el espíritu empresarial a menudo obtienen satisfacción al construir un negocio que no es lo mismo que invertir en acciones.

Considere su nivel de conocimientos y habilidades

El factor más importante que debes considerar es tu objetivo. Iniciar un negocio e invertir en el mercado de valores no son comparables, ya que tienen diferentes propósitos. Es posible que escuche consejos como "nunca lo sabrá a menos que lo intente" y esto equivale a aceptar tantos riesgos como sea posible cuando no tiene el conocimiento adecuado o la orientación adecuada.

Tu elección dependerá en gran medida de saber de lo que eres realmente capaz. Al moderar sus objetivos con su capacidad, capacidad financiera y disponibilidad de tiempo, podrá tomar una decisión realista sobre si optará por iniciar su propio negocio o comenzar a invertir en el mercado de valores.

Proponer una meta financiera clara y bien definida es una buena forma de comenzar. Al saber lo que quiere lograr, podrá planificar un curso de acción realista que abordará sus necesidades. Tener dinero para iniciar su propio negocio o invertir en el mercado de valores es solo el comienzo. Hay mucho que aprender y hacer para que pueda gestionar los riesgos y asegurarse de que no acabará perdiendo el dinero que tanto le costó ganar. La realización de sus metas y sueños, después de todo, depende de cuánto esté dispuesto a ganar en lugar de perder.

INTRODUCCION

Amazon (AMZN) no solo es uno de los minoristas en línea más exitosos, sino que también es una de las pocas empresas estadounidenses de billones de dólares que ofrece acciones . Fundada en 1994 por Jeff Bezos, la empresa ofrece una variedad de productos y servicios a los clientes a escala mundial. Bezos renunció recientemente como CEO, y Andy Jassy está programado para tomar su puesto. Con sus ingresos y el precio de sus acciones disparándose en los últimos años, la tasa de crecimiento de la compañía ha atraído tanto a inversores novatos como experimentados.

Durante los últimos años, muchos inversores potenciales han estado nerviosos, preocupados por la volatilidad o tratando de encontrar el momento adecuado para hacer una entrada.

En lugar de tratar de medir el tiempo de los mercados, que la mayoría de los expertos financieros dicen que es un mal método, los inversionistas primerizos deben considerar lo que pueden ganar (o perder) en el mercado de valores antes de invertir.

"El mercado de valores y los bienes raíces son los dos mayores creadores de riqueza de la historia". "Invertir en el mercado de valores es mucho más barato y más fácil que en bienes raíces para la mayoría de la gente".

CONCEPTOS BÁSICOS DEL MERCADO DE VALORES

¿Qué es la Bolsa de Valores?

El mercado de valores se refiere al conjunto de mercados e intercambios donde se llevan a cabo las actividades regulares de compra, venta y emisión de acciones de empresas públicas. Dichas actividades financieras se llevan a cabo a través de intercambios formales institucionalizados o mercados de venta libre (OTC) que operan bajo un conjunto definido de regulaciones. Puede haber varios lugares de negociación de acciones en un país o una región que permitan transacciones con acciones y otras formas de valores.

Si bien ambos términos, mercado de valores y bolsa de valores, se usan indistintamente, el último término es generalmente un subconjunto del primero. Si uno dice que cotiza en el mercado de valores, significa que compra y vende acciones / acciones en una (o más) de las bolsas de valores que forman parte del mercado de valores en general. Las bolsas de valores líderes en los EE. UU. Incluyen la Bolsa de Valores de Nueva York (NYSE), Nasdaq y la Bolsa de Opciones de la Junta de Chicago (CBOE). Estas bolsas nacionales líderes, junto con varias otras bolsas que operan en el país, forman el mercado de valores de los EE. UU.

Aunque se llama mercado de valores o mercado de valores y es principalmente conocido por negociar acciones / acciones, también se negocian otros valores financieros, como fondos negociados en bolsa (ETF) , bonos corporativos y derivados basados en acciones, materias primas, divisas y bonos. en los mercados de valores. (Para obtener lecturas relacionadas, consulte " ¿Cuál es la diferencia entre el mercado de valores y el mercado de valores? ")

Entender el mercado de valores

Si bien hoy en día es posible comprar casi todo en línea, generalmente existe un mercado designado para cada producto. Por ejemplo, las personas conducen a las afueras de la ciudad y a las tierras de cultivo para comprar árboles de Navidad, visitan el mercado local de madera para comprar madera y otros materiales necesarios para muebles y renovaciones del hogar, y van a tiendas como Walmart para comprar sus suministros de comestibles habituales.

Estos mercados dedicados sirven como una plataforma donde numerosos compradores y vendedores se encuentran, interactúan y realizan transacciones. Dado que el número de mercado participantes es enorme, uno tiene asegurado un precio justo. Por ejemplo, si solo hay un vendedor de árboles de Navidad en toda la ciudad, tendrá la libertad de cobrar el precio que desee, ya que los compradores no tendrán ningún otro lugar adonde ir. Si el número de vendedores de árboles es grande en un mercado común, tendrán que competir entre sí para atraer compradores. Los compradores tendrán muchas opciones para elegir con precios bajos u óptimos, lo que lo convierte en un mercado justo con transparencia de precios. Incluso mientras compran en línea, los compradores comparan los precios ofrecidos por diferentes vendedores en el mismo portal de compras o en diferentes portales para obtener las mejores ofertas, lo que obliga a los distintos vendedores en línea a ofrecer el mejor precio.

Un mercado de valores es un mercado designado similar para negociar varios tipos de valores en un entorno controlado, seguro y administrado. Dado que el mercado de valores reúne a cientos de miles de participantes del mercado que desean comprar y vender acciones, garantiza prácticas de precios justos y transparencia en las transacciones. Mientras que los mercados bursátiles anteriores solían emitir y negociar certificados de acciones físicos en papel, los mercados bursátiles asistidos por computadora de hoy en día operan electrónicamente.

Cómo funciona el mercado de valores

En pocas palabras, los mercados de valores proporcionan un entorno seguro y regulado en el que los participantes del mercado pueden realizar transacciones con acciones y otros instrumentos financieros elegibles con confianza y con un riesgo operativo de cero a bajo. Operando bajo las reglas definidas por el regulador, los mercados de valores actúan como mercados primarios y como mercados secundarios.

Como mercado primario, el mercado de valores permite a las empresas emitir y vender sus acciones al público común por primera vez a través del proceso de Ofertas Públicas Iniciales (OPI) . Esta actividad ayuda a las empresas a obtener el capital necesario de los inversores. Básicamente significa que una empresa se divide en varias acciones (digamos, 20 millones de acciones) y vende una parte de esas acciones (digamos, 5 millones de acciones) al público común a un precio (digamos, $ 10 por acción).

Para facilitar este proceso, una empresa necesita un mercado donde se puedan vender estas acciones. Este mercado lo proporciona el mercado de valores. Si todo sale según los planes, la compañía venderá con éxito los 5 millones de acciones a un precio de $ 10 por acción y recaudará $ 50 millones en fondos. Los inversores obtendrán las acciones de la empresa que pueden esperar mantener durante su duración preferida, en previsión del aumento del precio de las acciones y de cualquier ingreso potencial en forma de pago de dividendos . La bolsa de valores actúa como facilitador de este proceso de obtención de capital y recibe una tarifa por sus servicios de la empresa y sus socios financieros.

Tras el ejercicio de oferta pública inicial de acciones por primera vez llamado proceso de cotización, la bolsa de valores también sirve como plataforma de negociación que facilita la compra y venta periódica de las acciones cotizadas. Este constituye el mercado secundario. La bolsa de valores gana una tarifa por cada operación que se realiza en su plataforma durante la actividad del mercado secundario.

La bolsa de valores asume la responsabilidad de garantizar la transparencia de los precios , la liquidez , el descubrimiento de precios y las transacciones justas en dichas actividades comerciales. Como casi todos los principales mercados de valores del mundo ahora operan electrónicamente, la bolsa mantiene sistemas de negociación que administran de manera eficiente las órdenes de compra y venta de varios participantes del mercado. Realizan la función de igualación de precios para facilitar la ejecución de operaciones a un precio justo tanto para compradores como para vendedores.

Una empresa que cotiza en bolsa también puede ofrecer acciones nuevas y adicionales a través de otras ofertas en una etapa posterior, como mediante la emisión de derechos o mediante ofertas posteriores . Incluso pueden recomprar o retirar sus acciones. La bolsa de valores facilita este tipo de transacciones.

La bolsa de valores a menudo crea y mantiene varios indicadores a nivel de mercado y específicos del sector, como el índice S&P 500 o el índice Nasdaq 100 , que proporcionan una medida para rastrear el movimiento del mercado en general. Otros métodos incluyen el Oscilador Estocástico y el Índice de Momento Estocástico .

Las bolsas de valores también mantienen todas las noticias, anuncios e informes financieros de la compañía, a los que generalmente se puede acceder en sus sitios web oficiales. Una bolsa de valores también respalda otras actividades relacionadas con transacciones a nivel corporativo. Por ejemplo, las empresas rentables pueden recompensar a los inversores pagando dividendos que normalmente proceden de una parte de las ganancias de la empresa. El intercambio mantiene toda esa información y puede respaldar su procesamiento hasta cierto punto. (Para obtener lecturas relacionadas, consulte " ¿Cómo funciona el mercado de valores? ")

Funciones de un mercado de valores
Un mercado de valores cumple principalmente las siguientes funciones:

Negociación justa en transacciones de valores: Dependiendo de las reglas estándar de oferta y demanda , la bolsa de valores debe asegurarse de que todos los participantes del mercado interesados tengan acceso instantáneo a los datos de todas las órdenes de compra y venta, lo que ayuda a fijar precios justos y transparentes de los valores. Además, también debe realizar una combinación eficiente de las órdenes de compra y venta adecuadas.

Por ejemplo, puede haber tres compradores que hayan realizado pedidos para comprar acciones de Microsoft a $ 100, $ 105 y $ 110, y puede haber cuatro vendedores que estén dispuestos a vender acciones de Microsoft a $ 110, $ 112, $ 115 y $ 120. El intercambio (a través de sus sistemas de comercio automatizados operados por computadora) debe garantizar que la mejor compra y la mejor venta coincidan, que en este caso es de $ 110 por la cantidad dada de comercio.

Descubrimiento eficiente de precios: los mercados de valores deben respaldar un mecanismo eficiente para el descubrimiento de precios, que se refiere al acto de decidir el precio adecuado de un valor y generalmente se realiza evaluando la oferta y la demanda del mercado y otros factores asociados con las transacciones.

Digamos que una empresa de software con sede en EE.UU. cotiza a un precio de 100 dólares y tiene una capitalización de mercado de 5.000 millones de dólares. Llega una noticia que el regulador de la UE ha impuesto una multa de $ 2 mil millones a la compañía, lo que esencialmente significa que el 40 por ciento del valor de la compañía puede desaparecer. Si bien el mercado de valores puede haber impuesto un rango de precio de negociación de $ 90 y $ 110 sobre el precio de las acciones de la empresa, debería cambiar de manera eficiente el límite de precio de negociación permitido para adaptarse a los posibles cambios en el precio de la acción, de lo contrario, los accionistas pueden tener dificultades para negociar a un precio justo. precio.

Mantenimiento de la liquidez: si bien obtener el número de compradores y vendedores para una seguridad financiera en particular está fuera de control para el mercado de valores, es necesario asegurarse de que quien esté calificado y dispuesto a negociar obtenga acceso instantáneo para realizar pedidos que deben ejecutarse en la feria. precio.

Seguridad y validez de las transacciones: si bien es importante contar con más participantes para el funcionamiento eficiente de un mercado, el mismo mercado debe garantizar que todos los participantes estén verificados y cumplan con las reglas y regulaciones necesarias, sin dejar margen para el incumplimiento de ninguna de las partes. Además, debe asegurar que todas las entidades asociadas que operan en el mercado también deben adherirse a las reglas y trabajar dentro del marco legal dado por el regulador.

Apoyar a todos los tipos de participantes elegibles: un mercado lo crean una variedad de participantes, que incluyen creadores de mercado , inversores, comerciantes, especuladores y coberturistas. Todos estos participantes operan en el mercado de valores con diferentes roles y funciones. Por ejemplo, un inversor puede comprar acciones y mantenerlas durante muchos años, mientras que un inversor puede entrar y salir de una posición en cuestión de segundos. Un creador de mercado proporciona la liquidez necesaria en el mercado, mientras que un coberturista puede querer negociar derivados para mitigar el riesgo involucrado en las inversiones. El mercado de valores debe garantizar que todos estos participantes puedan operar sin problemas cumpliendo sus funciones deseadas para garantizar que el mercado continúe operando de manera eficiente.

Protección del inversor: junto con los inversores ricos e institucionales, el mercado de valores también sirve a un gran número de pequeños inversores por su pequeña cantidad de inversiones. Estos inversores pueden tener conocimientos financieros limitados y es posible que no sean plenamente conscientes de los peligros de invertir en acciones y otros instrumentos cotizados. La bolsa de valores debe implementar las medidas necesarias para ofrecer la protección necesaria a dichos inversores para protegerlos de pérdidas financieras y garantizar la confianza de los clientes.

Por ejemplo, una bolsa de valores puede clasificar las acciones en varios segmentos según sus perfiles de riesgo y permitir que los inversores comunes negocien de forma limitada o nula en acciones de alto riesgo. Los intercambios a menudo imponen restricciones para evitar que las personas con ingresos y conocimientos limitados se involucren en apuestas arriesgadas de derivados.

Regulación equilibrada: las empresas que cotizan en bolsa están reguladas en gran medida y sus transacciones son supervisadas por reguladores del mercado, como la Comisión de Bolsa y Valores (SEC) de los EE. UU. Además, las bolsas también exigen ciertos requisitos, como la presentación oportuna de informes financieros trimestrales y la presentación instantánea de informes de cualquier desarrollos relevantes - para asegurar que todos los participantes del mercado estén al tanto de los acontecimientos corporativos. El incumplimiento de las regulaciones puede dar lugar a la suspensión de la negociación por parte de las bolsas y otras medidas disciplinarias.

Regulación del mercado de valores

A un regulador financiero local o autoridad o instituto monetario competente se le asigna la tarea de regular el mercado de valores de un país. La Comisión de Bolsa y Valores (SEC) es el organismo regulador encargado de supervisar los mercados de valores de EE. UU. La SEC es una agencia federal que trabaja independientemente del gobierno y la presión política. La misión de la SEC se establece como: "proteger a los inversores, mantener mercados justos, ordenados y eficientes y facilitar la formación de capital". 1

Participantes del mercado de valores

Junto con los inversores a largo plazo y los comerciantes a corto plazo, existen muchos tipos diferentes de jugadores asociados con el mercado de valores. Cada uno tiene un rol único, pero muchos de los roles están entrelazados y dependen unos de otros para que el mercado funcione de manera efectiva.

Los corredores de bolsa , también conocidos como representantes registrados en los EE. UU., Son los profesionales con licencia que compran y venden valores en nombre de los inversores. Los corredores actúan como intermediarios entre las bolsas de valores y los inversores comprando y vendiendo acciones en nombre de los inversores. Se necesita una cuenta con un corredor minorista para obtener acceso a los mercados.

Los gestores de carteras son profesionales que invierten carteras o colecciones de valores para los clientes. Estos administradores obtienen recomendaciones de analistas y toman las decisiones de compra o venta de la cartera. Las compañías de fondos mutuos, los fondos de cobertura y los planes de pensiones utilizan administradores de cartera para tomar decisiones y establecer estrategias de inversión para el dinero que poseen.

Los banqueros de inversión representan empresas en diversas capacidades, como empresas privadas que quieren cotizar en bolsa a través de una oferta pública inicial o empresas que están involucradas en fusiones y adquisiciones pendientes. Se encargan del proceso de cotización cumpliendo con los requisitos normativos del mercado de valores.

Los proveedores de servicios de depósito y custodia , que son instituciones que mantienen los valores de los clientes para su custodia a fin de minimizar el riesgo de robo o pérdida, también operan en sincronía con el intercambio para transferir acciones hacia / desde las cuentas respectivas de las partes en la transacción en base a la negociación en el mercado de valores.

Creador de mercado: un creador de mercado es un corredor de bolsa que facilita la negociación de acciones publicando precios de oferta y demanda junto con el mantenimiento de un inventario de acciones. Asegura suficiente liquidez en el mercado para una (s) acción (es) particular (es) y se beneficia de la diferencia entre el precio de oferta y el de demanda que cotiza.

Cómo ganan dinero las bolsas de valores

Las bolsas de valores funcionan como institutos con fines de lucro y cobran una tarifa por sus servicios. La principal fuente de ingresos de estas bolsas de valores son los ingresos de las tarifas de transacción que se cobran por cada operación realizada en su plataforma. Además, los intercambios obtienen ingresos de la tarifa de cotización cobrada a las empresas durante el proceso de salida a bolsa y otras ofertas posteriores.

El intercambio también gana por la venta de datos de mercado generados en su plataforma, como datos en tiempo real, datos históricos, datos de resumen y datos de referencia, que son vitales para la investigación de acciones y otros usos. Muchas bolsas también venderán productos tecnológicos, como una terminal comercial y una conexión de red dedicada a la bolsa, a las partes interesadas por una tarifa adecuada.

El intercambio puede ofrecer servicios privilegiados como operaciones de alta frecuencia a clientes más grandes como fondos mutuos y compañías de administración de activos (AMC) , y ganar dinero en consecuencia. Existen disposiciones sobre tarifas regulatorias y tarifas de registro para diferentes perfiles de participantes del mercado, como el creador de mercado y el corredor, que forman otras fuentes de ingresos para las bolsas de valores.

El intercambio también obtiene ganancias al otorgar licencias a sus índices (y su metodología) que se usan comúnmente como punto de referencia para lanzar varios productos como fondos mutuos y ETF por AMC.

Muchos intercambios también ofrecen cursos y certificación sobre diversos temas financieros a los participantes de la industria y obtienen ingresos de dichas suscripciones.

Competencia por los mercados de valores
Si bien las bolsas de valores individuales compiten entre sí para obtener el máximo volumen de transacciones, se enfrentan a amenazas en dos frentes.

Pools oscuros: los grupos oscuros , que son intercambios privados o foros para el comercio de valores y operan dentro de grupos privados, representan un desafío para los mercados de valores públicos. Aunque su validez legal está sujeta a las regulaciones locales, están ganando popularidad a medida que los participantes ahorran mucho en las tarifas de transacción.

Empresas de cadenas de bloques : en medio de la creciente popularidad de las cadenas de bloques , han surgido muchos intercambios de cifrado. Dichos intercambios son lugares para el comercio de criptomonedas y derivados asociados con esa clase de activos. Aunque su popularidad sigue siendo limitada, representan una amenaza para el modelo de mercado de valores tradicional al automatizar la mayor parte del trabajo realizado por varios participantes del mercado de valores y al ofrecer servicios de bajo costo o cero.

Importancia del mercado de valores
El mercado de valores es uno de los componentes más vitales de una economía de libre mercado.

Permite a las empresas recaudar dinero ofreciendo acciones y bonos corporativos. Permite a los inversores comunes participar en los logros financieros de las empresas, obtener ganancias a través de ganancias de capital y ganar dinero a través de dividendos, aunque también es posible que se produzcan pérdidas. Si bien los inversores institucionales y los administradores de dinero profesionales disfrutan de algunos privilegios debido a sus bolsillos profundos, un mejor conocimiento y una mayor capacidad para asumir riesgos, el mercado de valores intenta ofrecer un campo de juego nivelado a las personas comunes.

El mercado de valores funciona como una plataforma a través de la cual los ahorros e inversiones de los particulares se canalizan hacia las propuestas de inversión productiva. A largo plazo, ayuda en la formación de capital y el crecimiento económico del país.

CONCLUSIONES CLAVE

Los mercados de valores son componentes vitales de una economía de mercado libre porque permiten un acceso democratizado al comercio y al intercambio de capital para inversores de todo tipo.

Realizan varias funciones en los mercados, incluido el descubrimiento eficiente de precios y la negociación eficiente.

En los EE.UU., el mercado de valores está regulado por la SEC y los organismos reguladores locales.

Ejemplos de mercados de valores

El primer mercado de valores del mundo fue la bolsa de valores de Londres. Se inició en una cafetería, donde los comerciantes solían reunirse para intercambiar acciones, en 1773. La primera bolsa de valores de los Estados Unidos de América se inició en Filadelfia en 1790. El acuerdo de Buttonwood, llamado así porque se firmó bajo un árbol de buttonwood , marcó los inicios de Wall Street de Nueva York en 1792. El acuerdo fue firmado por 24 comerciantes y fue la primera organización estadounidense de este tipo en negociar valores. Los comerciantes cambiaron el nombre de su empresa a New York Stock and Exchange Board en 1817. (Para obtener información relacionada, consulte " Las acciones más caras de Estados Unidos ").

Una mirada a los mercados primario y secundario

La palabra "mercado" puede tener muchos significados diferentes, pero se utiliza con mayor frecuencia como un término general para denotar tanto el mercado primario como el mercado secundario. De hecho, "mercado primario" y "mercado secundario" son términos distintos; el mercado primario se refiere al mercado donde se crean los valores, mientras que el mercado secundario es aquel en el que se negocian entre inversores.

Saber cómo funcionan los mercados primario y secundario es clave para comprender cómo se negocian las acciones, los bonos y otros valores. Sin ellos, los mercados de capitales serían mucho más difíciles de navegar y mucho menos rentables. Le ayudaremos a comprender cómo funcionan estos mercados y cómo se relacionan con los inversores individuales.

CONCLUSIONES CLAVE

El mercado primario es donde se crean los valores, mientras que el mercado secundario es donde los inversores negocian esos valores.

En el mercado primario, las empresas venden nuevas acciones y bonos al público por primera vez, por ejemplo, con una oferta pública inicial (OPI).

El mercado secundario es básicamente el mercado de valores y se refiere a la Bolsa de Valores de Nueva York, el Nasdaq y otras bolsas de todo el mundo.

mercado primario

El mercado primario es donde se crean los valores. Es en este mercado donde las empresas venden (flotan) nuevas acciones y bonos al público por primera vez. Una oferta pública inicial, o IPO, es un ejemplo de mercado primario. Estas operaciones brindan una oportunidad para que los inversores compren valores del banco que realizó la suscripción inicial de una acción en particular. Una OPI ocurre cuando una empresa privada emite acciones al público por primera vez.

Por ejemplo, la empresa ABCWXYZ Inc. contrata a cinco firmas de suscripción para determinar los detalles financieros de su OPI. Los suscriptores detallan que el precio de emisión de las acciones será de $ 15. Los inversores pueden comprar la OPI a este precio directamente de la empresa emisora.

Esta es la primera oportunidad que tienen los inversores de aportar capital a una empresa mediante la compra de sus acciones. El capital social de una empresa está compuesto por los fondos generados por la venta de acciones en el mercado primario.

Una oferta (emisión) de derechos permite a las empresas obtener capital adicional a través del mercado primario después de que los valores ya ingresen al mercado secundario. A los inversores actuales se les ofrecen derechos prorrateados en función de las acciones que poseen actualmente, y otros pueden invertir de nuevo en acciones recién emitidas.

Otros tipos de ofertas de acciones en el mercado primario incluyen la colocación privada y la asignación preferencial. La colocación privada permite a las empresas vender directamente a inversores más importantes, como fondos de cobertura y bancos, sin poner las acciones a disposición del público. Mientras que la asignación preferencial ofrece acciones a inversores selectos (generalmente fondos de cobertura, bancos y fondos mutuos) a un precio especial que no está disponible para el público en general.

Del mismo modo, las empresas y los gobiernos que quieran generar capital de deuda pueden optar por emitir nuevos bonos a corto y largo plazo en el mercado primario. Los bonos nuevos se emiten con tasas de cupón que corresponden a las tasas de interés vigentes en el momento de la emisión, que pueden ser más altas o más bajas que los bonos preexistentes.

Lo importante que hay que entender sobre el mercado primario es que los valores se compran directamente a un emisor .

Mercado secundario
Para la compra de acciones, el mercado secundario se denomina comúnmente "mercado de valores". Esto incluye la Bolsa de Valores de Nueva York (NYSE), Nasdaq y las principales bolsas de valores del mundo. La característica definitoria del mercado secundario es que los inversores comercian entre ellos.

Es decir, en el mercado secundario, los inversores negocian valores emitidos previamente sin la participación de las empresas emisoras. Por ejemplo, si va a comprar acciones de Amazon (AMZN), solo está tratando con otro inversor que posee acciones de Amazon. Amazon no participa directamente en la transacción.

En los mercados de deuda, si bien se garantiza que un bono pagará a su propietario el valor nominal total al vencimiento, esta fecha suele tardar muchos años en llegar. En cambio, los tenedores de bonos pueden vender bonos en el mercado secundario para obtener una ganancia considerable si las tasas de interés han disminuido desde la emisión de su bono, lo que lo hace más valioso para otros inversionistas debido a su tasa de cupón relativamente más alta.

El mercado secundario se puede dividir en dos categorías especializadas:

Mercado de subastas
En el mercado de subastas , todas las personas e instituciones que desean negociar valores se congregan en un área y anuncian los precios a los que están dispuestos a comprar y vender. Estos se conocen como precios de oferta y demanda. La idea es que prevalezca un mercado eficiente reuniendo a todas las partes y pidiéndoles que declaren públicamente sus precios. Así, teóricamente, no es necesario buscar el mejor precio de un bien porque la convergencia de compradores y vendedores hará que surjan precios mutuamente aceptables. El mejor ejemplo de un mercado de subastas es la Bolsa de Valores de Nueva York (NYSE).1

Mercado de distribuidores

Por el contrario, un mercado de distribuidores no requiere que las partes converjan en una ubicación central. Más bien, los participantes en el mercado se unen a través de redes electrónicas. Los comerciantes mantienen un inventario de valores y luego están listos para comprar o vender con los participantes del mercado. Estos comerciantes obtienen beneficios mediante el diferencial entre los precios a los que compran y venden valores. Un ejemplo de mercado de intermediarios es el Nasdaq, en el que los intermediarios, que se conocen como creadores de mercado, ofrecen precios de oferta y demanda firmes a los que están dispuestos a comprar y vender un valor. 2 La teoría es que la competencia entre los intermediarios proporcionará el mejor precio posible para inversores.

Los denominados mercados "tercero" y "cuarto" se refieren a operaciones entre agentes de bolsa e instituciones a través de redes electrónicas extrabursátiles y, por tanto, no son tan relevantes para inversores individuales.

El mercado OTC

A veces, escuchará que un mercado de distribuidores se conoce como mercado de venta libre (OTC). El término originalmente significaba un sistema relativamente desorganizado en el que el comercio no se realizaba en un lugar físico, como describimos anteriormente, sino a través de redes de distribuidores. El término probablemente se derivó del comercio fuera de Wall Street que floreció durante el gran mercado alcista de la década de 1920, en el que las acciones se vendían "sin receta" en las tiendas de bolsa. En otras palabras, las acciones no cotizaban en una bolsa de valores, estaban "no cotizadas".

Sin embargo, con el tiempo, el significado de OTC comenzó a cambiar. El Nasdaq fue creado en 1971 por la Asociación Nacional de Operadores de Valores (NASD) para brindar liquidez a las empresas que cotizaban a través de redes de intermediarios. 3 En ese momento, se establecían pocas regulaciones sobre las acciones que se negocian sin receta, algo que el NASD buscaba mejorar. A medida que el Nasdaq ha evolucionado con el tiempo para convertirse en un importante intercambio, el significado de venta libre se ha vuelto más confuso.

Hoy en día, el término "de venta libre" generalmente se refiere a las acciones que no cotizan en una bolsa de valores como Nasdaq, NYSE o American Stock Exchange (AMEX). Esto significa que las acciones cotizan en el tablero de anuncios de venta libre (OTCBB) o en las hojas rosas. Ninguna de estas redes es un intercambio; de hecho, se describen a sí mismos como proveedores de información sobre precios de valores. OTCBB y las empresas de hoja rosa tienen muchas menos regulaciones que cumplir que aquellas que negocian acciones en una bolsa de valores. La mayoría de los valores que se negocian de esta manera son acciones de un centavo o de empresas muy pequeñas.Por estas razones, si bien el Nasdaq todavía se considera un mercado de intermediarios y, técnicamente, un OTC, el Nasdaq actual también es una bolsa de valores y, por lo tanto, es incorrecto decir que cotiza en valores no cotizados
.

$ 25,5 billones

La capitalización de mercado de la Bolsa de Valores de Nueva York, la bolsa de valores más grande del mundo, a marzo de 2020. Las 4 bolsas de valores se consideran parte del mercado "secundario".

Tercer y cuarto mercado

Es posible que también escuche los términos "tercer" y "cuarto" mercado. Estos no conciernen a los inversores individuales porque implican volúmenes significativos de acciones que se negociarán por operación. Estos mercados se ocupan de transacciones entre agentes de bolsa y grandes instituciones a través de redes electrónicas de venta libre. El tercer mercado comprende transacciones OTC entre agentes de bolsa y grandes instituciones. El cuarto mercado está conformado por transacciones que se realizan entre grandes instituciones. La razón principal por la que se producen estas transacciones del tercer y cuarto mercado es para evitar colocar estos pedidos a través del mercado principal, lo que podría afectar en gran medida el precio del valor. Dado que el acceso al tercer y cuarto mercado es limitado, sus actividades tienen poco efecto sobre el inversor medio.

La línea de fondo

Aunque no todas las actividades que tienen lugar en los mercados que hemos analizado afectan a los inversores individuales, es bueno tener una comprensión general de la estructura del mercado. La forma en que los valores se llevan al mercado y se negocian en varias bolsas es fundamental para la función del mercado. Imagínense si los mercados secundarios organizados no existieran; tendría que rastrear personalmente a otros inversores solo para comprar o vender acciones, lo que no sería una tarea fácil.

De hecho, muchas estafas de inversión giran en torno a valores que no tienen mercado secundario, porque se puede engañar a los inversores desprevenidos para que los compren. La importancia de los mercados y la capacidad de vender un valor (liquidez) a menudo se da por sentada, pero sin un mercado, los inversores tienen pocas opciones y pueden quedarse estancados con grandes pérdidas. En lo que respecta a los mercados, por lo tanto, lo que no sabe puede perjudicarlo y, a la larga, un poco de educación podría ahorrarle algo de dinero.

Cómo comprar y vender acciones por su cuenta

Para comprar acciones , necesita la ayuda de un corredor de bolsa, ya que normalmente no puede llamar a una empresa y pedirle que compre sus acciones por su cuenta. Para los inversores sin experiencia, hay dos categorías básicas de corredores para elegir: un corredor de servicio completo o un corredor en línea / con descuento .

Corredores de servicio completo

Los corredores de servicio completo son lo que la mayoría de la gente visualiza cuando piensa en invertir: gente de negocios amigable y bien vestida que se sienta en una oficina charlando con los clientes. Estos son los corredores de bolsa tradicionales que se tomarán el tiempo para conocerte personal y económicamente. Examinarán factores como el estado civil, estilo de vida, personalidad, tolerancia al riesgo , edad (horizonte de tiempo), ingresos, activos, deudas y más. 1 Al llegar a saber todo lo que puedan sobre usted, estos corredores de servicio completo pueden ayudarlo a desarrollar un plan financiero a largo plazo .

Estos corredores no solo pueden ayudarlo con sus necesidades de inversión, sino que también pueden brindarle asistencia con la planificación patrimonial , asesoramiento fiscal, planificación de la jubilación , elaboración de presupuestos y cualquier otro tipo de asesoramiento financiero, de ahí el término "servicio completo". Pueden ayudarlo a administrar todas sus necesidades financieras ahora y en el futuro y son para inversores que quieren todo en un solo paquete. En términos de tarifas, los corredores de servicio completo son más costosos que los corredores de descuento, pero el valor de tener un asesor de inversiones profesional a su lado puede valer los costos adicionales. Las cuentas se pueden configurar con tan solo $ 1,000. La mayoría de las personas, especialmente los principiantes, entrarían en esta categoría en términos del tipo de corredor que necesitan.

Corredores online / de descuento

Los corredores en línea / de descuento, por otro lado, no brindan ningún consejo de inversión y básicamente son solo tomadores de pedidos. Son mucho menos costosos que los corredores de servicio completo, ya que generalmente no hay oficinas que visitar ni asesores de inversiones certificados que lo ayuden. El costo generalmente se basa en una transacción por transacción y, por lo general, puede abrir una cuenta a través de Internet con poco o ningún dinero. Una vez que tenga una cuenta con un corredor en línea, generalmente puede iniciar sesión en su sitio web y en su cuenta y poder comprar y vender acciones al instante.

Recuerde que dado que este tipo de corredores no brindan absolutamente ningún consejo de inversión, consejos sobre acciones o cualquier tipo de ayuda de inversión, usted es el único responsable de administrar sus inversiones. La única asistencia que normalmente recibirá es soporte técnico. Los corredores en línea (con descuento) ofrecen enlaces, investigaciones y recursos relacionados con la inversión que pueden resultar útiles. Si cree que tiene el conocimiento suficiente para asumir las responsabilidades de administrar sus propias inversiones o si no sabe nada sobre inversiones pero desea aprender por sí mismo, este es el camino a seguir.

La conclusión es que su elección de corredor debe basarse en sus necesidades individuales. Los corredores de servicios completos son excelentes para aquellos que están dispuestos a pagar una prima para que otra persona se ocupe de sus finanzas. Los corredores en línea / de descuento, por otro lado, son excelentes para personas con poco dinero inicial y que desean asumir los riesgos y las recompensas de invertir en ellos mismos, sin asistencia profesional.

Plan de compra directa de acciones

A veces, las empresas (a menudo firmas de primera línea) patrocinan un tipo especial de programa llamado DSPP o Plan de Compra Directa de Acciones. 2 Los DSPP se concibieron originalmente hace generaciones como una forma para que las empresas permitieran a los inversores más pequeños comprar la propiedad directamente de la empresa. Participar en un DSPP requiere que un inversor se relacione con una empresa directamente en lugar de un corredor, pero el sistema de cada empresa para administrar un DSPP es único. La mayoría suele ofrecer su DSPP a través de agentes de transferencia u otro administrador externo. Para obtener más información sobre cómo participar en el DSPP de una empresa, un inversor debe ponerse en contacto con el departamento de relaciones con inversores de la empresa.

Horarios de negociación de las principales bolsas de valores del mundo

Los horarios de cierre de las bolsas de valores varían, pero generalmente cierran por la noche, excepto los días festivos. Una bolsa de valores es un mercado en el que se negocian acciones durante todo el día; funciona como una entidad que asegura la negociación ordenada y la difusión eficiente de las cotizaciones de las acciones en la bolsa. Algunas de las principales bolsas de valores son la Bolsa de Valores de Shanghai, la Bolsa de Suiza, la Bolsa de Valores de Londres, la Bolsa de Valores de Nueva York y el Nasdaq. La negociación se realiza generalmente de lunes a viernes de cada semana. Para acceder a cualquiera de los siguientes mercados e intercambios se necesitaría un corredor de bolsa . Lista de Investopedia de los mejores corredores de bolsa en línea puede brindarle un excelente primer vistazo a algunos de los principales corredores de la industria.

Horario de negociación en Estados Unidos / América
La Bolsa de Valores de Nueva York (NYSE) tiene su sede en la ciudad de Nueva York. La NYSE es una de las bolsas de valores más grandes del mundo y es una entidad pública. 1 A partir de 2019, la NYSE tiene un horario de negociación normal de 9:30 a.m. a 4 p.m. ET, a menos que haya un cierre anticipado debido a un feriado . 2

El Nasdaq es una bolsa de valores estadounidense que actúa como un mercado electrónico global para el comercio de valores. El horario de negociación previo al mercado es de 4 a. M. A 9:30 a. M. EST, y el comercio fuera de horario se extiende de 4 p. M. A 8 pm EST. El horario normal de negociación comienza a las 9:30 am EST y finaliza a las 4 pm EST. 3

La Bolsa de Valores de Toronto de Canadá abre a las 9:30 am ET y cierra a las 4 pm ET, sin interrupción en las operaciones durante el período de almuerzo. 4

Horario comercial en Asia
La Bolsa de Valores de Shanghai abre a las 9:30 am hora local y cierra a las 3 pm hora local, y tiene un período de almuerzo de 11:30 am a 1 pm hora local. 5

La Bolsa de Valores de Tokio de Japón abre a las 9:00 a. M. Hora local y cierra a las 3 p. M., Hora local, con un período de almuerzo de 11:30 a. M. A 12:30 p. M., Hora local. 6
La Bolsa de Valores de Hong Kong abre a las 9:30 am hora local y cierra a las 4 pm hora local, y tiene un período de almuerzo de 12 pm a 1 pm hora local. 7

Horarios de negociación en Europa
La Bolsa de Valores de Londres abre a las 8 am hora local y cierra a las 4:30 pm hora local sin período de almuerzo. 8

Euronext Paris abre a las 9 am GMT y cierra a las 5:30 pm GMT sin período de almuerzo. 9

El Swiss Exchange abre a las 9:00 am, hora local, se cierra a las 5:30 pm, hora local, y no tiene un período de almuerzo.
⬚
Conociendo las bolsas de valores

¿Qué son las bolsas de valores?

Una bolsa de valores no posee acciones. En cambio, actúa como un mercado donde los compradores de acciones se conectan con los vendedores de acciones . Las acciones se pueden negociar en varias bolsas, como la Bolsa de Valores de Nueva York (NYSE) o el Nasdaq . 1   2   Aunque la mayoría de las acciones se negocian a través de un corredor , es importante comprender la relación entre las bolsas y las empresas que negocian. Además, existen varios requisitos para diferentes intercambios diseñados para proteger a los inversores.

CONCLUSIONES CLAVE

Una bolsa de valores es una ubicación centralizada que reúne a corporaciones y gobiernos para que los inversores puedan comprar y vender acciones.

Las bolsas basadas en subastas, como la Bolsa de Valores de Nueva York, permiten a los comerciantes y corredores comunicar física y verbalmente las órdenes de compra y venta. 3

Los intercambios electrónicos se realizan en plataformas electrónicas, por lo que no requieren una ubicación física centralizada para los intercambios.

Las redes de comunicación electrónica conectan a compradores y vendedores directamente sin pasar por los creadores de mercado.

El OTCBB y Pink Sheets son dos mercados extrabursátiles diferentes en los que se negocian acciones que no cotizan en la lista o que cotizan en bolsa.

Cómo funcionan las bolsas de valores

Una bolsa de valores es donde se negocian diferentes instrumentos financieros, incluidas acciones , materias primas y bonos . Los intercambios acercan a corporaciones y gobiernos, junto con inversionistas. Los intercambios ayudan a proporcionar liquidez en el mercado, lo que significa que hay suficientes compradores y vendedores para que las operaciones se puedan procesar de manera eficiente y sin demoras. Los intercambios también garantizan que la negociación se lleve a cabo de manera ordenada y justa, de modo que la información financiera importante se pueda transmitir a los inversores y profesionales financieros.

Las acciones están disponibles por primera vez en una bolsa después de que una empresa realiza su oferta pública inicial (OPI) . Una empresa vende acciones a un grupo inicial de accionistas públicos en una oferta pública inicial conocida como mercado primario . Una vez que la OPI pone las acciones en manos de los accionistas públicos, estas acciones se pueden vender y comprar en una bolsa o en el mercado secundario .

El público en general puede negociar acciones en el mercado secundario después de la oferta pública inicial de una empresa.

El intercambio rastrea el flujo de pedidos para cada acción, y es el flujo de oferta y demanda lo que establece el precio de una acción. Según el tipo de cuenta de corretaje, es posible que pueda ver este flujo de acción del precio . Por ejemplo, si el precio de oferta de una acción es de $ 40, esto significa que un inversionista le está diciendo a la bolsa que está dispuesto a comprar las acciones por $ 40. Al mismo tiempo, es posible que vea un precio inicial de $ 41, lo que significa que alguien más está dispuesto a vender las acciones por $ 41. La diferencia entre los dos es el diferencial de oferta y demanda .

Intercambios de subasta

Los intercambios de subastas, o el mercado de subastas, son un lugar donde compradores y vendedores realizan ofertas y ofertas competitivas simultáneamente. En una bolsa de subasta, el precio actual de las acciones es el precio más alto que un comprador está dispuesto a gastar en un valor , mientras que el precio más bajo es el que aceptará el vendedor. Luego, las operaciones se emparejan y, cuando se combinan, se ejecuta la orden.

El mercado de subastas también se conoce como el sistema de protesta abierta . Los corredores y comerciantes se comunican física y verbalmente en el piso de negociación o en el pozo para comprar y vender valores. Aunque este sistema está siendo eliminado gradualmente por los sistemas electrónicos, algunas bolsas todavía usan el sistema de subastas, incluida la Bolsa de Valores de Nueva York (NYSE). 3

La subasta de cierre de la NYSE es el último evento del día de negociación cuando el precio de cierre de cada acción se determina reuniendo a todos los compradores y vendedores para establecer un precio para todos los involucrados.

La subasta de cierre de la NYSE es uno de los momentos de mayor actividad en los mercados de valores de EE. UU. Cuando se negocian cerca de 223 millones de acciones. 5
Bolsa de Nueva York (NYSE)
La Bolsa de Valores de Nueva York es la bolsa de valores más grande del mundo. 6 La empresa matriz de la Bolsa de Nueva York es Intercontinental Exchange (ICE) como resultado de la fusión con la bolsa europea Euronext en 2007.

Aunque algunas de sus funciones se han transferido a plataformas de negociación electrónica, sigue siendo uno de los principales mercados de subastas del mundo, lo que significa que los especialistas (llamados "Creadores de mercado designados") están físicamente presentes en sus salas de negociación. 7 Cada especialista se especializa en una acción en particular, comprando y vendiendo las acciones en la subasta . 3

Estos profesionales se encuentran bajo la amenaza competitiva de los intercambios exclusivamente electrónicos que afirman ser más eficientes, es decir, ejecutan operaciones más rápidas y exhiben márgenes de oferta y demanda más pequeños, al eliminar a los intermediarios humanos.

Las empresas que cotizan en la Bolsa de Nueva York tienen una gran credibilidad porque deben cumplir con los requisitos iniciales de cotización y con los requisitos de mantenimiento anual. Para seguir cotizando en la bolsa, las empresas deben mantener su precio por encima de los 4 dólares por acción. 8

Los inversores que operan en la NYSE se benefician de un conjunto de protecciones mínimas. Entre varios de los requisitos que ha promulgado la NYSE, los dos siguientes son especialmente importantes:

Los planes de incentivos de capital deben recibir la aprobación de los accionistas . 9

La mayoría de los miembros de la junta directiva deben ser independientes, el comité de compensación debe estar compuesto en su totalidad por directores independientes y el comité de auditoría debe incluir al menos una persona que posea "experiencia en contabilidad o gestión financiera relacionada". 10

Intercambios electronicos

Muchos intercambios ahora permiten el comercio electrónico. No hay comerciantes ni actividad comercial física. En cambio, el comercio se lleva a cabo en una plataforma electrónica y no requiere una ubicación centralizada donde los compradores y vendedores puedan reunirse.

Estos intercambios se consideran más eficientes y mucho más rápidos que los intercambios tradicionales y realizan transacciones por valor de miles de millones de dólares cada día. El Nasdaq es uno de los principales intercambios electrónicos del mundo . 1

El Nasdaq

El Nasdaq a veces se llama basado en pantalla porque los compradores y vendedores solo están conectados por computadoras a través de una red de telecomunicaciones. Los creadores de mercado, también conocidos como distribuidores , llevan su propio inventario de existencias. Están listos para comprar y vender acciones en el Nasdaq y deben publicar sus precios de oferta y demanda. 11

El intercambio tiene requisitos de cotización y gobierno similares a los de la NYSE. Por ejemplo, una acción debe mantener un precio mínimo de $ 4. 12 Si una empresa no cumple con estos requisitos, puede ser excluida de un mercado de venta libre (OTC). 13

 En promedio, se ejecutaron más de 10 millones de operaciones a través del Nasdaq diariamente en noviembre de 2020. 14

Redes de comunicaciones electrónicas (ECN)

Las redes de comunicaciones electrónicas (ECN) forman parte de una clase de intercambio denominada sistemas de comercio alternativo (ATS). Las ECN conectan a compradores y vendedores directamente porque permiten una conexión directa entre los dos; Las ECN pasan por alto a los creadores de mercado. 11 Piense en ellos como un medio alternativo para negociar acciones que cotizan en el Nasdaq y, cada vez más, otras bolsas como la NYSE o las divisas.

Hay varias ECN innovadoras y emprendedoras que generalmente son buenas para los clientes porque representan una amenaza competitiva para los intercambios tradicionales y, por lo tanto, reducen los costos de transacción . Aunque algunas ECN permiten que los inversores minoristas operen, las ECN son utilizadas principalmente por inversores institucionales , que son empresas que invierten grandes sumas para otros inversores, como las administradoras de fondos de pensiones. 15

Entre los ejemplos de ECN se incluyen la Transferencia Electrónica de la Red Interbancaria (INET) de Nasdaq , las Opciones de Arca, supervisada por la NYSE, y el Instinet de E * Trade. dieciséis

Las redes de comunicaciones electrónicas (ECN) permiten a las empresas de corretaje y a los comerciantes de varias regiones geográficas del mundo comerciar fuera del horario comercial normal de las principales bolsas.
Sin receta (OTC)
El término over-the-counter (OTC) se refiere a mercados distintos a los intercambios organizados descritos anteriormente. Los mercados OTC generalmente enumeran empresas pequeñas, muchas de las cuales han caído en el mercado OTC porque fueron excluidas de la lista. Dos de los principales mercados OTC incluyen:

Tablón de anuncios de venta libre (OTCBB)

El primero es el Tablero de anuncios de venta libre (OTCBB), una comunidad electrónica de creadores de mercado. Las empresas que caen del Nasdaq suelen acabar aquí. En el OTCBB, no hay mínimos cuantitativos ni ventas anuales mínimas o activos requeridos para cotizar. 17

Sábanas rosas

El segundo mercado OTC se conoce como Pink Sheets, un servicio de cotización que no requiere que las empresas se registren en la Comisión de Bolsa y Valores (SEC). La liquidez es a menudo mínima y estas empresas no están obligadas a presentar 10Q trimestrales . 18

Riesgos OTC

Algunos inversores individuales desconfían de las acciones OTC debido a los riesgos adicionales que implican. Por otro lado, algunas empresas fuertes cotizan en OTC. De hecho, varias empresas más grandes se han cambiado deliberadamente a los mercados OTC para evitar la carga administrativa y las costosas tarifas que acompañan a las leyes de supervisión regulatoria, como la Ley Sarbanes-Oxley . 19 También debe tener cuidado al invertir en OTC si no tiene experiencia con acciones de centavo , ya que estas se negocian principalmente sin receta.

Otros intercambios

Hay muchos otros intercambios ubicados en todo el mundo, incluidos los intercambios que negocian acciones y bonos, así como los que intercambian monedas digitales.

Asia

La Bolsa de Valores de Tokio (TSE) es la más grande de Japón. El TSE tiene más de 3.700 empresas que cotizan en bolsa, con una capitalización de mercado combinada de más de 5,6 billones de dólares. 20

La Bolsa de Valores de Shanghai (SSE) es la más grande de China continental. Muchas inversiones se negocian en la bolsa, incluidas acciones, bonos y fondos mutuos. La Bolsa de Valores de Shenzhen (SZSE) es la segunda bolsa de valores más grande que opera de forma independiente en China.

Europa
Euronext es la bolsa de valores más grande de Europa y, aunque ha experimentado múltiples fusiones, inicialmente se formó a partir de las fusiones de las bolsas de valores de Amsterdam, París y Bruselas. La Bolsa de Valores de Londres (LSE) se encuentra en el Reino Unido y es la segunda bolsa más grande de Europa. El índice más popular dentro de la LSE es el Financial Times Stock Exchange (FTSE) 100 Share Index. El "Footsie" contiene las 100 principales empresas que cotizan en bolsa o acciones de primera clase.

Intercambios digitales

Coinbase es el intercambio de criptomonedas líder en los Estados Unidos. Coinbase tiene una plataforma de negociación avanzada que facilita el comercio de criptomonedas para inversores minoristas y cuentas de custodia para instituciones. Aunque Bitcoin es la criptomoneda más popular, otras se negocian a través de Coinbase, como Ethereum y Litecoin . Coinbase tiene licencia como intercambio de criptomonedas en 42 estados de EE. UU. 21

Binance es el principal intercambio mundial de criptomonedas con un volumen de negociación promedio de 2 mil millones por día. 22 Sin embargo, Binance actualmente no permite depósitos en dólares estadounidenses, pero permite realizar transacciones de algunas criptomonedas a través de una tarjeta de crédito o débito. El cambio permite otros depósitos en moneda, incluidos euros.

Kraken es un intercambio de criptomonedas con sede en San Francisco donde los inversores pueden comprar o vender criptomonedas utilizando varias monedas fiduciarias, incluidos dólares estadounidenses, euros, dólares canadienses y el yen japonés. Se pueden negociar más de una docena de monedas virtuales a través del intercambio Kraken, incluidos Bitcoin, Ethereum, EOS y Monero . 23 Como en el caso de la mayoría de los intercambios de cifrado, los inversores deben establecer y financiar su billetera digital, que se vincula a la cuenta comercial.

Preguntas frecuentes sobre las bolsas de valores
¿Cuáles son las 3 principales bolsas de valores de EE. UU.?

La Bolsa de Valores de Nueva York (NYSE) es la bolsa de valores más grande de Estados Unidos y del mundo por capitalización de mercado. El NASDAQ es la segunda bolsa de valores más grande de EE. UU., Mientras que la American Stock Exchange, que ahora se conoce como NYSE Amex Equities después de la adquisición por NYSE Euronext en 2008, es la tercera más grande de EE. UU.

¿Qué es una definición simple de bolsa de valores?
Una bolsa de valores es un mercado que reúne a compradores y vendedores para facilitar las inversiones en acciones.

¿Cuál es la diferencia entre bolsa y mercado de valores?
Una bolsa de valores es un mercado o la infraestructura que facilita la negociación de acciones. Por otro lado, un mercado de valores es un término general que representa todas las acciones que cotizan en una región o país en particular. Un mercado de valores a menudo se representa como un índice o agrupación de varias acciones, como el S&P 500 .

¿Cuál es el propósito de una bolsa de valores?
Una bolsa de valores une a empresas e inversores. Una bolsa de valores ayuda a las empresas a obtener capital o dinero mediante la emisión de acciones que se venderán a los inversores. Las empresas invierten esos fondos de nuevo en sus negocios y los inversores, idealmente, obtienen una ganancia de su inversión en esas empresas.

La línea de fondo

Todas las acciones deben cotizar en una bolsa donde se encuentren compradores y vendedores. Las dos grandes bolsas estadounidenses son NYSE y Nasdaq. Las empresas que cotizan en cualquiera de estos intercambios deben cumplir con varios requisitos mínimos y reglas básicas con respecto a la "independencia" de sus directorios.

Pero estos no son de ninguna manera los únicos intercambios legítimos. Las redes de comunicación electrónica son relativamente nuevas, pero seguro que acapararán una porción mayor del pastel de transacciones en el futuro. Finalmente, el mercado OTC es un buen lugar para inversores experimentados con ganas de especular y el conocimiento para llevar a cabo un poco más de debida diligencia.

CÓMO FUNCIONA LA INVERSIÓN EN ACCIONES

Lo que realmente significa poseer una acción

La mayoría de la gente se da cuenta de que poseer una acción significa comprar un porcentaje de la propiedad de la empresa, pero muchos inversores nuevos tienen conceptos erróneos sobre los beneficios y responsabilidades de ser accionista. Muchos de estos conceptos erróneos se deben a la falta de comprensión de la cantidad de propiedad que representa cada acción. Para las grandes empresas, como Apple (AAPL) y Exxon Mobil (XOM), una acción es simplemente una gota en el charco. Incluso si tuvieras acciones por valor de $ 1 millón, seguirías siendo una pequeña papa con muy poco capital. en la compañia.

Entonces, ¿qué significa esto? Echemos un vistazo a tres de los mayores conceptos erróneos sobre ser accionista.

CONCLUSIONES CLAVE
Los accionistas poseen acciones de una empresa, pero el nivel de propiedad puede no presentar los beneficios y responsabilidades que se buscan.

La mayoría de los accionistas no tienen control directo sobre las operaciones de una empresa, aunque algunos tienen derechos de voto que otorgan cierta autoridad, como votar por los miembros de la junta directiva.

Ser accionista no significa que tenga derecho a descuentos o que pueda incautar activos y propiedades a voluntad.

Concepto erróneo n. ° 1: yo soy el jefe.

En primer lugar, es mejor que no piense que puede llevar sus certificados de acciones a la sede corporativa para dirigir a la gente y exigir una oficina en la esquina. Como propietario de las acciones, ha depositado su fe en la gestión de la empresa y en cómo maneja las diferentes situaciones. Si no está satisfecho con la gestión, siempre puede vender sus acciones, pero si está satisfecho, debe conservar las acciones y esperar un buen rendimiento.

Además, la próxima vez que se pregunte si es la única persona preocupada por el precio de las acciones de una empresa, debe recordar que muchos de los altos ejecutivos de la empresa (iniciados) probablemente posean tantas, si no más, acciones que usted.

Esto no es una garantía de que las acciones de la empresa funcionen bien, pero es una forma de que las empresas den a sus ejecutivos un incentivo para mantener o aumentar el precio de las acciones. Sin embargo, la propiedad de información privilegiada es un arma de doble filo, porque los ejecutivos pueden involucrarse en algunos negocios divertidos para aumentar artificialmente el precio de las acciones y luego vender rápidamente sus participaciones personales para obtener ganancias.

Aunque no pueda administrar directamente la empresa con sus acciones, vote por los directores que pueden hacerlo si sus acciones tienen derecho a voto. Éstas son las personas que suelen contratar a la alta dirección, que contrata a la baja dirección, que contrata a empleados subordinados. Por lo tanto, como propietario de acciones ordinarias, tiene algo de voz en el control de la forma y dirección de la empresa, aunque este "decir" no representa un control directo. 1

Más de la mitad de los estadounidenses poseen acciones según una encuesta de Gallup de 2016.

Concepto erróneo n. ° 2: obtengo un descuento en bienes y servicios.

Otro concepto erróneo es que la propiedad de una empresa se traduce en descuentos. Ahora bien, definitivamente hay algunas excepciones a la regla. Berkshire Hathaway (BRK / A), por ejemplo, tiene una reunión anual para sus accionistas en la que pueden comprar bienes con descuento de las empresas que posee Berkshire Hathaway. 2 3 Normalmente, sin embargo, lo único que obtiene con los derechos de propiedad de una acción es la capacidad de participar en la rentabilidad de la empresa.

¿Por qué le haría daño obtener un descuento? Bueno, esta respuesta puede complicarse un poco. Después de pensarlo un poco, probablemente no querrá ese descuento. Veamos un ejemplo de Ben's Chicken Restaurant (propiedad de Ben y un par de sus amigos) y Cory's Brewing Company (propiedad de millones de accionistas diferentes). Debido a que solo unas pocas personas son propietarias del restaurante Ben's Chicken, el descuento solo sería una pequeña parte de los ingresos y los ingresos del restaurante , que los propietarios pagarían.

Para Cory's Brewing Company, la pérdida de ingresos y de ingresos también correría a cargo de los propietarios (los millones de accionistas). Dado que los ingresos son el principal impulsor del precio de las acciones y la pérdida de un descuento significaría una caída en el precio de las acciones, el impacto negativo de un descuento sería más sustancial para Cory's Brewing. Por lo tanto, aunque un propietario de acciones haya ahorrado en la compra de los bienes de la empresa, perdería la inversión en las acciones de la empresa. Por lo tanto, el descuento no es tan bueno como parece inicialmente.

Concepto erróneo n. ° 3: soy dueño de la silla, el escritorio, los bolígrafos, la propiedad, etc.
Como inversor en una empresa, es propietario de una parte de la empresa (no importa cuán pequeña sea esa parte); sin embargo, esto no significa que usted sea propietario de una propiedad de la empresa. Volvamos a Ben's Chicken Restaurant y Cory's Brewing Company.

Muy a menudo, las empresas tendrán préstamos para pagar propiedades, equipos, inventarios y otras cosas necesarias para las operaciones. Supongamos que Ben's Chicken Restaurant recibió un préstamo de un banco local bajo ciertas condiciones en las que el equipo y la propiedad se utilizan como garantía. Para una gran empresa como Cory's Brewing Company, los préstamos vienen en muchas formas diferentes, como a través de un banco o de inversores mediante diferentes emisiones de bonos. En cualquier caso, los propietarios deben reembolsar a los deudores antes de recuperar el dinero.

Para ambas empresas, los deudores (en el caso de Cory's Brewing Company, este es el banco y los tenedores de bonos) tienen los derechos iniciales sobre la propiedad, pero normalmente no pedirán que se les devuelva el dinero mientras las empresas sean rentables y muestren el capacidad para devolver el dinero. Sin embargo, si alguna de las empresas se declara insolvente, los deudores son los primeros en la fila para los activos de la empresa. Solo el dinero sobrante de la venta de los activos de la empresa se distribuye a los accionistas. 4

La línea de fondo
Con suerte, hemos podido disipar cualquier concepto erróneo que algunos accionistas tengan sobre los poderes de propiedad. La próxima vez que piense en llevar su certificado de acciones al McDonald's (MCD) más cercano para obtener un descuento en un Happy Meal, intente despedir al empleado después de negarse a dárselo y finalmente salga disgustado con una máquina McFlurry, debe recordar los conceptos erróneos comunes sobre los poderes de propiedad.

Los conceptos básicos de la negociación de una acción: conozca sus pedidos

Con la proliferación de la tecnología digital e Internet, muchos inversores están optando por comprar y vender acciones por sí mismos en línea en lugar de pagar a los asesores grandes comisiones para ejecutar las operaciones. Sin embargo, antes de que pueda comenzar a comprar y vender acciones, es importante comprender los diferentes tipos de pedidos y cuándo son apropiados.

En este artículo, cubriremos los tipos básicos de pedidos de acciones y cómo complementan su estilo de inversión.

CONCLUSIONES CLAVE

Dependiendo de su estilo de inversión, se pueden usar diferentes tipos de órdenes para negociar acciones de manera más efectiva.

Una orden de mercado simplemente compra (o vende) acciones a los precios de mercado vigentes hasta que se completa la orden.

Una orden de límite especifica un precio determinado al que se debe ejecutar la orden, aunque no hay garantía de que una parte o la totalidad de la orden se negocie si el límite se establece demasiado alto o bajo.

Las órdenes stop, un tipo de orden límite, se activan cuando una acción se mueve por encima o por debajo de un cierto nivel; a menudo se utilizan como una forma de asegurarse contra pérdidas mayores o para asegurar ganancias.

Orden de mercado frente a orden de límite

Los dos tipos principales de órdenes que todo inversor debe conocer son la orden de mercado y la orden limitada.

Órdenes de mercado

Una orden de mercado es el tipo de comercio más básico. Es una orden de compra o venta inmediata al precio actual. Por lo general, si va a comprar una acción , pagará un precio en o cerca del pedido publicado . Si va a vender una acción, recibirá un precio igual o cercano a la oferta publicada .1

Una cosa importante para recordar es que el último precio negociado no es necesariamente el precio al que se ejecutará la orden de mercado. En mercados volátiles y de rápido movimiento, el precio al que realmente ejecuta (o completa) la operación puede desviarse del último precio negociado. El precio seguirá siendo el mismo solo cuando el precio de oferta / demanda se encuentre exactamente en el último precio negociado.1

Las órdenes de mercado no garantizan un precio, pero sí garantizan la ejecución inmediata de la orden.
Las órdenes de mercado son populares entre los inversores individuales que quieren comprar o vender acciones sin demora. La ventaja de utilizar órdenes de mercado es que tiene la garantía de completar la operación; de hecho, se ejecutará lo antes posible. Aunque el inversor no sabe el precio exacto al que se comprarán o venderán las acciones, las órdenes de mercado de las acciones que cotizan en decenas de miles de acciones por día probablemente se ejecutarán cerca de los precios de oferta / demanda.1

Órdenes limitadas
Una orden limitada , a veces denominada orden pendiente, permite a los inversores comprar y vender valores a un precio determinado en el futuro. Este tipo de orden se utiliza para ejecutar una operación si el precio alcanza el nivel predefinido; el pedido no se ejecutará si el precio no alcanza este nivel. En efecto, una orden limitada establece el precio máximo o mínimo al que está dispuesto a comprar o vender.1

Por ejemplo, si desea comprar una acción a $ 10, puede ingresar una orden de límite por esta cantidad. Esto significa que no pagaría ni un centavo más de $ 10 por esa acción en particular. Sin embargo, todavía es posible que pueda comprarlo por menos de los $ 10 por acción especificados en el pedido.

Hay cuatro tipos de órdenes limitadas:

Límite de compra : una orden para comprar un valor a un precio especificado o por debajo de él. Las órdenes limitadas deben colocarse en el lado correcto del mercado para garantizar que cumplirán la tarea de mejorar el precio. Para una orden de límite de compra, esto significa colocar la orden en o por debajo de la oferta actual del mercado.1

Límite de venta: una orden para vender un valor a un precio especificado o por encima de él. Para garantizar un mejor precio, el pedido debe realizarse al mismo nivel o por encima de la demanda actual del mercado.1

Buy Stop: una orden para comprar un valor a un precio superior a la oferta actual del mercado. Una orden de parada para comprar se activa solo después de que se haya alcanzado un nivel de precio específico (conocido como nivel de parada). Buy stop son órdenes colocadas por encima del mercado y órdenes de stop de venta colocadas por debajo del mercado (lo opuesto a las órdenes límite de compra y venta, respectivamente). Una vez que se ha alcanzado un nivel de parada, la orden se convertirá inmediatamente en una orden de mercado o limitada.2

Sell Stop: una orden para vender un valor a un precio por debajo de la demanda actual del mercado. Al igual que el stop de compra, una orden de stop de venta se activa solo después de que se haya alcanzado un nivel de precio específico.2

Costos de mercado y órdenes limitadas

Al decidir entre una orden de mercado o una orden limitada, los inversores deben ser conscientes de los costos adicionales. Normalmente, las comisiones son más baratas para las órdenes de mercado que para las órdenes limitadas. La diferencia de comisión puede oscilar entre un par de dólares y más de 10 dólares. Por ejemplo, una comisión de $ 10 en una orden de mercado se puede aumentar hasta $ 15 cuando le aplica una restricción de límite. Cuando realice una orden limitada, asegúrese de que valga la pena.

Digamos que su corredor cobra $ 7 por una orden de mercado y $ 12 por una orden limitada. La acción XYZ se cotiza actualmente a $ 50 por acción y usted quiere comprarla a $ 49,90. Al realizar una orden de mercado para comprar 10 acciones, paga $ 500 (10 acciones x $ 50 por acción) + $ 7 de comisión, que es un total de $ 507. Al realizar una orden de límite de 10 acciones a $ 49,90, pagaría $ 499 + $ 12 comisiones, que es un total de $ 511.

Aunque ahorre un poco al comprar las acciones a un precio más bajo (10 acciones x $ 0.10 = $ 1), lo perderá en los costos adicionales del pedido ($ 5), una diferencia de $ 4. Además, en el caso de la orden limitada, es posible que la acción no baje a $ 49,90 o menos. Por lo tanto, si continúa aumentando, puede perder la oportunidad de comprar.

Tipos de órdenes de stock adicionales

Ahora que hemos explicado las dos órdenes principales, aquí hay una lista de algunas restricciones adicionales e instrucciones especiales que muchas casas de bolsa diferentes permiten en sus órdenes:

Orden Stop Loss
Una orden de stop loss también se conoce como un mercado detenido, compra en stop o venta en stop, esta es una de las órdenes más útiles. Esta orden es diferente porque, a diferencia de las órdenes límite y de mercado, que están activas en cuanto se ingresan, esta orden permanece inactiva hasta que se pasa un precio determinado, momento en el que se activa como una orden de mercado.

Por ejemplo, si se colocara una orden de venta con límite de pérdidas en las acciones de XYZ a $ 45 por acción, la orden estaría inactiva hasta que el precio alcanzara o cayera por debajo de $ 45. Luego, la orden se transformaría en una orden de mercado y las acciones se venderían al mejor precio disponible. Debería considerar usar este tipo de orden si no tiene tiempo para observar el mercado continuamente pero necesita protección contra un gran movimiento a la baja. Un buen momento para utilizar una orden de suspensión es antes de irse de vacaciones.2

Orden Stop-Limit

Son similares a las órdenes de stop-loss, pero como su nombre lo indica, existe un límite en el precio al que se ejecutarán. Hay dos precios especificados en una orden stop-limit: el precio stop, que convertirá la orden en una orden de venta, y el precio límite . En lugar de que la orden se convierta en una orden de mercado para vender, la orden de venta se convierte en una orden limitada que solo se ejecutará al precio límite o mejor. Esto puede mitigar un problema potencial con las órdenes stop-loss, que pueden activarse durante una caída repentina cuando los precios caen en picado pero luego se recuperan.3

Todo o ninguno (AON)

Este tipo de orden es especialmente importante para quienes compran acciones de centavo . Un pedido de todo o nada garantiza que obtenga la cantidad total de existencias que solicitó o ninguna. Esto suele ser problemático cuando una acción es muy poco líquida o se coloca un límite en el pedido. Por ejemplo, si realiza una orden para comprar 2,000 acciones de XYZ pero solo se están vendiendo 1,000, una restricción de todo o nada significa que su orden no se ejecutará hasta que haya al menos 2,000 acciones disponibles a su precio preferido. Si no coloca una restricción de todo o nada, su orden de 2,000 acciones se completará parcialmente por 1,000 acciones.4

Inmediato o Cancelar (IOC)

Una orden de IOC exige que se ejecute cualquier cantidad de una orden que se pueda ejecutar en el mercado (o con un límite) en un período de tiempo muy corto, a menudo solo unos segundos o menos, y luego se cancele el resto de la orden. Si no se negocian acciones en ese intervalo "inmediato", la orden se cancela por completo.4

Llenar o matar (FOK)

Este tipo de orden combina una orden AON con una especificación IOC; en otras palabras, exige que se negocie todo el tamaño de la orden y en un período de tiempo muy corto, a menudo unos pocos segundos o menos. Si no se cumple ninguna de las condiciones, el pedido se cancela.4

Bueno hasta cancelado (GTC)

Esta es una restricción de tiempo que puede colocar en diferentes pedidos. Un pedido válido hasta que se cancele permanecerá activo hasta que decida cancelarlo. Las agencias de corretaje generalmente limitarán el tiempo máximo que puede mantener una orden abierta (o activa) a 90 días.4

Día

Si no especifica un marco de tiempo de vencimiento a través de la instrucción GTC, entonces la orden generalmente se establecerá como una orden diaria. Esto significa que una vez finalizado el día de negociación, la orden caducará. Si no se realiza la transacción (se llena), deberá volver a ingresarlo el siguiente día de negociación.4

Tomar ganancias

Una orden de toma de ganancias (a veces llamada objetivo de ganancias) tiene como objetivo cerrar la operación con una ganancia una vez que ha alcanzado un cierto nivel. La ejecución de una orden de toma de ganancias cierra la posición. Este tipo de orden siempre está relacionada con una posición abierta de una orden pendiente.5

No todas las correadurías o plataformas de negociación en línea permiten todos estos tipos de órdenes. Consulte con su corredor si no tiene acceso a un tipo de orden en particular que desea utilizar.

La línea de fondo

Conocer la diferencia entre un límite y una orden de mercado es fundamental para la inversión individual. Hay momentos en los que uno u otro será más apropiado, y el tipo de orden también está influenciado por su enfoque de inversión .

Es más probable que un inversionista a largo plazo opte por una orden de mercado porque es más barato y la decisión de inversión se basa en los fundamentos que se desarrollarán durante meses y años, por lo que el precio de mercado actual es un problema menor. Un comerciante, sin embargo, busca actuar sobre una tendencia a corto plazo en los gráficos y, por lo tanto, es mucho más consciente del precio de mercado pagado; en cuyo caso, una orden de límite para comprar con una orden de stop-loss para vender suele ser el mínimo para establecer una operación.

Al saber qué hace cada orden y cómo cada una puede afectar su negociación, puede identificar qué orden se adapta a sus necesidades de inversión, le ahorra tiempo, reduce su riesgo y, lo más importante, le ahorra dinero.

Cómo reducir el riesgo con un tamaño de posición óptimo

Determinar qué cantidad de una moneda, una acción o un producto básico acumular en una operación es un aspecto de la negociación que a menudo se pasa por alto. Los traders toman con frecuencia un tamaño de posición aleatorio . Esto puede parecer que ellos deciden tomar una posición más grande si se sienten realmente seguros de una operación o, alternativamente, optan por tomar una posición más pequeña si se sienten un poco menos seguros. Sin embargo, esta puede no ser la metodología más informada o estratégica para determinar el tamaño de una inversión.

De manera similar, un operador no debe elegir simplemente un tamaño de posición predeterminado para todas las operaciones, independientemente de cómo se establezca la operación; este estilo de negociación probablemente conducirá a un rendimiento inferior a largo plazo. Entonces, si no es en el mejor interés de un inversionista seleccionar un tamaño de posición aleatorio, y no es una buena idea establecer un tamaño uniforme para todas las operaciones, ¿cuál es la mejor manera de evaluar la posición óptima para una operación? A continuación, se muestran algunos métodos diferentes para que los operadores determinen un tamaño de posición óptimo que también puede reducir su riesgo.

CONCLUSIONES CLAVE
Los operadores deben desarrollar una metodología estratégica informada para determinar el tamaño de una operación, en lugar de seleccionar una posición al azar o elegir un tamaño de posición predeterminado para todas las operaciones.

Antes de determinar el tamaño de una posición, un operador debe comprender primero el nivel de stop apropiado para una operación específica.

Para un comerciante, el nivel de parada puede ayudarlo a determinar el riesgo; dependiendo del tamaño de la cuenta, debe arriesgar un máximo del 1% al 3% de su cuenta en una operación.

Para cuentas más grandes, existen algunos métodos alternativos que se pueden utilizar para determinar el tamaño de la posición, incluida la implementación de una parada de dólar fijo.

Identifique el nivel de parada apropiado

Antes de determinar el tamaño de una posición, un operador debe comprender primero el nivel de stop apropiado para una operación específica. Las paradas tampoco deben establecerse en niveles aleatorios. Se debe colocar una parada en un nivel que proporcione la información adecuada para el comerciante, específicamente que se equivocó sobre la dirección de la operación. Si se coloca un stop en un nivel inadecuado, puede desencadenarse fácilmente por movimientos normales del mercado.

Para un comerciante, el nivel de parada puede ayudarlo a determinar el riesgo. Por ejemplo, si el stop es de 50 pips del precio de entrada de un operador para una operación de divisas, o asume 50 centavos en una operación de acciones o materias primas , el operador puede comenzar a determinar el tamaño de su posición.

La primera consideración debe ser el tamaño de su cuenta. Si tiene una cuenta pequeña, debe arriesgar un máximo del 1% al 3% de su cuenta en una operación.

Por ejemplo, si un comerciante tiene un $ 5.000 cuenta de operaciones , y el comerciante se arriesga 1% de esa cuenta en un comercio, esto significa que pueden perder $ 50 en un comercio. Entonces, este comerciante puede tomar un mini lote . Si se alcanza el nivel de stop del operador, entonces el operador habrá perdido 50 pips en un mini lote, o $ 50. Si el operador usa un nivel de riesgo del 3%, entonces puede perder $ 150 (que es el 3% de la cuenta). Entonces, con un nivel de parada de 50 pips, pueden tomar tres mini lotes. Si el trader se detiene , habrá perdido 50 pips en tres mini lotes, o $ 150.

En el mercado de valores, arriesgar el 1% de su cuenta en la operación significaría que un operador podría tomar 100 acciones con un nivel de stop de 50 centavos. Si se alcanza el stop, esto significaría que se perdieron $ 50, o el 1% del total de la cuenta, en la operación. En este caso, el riesgo de la operación se ha contenido en un pequeño porcentaje de la cuenta y el tamaño de la posición se ha optimizado para ese riesgo.

Técnicas alternativas para dimensionar la posición

Para cuentas más grandes, existen algunos métodos alternativos que se pueden utilizar para determinar el tamaño de la posición. Es posible que una persona con una cuenta de $ 500,000 no siempre desee arriesgar $ 5,000 o más (que es el 1% de $ 500,000) en cada operación. Es posible que tengan muchas posiciones en el mercado, que en realidad no empleen todo su capital o que tengan problemas de liquidez con grandes posiciones. En este caso, también se puede utilizar una parada de dólar fijo.

Supongamos que un operador con una cuenta de este tamaño quiere arriesgar solo $ 1,000 en una operación. Todavía pueden usar el método mencionado anteriormente. Si la distancia al stop desde el precio de entrada es de 50 pips, el comerciante puede tomar 20 mini lotes o 2 lotes estándar .

En el mercado de valores , el comerciante podría tomar 2.000 acciones con el stop a 50 centavos del precio de entrada. Si se alcanza el stop, el comerciante habrá perdido solo los $ 1,000 que estaba dispuesto a arriesgar antes de realizar la operación.

Niveles de parada diarios

Otra opción para los traders diarios activos o de tiempo completo es utilizar un nivel de stop diario. Una parada diaria permite a los operadores que necesitan hacer juicios en una fracción de segundo y requieren flexibilidad en sus decisiones de tamaño de posición. Una parada diaria significa que el operador establece una cantidad máxima de dinero que puede perder en un día, una semana o un mes. Si los operadores pierden esta cantidad predeterminada de capital (o más), saldrán inmediatamente de todas las posiciones y dejarán de operar durante el resto del día, la semana o el mes. Un comerciante que utilice este método debe tener un historial de desempeño positivo.

Para los operadores experimentados, un stop loss diario puede ser aproximadamente igual a su rentabilidad diaria promedio. Por ejemplo, si, en promedio, un operador gana $ 1,000 por día, entonces debe establecer un stop-loss diario cercano a este número. Esto significa que un día perdedor no eliminará las ganancias de más de un día de negociación promedio. Este método también se puede adaptar para reflejar varios días, una semana o un mes de resultados comerciales.

Para los operadores que tienen un historial de operaciones rentables, o que son extremadamente activos en operaciones a lo largo del día, el nivel de stop diario les permite la libertad de tomar decisiones sobre el tamaño de la posición sobre la marcha durante todo el día y aún así controlar su riesgo general. La mayoría de los operadores que utilizan un stop diario aún limitarán el riesgo a un porcentaje muy pequeño de su cuenta en cada operación al monitorear el tamaño de las posiciones y la exposición al riesgo que crea una posición.

Un operador novato con poco historial de operaciones también puede adaptar un método de stop-loss diario junto con el uso del tamaño de posición adecuado, determinado por el riesgo de la operación y el saldo general de su cuenta
.

La línea de fondo
Para lograr el tamaño de posición correcto, los operadores deben determinar primero su nivel de stop y el porcentaje o monto en dólares de su cuenta que están dispuestos a arriesgar en cada operación. Una vez que los hayamos determinado, pueden calcular su tamaño de posición ideal.

¿Cómo hago una orden para comprar o vender acciones?

Es fácil comenzar a comprar y vender acciones , especialmente con los avances en el comercio en línea desde el cambio de siglo. Si usted es como la gran mayoría de los comerciantes estadounidenses, compra acciones de una firma de inversión o una firma de corretaje . Se reúne o habla con un corredor de bolsa, quien acepta sus órdenes de mercado y facilita los pagos entre usted y otras partes comerciales. A menos que esté pidiendo prestado con margen, tiene una cuenta de efectivo con su corredor para ayudarlo a identificar su perfil de inversionista.

Usted compra al precio de oferta (o demanda) y vende al precio de oferta. Una brecha más estrecha en estos precios significa más volumen de negociación para las acciones.

Órdenes de compra y venta
La duración de las operaciones, los costos y las diferencias de precio varían entre diferentes corredores y entre diferentes mercados. Las acciones tienden a ser muy líquidas, lo que significa que las operaciones se realizan rápidamente. Cuando envía una orden a su corredor, él la llena desde el propio inventario de su empresa o enruta la orden a través de una red de comercio informática. Un vendedor se empareja con su pedido y se ejecuta la operación.

Hay varios tipos de pedidos. Las más comunes son las órdenes de mercado , las órdenes limitadas y las órdenes stop . Utilice una orden de mercado para comprar al mejor precio de mercado actual. Las órdenes limitadas le permiten establecer el precio y la orden puede completarse durante un período de tiempo. Las órdenes de suspensión le permiten establecer límites a la cantidad que paga por las acciones.

Vendes acciones de la misma manera que compras acciones. Realice un pedido con su corredor y espere a que se complete el pedido a través de su cuenta de inversión.

Cuándo vender una acción

En teoría, la capacidad de ganar dinero con acciones implica dos decisiones clave: comprar en el momento adecuado y vender en el momento adecuado. Para obtener ganancias, debe ejecutar ambas decisiones correctamente. El rendimiento de cualquier inversión se determina primero por el precio de compra.

Se podría argumentar que se obtiene una ganancia o pérdida en el momento en que se compra; el comprador simplemente no lo sabe hasta que se vende. Sin embargo, mientras que comprar al precio correcto puede determinar en última instancia la ganancia obtenida, vender al precio correcto garantiza la ganancia (si la hubiera). Si no vende en el momento adecuado, los beneficios de comprar en el momento adecuado desaparecen.

Muchos inversores tienen problemas para vender acciones y, a veces, la razón tiene su origen en la tendencia humana innata hacia la codicia. Sin embargo, existen varias estrategias que puede utilizar para identificar cuándo es (y cuándo no) un buen momento para vender. Lo más importante de estas estrategias es que intentan eliminar algunas de las emociones humanas del proceso de toma de decisiones.

CONCLUSIONES CLAVE

Cuando se trata de invertir, la decisión de cuándo comprar una acción a veces puede ser más fácil que saber cuándo es el momento adecuado para vender una acción.

En general, hay tres razones principales para que un inversionista a largo plazo venda: la compra fue un error, el precio ha aumentado drásticamente o el precio actual ya no está respaldado por los fundamentos.

Las emociones y la psicología humana a veces pueden obstaculizar la toma de una decisión inteligente, así que manténgase en sintonía con los datos (y no con sus sentimientos).

Generalmente hay tres buenas razones para vender una acción. Primero, comprar las acciones fue un error en primer lugar. En segundo lugar, el precio de las acciones ha aumentado de forma espectacular. Finalmente, la acción ha alcanzado un precio tonto e insostenible. Si bien existen muchas otras razones adicionales para vender una acción, es posible que no sean tan sabias en las decisiones de inversión.

Vender acciones es difícil

Este es un escenario muy común: compras acciones a $ 25 con la intención de venderlas si llegan a $ 30. La acción alcanza los $ 30 y usted decide esperar un par de ganancias más. La acción alcanza los 32 dólares y la codicia supera la racionalidad. De repente, el precio de las acciones vuelve a bajar a $ 29. Te dices a ti mismo que debes esperar hasta que vuelva a alcanzar los $ 30. Esto nunca sucede. Finalmente sucumbe a la frustración y vende con pérdidas cuando llega a $ 23.

En este escenario, se podría decir que la codicia y la emoción han superado el juicio racional. La pérdida fue de $ 2 por acción, pero en realidad podría haber obtenido una ganancia de $ 7 cuando la acción alcanzó su máximo.

Es mejor ignorar estas pérdidas en papel que agonizar, pero la verdadera pregunta es la razón del inversionista para vender o no vender. Para eliminar la naturaleza humana de la ecuación en el futuro, considere usar una orden límite, que venderá automáticamente las acciones cuando alcance su precio objetivo. Ni siquiera tendrá que ver cómo suben y bajan las acciones. Recibirá un aviso cuando se realice su orden de venta.

Vender acciones cuando la compra fue un error
Es de suponer que ha investigado un poco esta acción antes de comprarla. Más tarde, puede concluir que ha cometido un error analítico y se da cuenta de que el negocio no es una inversión adecuada. Debe vender esas acciones, incluso si eso significa incurrir en pérdidas.

La clave para una inversión exitosa es confiar en sus datos y análisis en lugar de los cambios de humor emocionales del Sr. Market. Si ese análisis fue defectuoso por alguna razón, vende las acciones y sigue adelante.

El precio de las acciones puede subir después de la venta, lo que hace que se cuestione. También es posible que una pérdida del 10% en esa inversión se convierta en el movimiento de inversión más inteligente que haya realizado.

Por supuesto, no todos los errores analíticos son iguales. Si una empresa no cumple con los pronósticos de ganancias a corto plazo y el precio de las acciones baja, no reaccione exageradamente y venda de inmediato (asumiendo que la solidez de la empresa permanece intacta). Pero si ve que la empresa pierde participación de mercado frente a la competencia, podría ser un signo de una debilidad real a largo plazo en la empresa.

Vender acciones cuando el precio sube drásticamente
Es muy posible que una acción que acaba de comprar aumente drásticamente en un corto período de tiempo. Muchos de los mejores inversores son los inversores más humildes. No tome el rápido aumento como una afirmación de que es más inteligente que el mercado en general. Lo mejor para usted es vender las acciones.

Una acción barata puede convertirse en una acción cara muy rápidamente por una serie de razones, incluida la especulación de otros. Toma tus ganancias y sigue adelante. Aún mejor, si esa acción cae significativamente, considere comprarla nuevamente. Si las acciones continúan aumentando, consuélate con el viejo dicho: "Nadie se arruina al reservar una ganancia".

Si posee una acción que ha estado bajando, considere vender con el llamado rebote de gato muerto . Estos repuntes son temporales y generalmente se basan en noticias inesperadas.

Vender acciones para valoración
Ésta es una decisión difícil: parte arte y parte ciencia. El valor de cualquier acción de acciones se basa en última instancia en el valor presente de los flujos de efectivo futuros de la empresa . La valoración siempre tendrá un grado de imprecisión porque el futuro es incierto. Esta es la razón por la que los inversores de valor dependen en gran medida del concepto de margen de seguridad al invertir.

Una buena regla general es considerar vender si la valoración de la empresa se vuelve significativamente más alta que la de sus pares. Por supuesto, esta es una regla con muchas excepciones. Por ejemplo, suponga que Procter & Gamble (PG) cotiza por 15 veces las ganancias, mientras que Kimberly-Clark (KMB) cotiza por 13 veces las ganancias. Esta no es una buena razón para vender Proctor & Gamble, considerando la considerable participación de mercado de muchos de sus productos.

Otra herramienta de venta más razonable es vender cuando la relación P / U de una empresa excede significativamente su relación P / U promedio durante los últimos cinco o 10 años. Por ejemplo, en el apogeo del boom de Internet a fines de la década de 1990, las acciones de Walmart tuvieron un P / U de 60 veces las ganancias cuando abrió su primer sitio web con comercio electrónico. A pesar de la calidad de Walmart, cualquier propietario de acciones debería haber considerado vender y los compradores potenciales deberían haber considerado buscar en otra parte.

Cuando los ingresos de una empresa disminuyen, suele ser una señal de reducción de la demanda. Primero, observe las cifras de ingresos anuales para ver el panorama general, pero no confíe únicamente en esas cifras. También es una buena idea mirar las cifras trimestrales. Las cifras de ingresos anuales de una importante empresa de petróleo y gas pueden ser impresionantes anualmente, pero ¿y si los precios de la energía han caído en los últimos meses?

Cuando ve que una empresa está recortando costos, a menudo significa que la empresa no está prosperando. El indicador más importante es la reducción de personal. La buena noticia para usted es que la reducción de costos puede verse como algo positivo, al menos inicialmente. Esto a menudo puede conducir a ganancias de stock. Esto no debería verse como una oportunidad para comprar más acciones, sino más bien como una oportunidad para salir de la posición antes de cualquier caída posterior del valor.

Vender acciones para necesidades financieras

Puede que esto no cuente como una buena razón para vender acciones, pero es una razón de todos modos. Las acciones son un activo y hay momentos en que las personas necesitan sacar provecho de sus activos.

Ya sea que se trate de capital inicial para un nuevo negocio, el pago de la universidad o la compra de una casa, esta decisión depende de la situación financiera de un individuo más que de los fundamentos de las acciones.

La línea de fondo
Cualquier venta que genere ganancias es una buena venta, especialmente si el razonamiento detrás es sólido. Cuando una venta resulta en una pérdida con un entendimiento de por qué ocurrió esa pérdida, también puede considerarse una buena venta. Vender es una mala decisión solo cuando lo dicta la emoción en lugar de los datos y el análisis.

Acciones de ingresos, valor y crecimiento

Los inversores que compran acciones normalmente lo hacen por una de dos razones: creen que el precio subirá y les permitirá vender las acciones con una ganancia, o pretenden cobrar los dividendos pagados sobre las acciones como ingresos por inversiones. Por supuesto, algunas acciones pueden satisfacer ambos objetivos, al menos en cierta medida, pero la mayoría de las acciones se pueden clasificar en una de tres categorías: crecimiento, ingresos o valor. Aquellos que entienden las características de cada tipo de acción pueden utilizar este conocimiento para hacer crecer sus carteras de manera más eficiente.
Acciones de crecimiento

Como su nombre lo indica, las empresas en crecimiento, por definición, son aquellas que tienen un potencial sustancial de crecimiento en el futuro previsible. Las empresas en crecimiento pueden estar creciendo actualmente a un ritmo más rápido que los mercados en general y, a menudo, dedican la mayor parte de sus ingresos actuales a una mayor expansión. Todos los sectores del mercado tienen empresas en crecimiento, pero son más frecuentes en algunas áreas como la tecnología, las energías alternativas y la biotecnología .

La mayoría de las acciones de crecimiento tienden a ser empresas más nuevas con productos innovadores que se espera que tengan un gran impacto en el mercado en el futuro, pero hay excepciones. Algunas empresas en crecimiento son simplemente entidades muy bien gestionadas con buenos modelos de negocio que han capitalizado la demanda de sus productos. Las acciones de crecimiento pueden proporcionar un rendimiento sustancial del capital, pero muchas de ellas son empresas más pequeñas y menos estables que también pueden experimentar fuertes caídas de precios.

Un ejemplo de empresa en crecimiento :

Amazon.Com Inc (AMZN): este gigante de la red continúa agregando funciones, abriendo nuevos mercados y tomando clientes de otras empresas orientadas al comercio minorista. El P / U final de 2018 de 83 refleja este asombroso potencial de crecimiento, en comparación con el P / U final del SP-500 de 24,6. 1 2
Acciones de valor

Las empresas infravaloradas a menudo pueden proporcionar beneficios a largo plazo para quienes hacen sus deberes. Una acción de valor cotiza a un precio por debajo de donde parece que debería basarse en su estado financiero y en los indicadores técnicos de negociación. Puede tener ratios de pago de dividendos elevados o ratios financieros bajos, como los ratios precio-valor contable o precio-beneficio . El precio de las acciones también puede haber bajado debido a la percepción pública sobre factores que tienen poco que ver con las operaciones actuales de la empresa.

Por ejemplo, el precio de las acciones de una empresa bien gestionada y financieramente sólida puede caer sustancialmente durante un corto período de tiempo si el director ejecutivo de la empresa se ve envuelto en un escándalo personal grave. Los inversores inteligentes saben que este es un buen momento para comprar acciones, ya que el público pronto se olvidará del incidente y lo más probable es que el precio vuelva a su nivel anterior.

Por supuesto, la definición de qué es exactamente un buen valor para una acción determinada es algo subjetiva y varía según la filosofía y el punto de vista del inversor. Por lo general, se considera que las acciones de valor conllevan menos riesgo que las acciones de crecimiento porque generalmente son las de empresas más grandes y más establecidas. Sin embargo, sus precios no siempre vuelven a sus niveles anteriores más altos como se esperaba.

Un ejemplo de una acción de buen valor:

Cardinal Health Inc (CAH) -El Stock parecía infravalorado 2019, ya que se negociaba a mínimos de 4 años a pesar de EPS aumentó significativamente de $ 3,84 en 2014 a un estimado de $ 5.00 en el año fiscal 2018. 3 4 Esto es mejor que las amplias del mercado estimó un crecimiento anual de las ganancias del 3,14% en los próximos 7 a 10 años.

Acciones de ingresos

Los inversores buscan acciones de renta para reforzar sus carteras de renta fija con rendimientos de dividendos que suelen superar los de los instrumentos garantizados, como los valores del Tesoro o los CD .

Hay dos tipos principales de acciones de ingresos. Las acciones de servicios públicos son acciones ordinarias que históricamente se han mantenido bastante estables en precio, pero generalmente pagan dividendos competitivos. Las acciones preferidas son valores híbridos que se comportan más como bonos que como acciones. A menudo tienen funciones call o put u otras características, pero también pagan rendimientos competitivos.

Aunque las acciones de renta pueden ser una alternativa atractiva para los inversores que no estén dispuestos a arriesgar su capital, sus valores pueden disminuir cuando suben las tasas de interés.

Un ejemplo de una buena acción de ingresos:

AT&T (T): la compañía es financieramente sólida, tiene una cantidad razonable de deuda y actualmente paga un rendimiento de dividendos anual del 6.2%. 5

Cómo encontrar acciones en estas categorías

No existe una forma correcta de descubrir tipos específicos de acciones. Aquellos que quieran crecimiento pueden leer detenidamente los sitios web de inversión o los tableros de anuncios para obtener listas de empresas en crecimiento y luego hacer su propia tarea con ellas. Muchos analistas también publican blogs y boletines que promocionan acciones en cada una de las tres categorías.

Los inversores que buscan ingresos pueden calcular los rendimientos de los dividendos sobre ofertas comunes y preferidas, y luego evaluar la cantidad de riesgo en el valor. También hay programas de selección de acciones disponibles que los inversores pueden utilizar para buscar acciones de acuerdo con criterios específicos, como la rentabilidad de los dividendos o las relaciones financieras.

La línea de fondo

Las acciones pueden proporcionar un rendimiento del capital a partir del crecimiento futuro, la subvaloración actual o los ingresos por dividendos. Muchas acciones (como AT&T) ofrecen alguna combinación de estos, y los inversores inteligentes saben que los dividendos pueden marcar una diferencia sustancial en el rendimiento total que reciben.

¿Cómo evito que las comisiones y los honorarios consuman mis ganancias comerciales?

Trabajas duro por tu dinero. Y debería poder guardar la mayor cantidad posible en su bolsillo. Pero si está pensando en invertir el dinero que tanto le costó ganar para aumentar su patrimonio neto , hay algunas cosas que debe tener en cuenta. Invertir tiene un costo. Ciertamente, hay un riesgo involucrado que puede afectar sus ganancias. Pero otra cosa que puede afectar su resultado final es el costo, desde los honorarios hasta las comisiones. Y todo puede sumarse. Entonces, ¿puede realmente guardar su dinero y mantener bajos sus gastos? La respuesta corta es sí. Siga leyendo para obtener más información sobre cómo evitar que estos costos agoten sus ganancias.

CONCLUSIONES CLAVE

Los gastos de inversión incluyen honorarios de corretaje, comisiones y honorarios de administración y asesoría. 1

Las comisiones y tarifas no son universales, varían de una empresa a otra.

Mantenga bajos sus gastos invirtiendo en una firma de corretaje o casa comercial sin cargo.

Los Robo-advisors utilizan algoritmos para administrar carteras, por lo que pueden tener tarifas bajas o nulas.

Tipos de tarifas de inversión

La mayoría de las inversiones conllevan algún tipo de tarifa. 1 Es una de las únicas formas en que los bancos y otras empresas pueden ganar dinero. Al cobrarle una tarifa, estas instituciones pueden seguir funcionando y ofrecerle sus servicios. Incluso el vehículo de inversión más simple viene con algún tipo de cargo por servicio. La mayoría de las cuentas de ahorro , por ejemplo, cobran una tarifa si no mantiene un saldo mínimo e incurrirá en un cargo por servicio si realiza más de un retiro al mes. Es tu dinero, entonces, ¿por qué te cobran una tarifa? Después de todo, la cuenta está diseñada para que usted pueda ahorrar dinero.

Este principio, de cobrar una tarifa, es bastante consistente en todos los ámbitos. Las empresas le cobran dinero para mantener y administrar sus cuentas. Pero también hacen lo mismo cuando quieres mover tu dinero. A veces, puede sentir que está pagando más de lo que está invirtiendo. Seguramente, debe haber una manera de mantener eso al mínimo, ¿verdad? Por supuesto que sí. Pero antes de describir cómo puede mantener su dinero en su cuenta sin pagar tarifas escandalosas, aquí hay un vistazo rápido a algunos de los gastos más comunes que vienen con la inversión.

Comisión de corretaje

Muchas empresas de servicios financieros diferentes cobran una tarifa de corretaje , incluidas empresas de corretaje, casas de bienes raíces e instituciones financieras. Esta tarifa normalmente se cobra anualmente para mantener las cuentas de los clientes, pagar cualquier investigación y / o suscripciones, o para acceder a cualquier plataforma de inversión. Estas tarifas también pueden cubrir instancias si una cuenta queda inactiva. Las tarifas de corretaje pueden ser un cierto porcentaje del saldo en la cuenta de un cliente o una tarifa fija.

Comisiones

Los corredores y asesores de inversiones a menudo cobran comisiones a los clientes por utilizar sus servicios. También se denominan tarifas comerciales. Básicamente pagan por cualquier consejo de inversión o para ejecutar órdenes de compraventa de valores, incluidas acciones. materias primas, opciones o fondos cotizados en bolsa (ETF). Los cargos por comisión varían de una empresa a otra, por lo que es importante verificar la lista de tarifas de un corredor antes de decidir utilizar sus servicios.

Honorarios de gestión o asesoramiento

Las empresas que gestionan fondos de inversión cobran comisiones de gestión o asesoramiento. Los administradores de fondos son compensados con estos honorarios por su experiencia. Aunque pueden variar entre fondos, la mayoría de estas tarifas se basan en un porcentaje de los activos bajo administración (AUM) en cada fondo.

Los conceptos básicos de los gastos comerciales

No existe un sistema universal con respecto a las comisiones comerciales u otras tarifas cobradas por las casas de bolsa y otras casas de inversión. Algunos cobran tarifas bastante elevadas por cada operación, mientras que otros cobran muy poco, dependiendo del nivel de servicio que brinden. Una empresa de corretaje de descuento puede cobrar tan solo $ 10 por una operación de acciones ordinarias o incluso menos, mientras que un corredor de servicio completo podría cobrar fácilmente $ 100 o más por operación.

Las tarifas varían de una empresa a otra; algunas tarifas son muy elevadas, mientras que otras son bastante económicas. Entonces, cuánto paga realmente tiene más que ver con la cantidad de dinero que invierte en cada operación que con la frecuencia con la que opera. Si solo tiene $ 1,000 para invertir en una operación y está utilizando un corredor de descuento que cobra $ 20 por operación, el 2% del valor de su operación es devorado por la comisión cuando ingresa por primera vez a su posición. Cuando finalmente decida cerrar su operación , es probable que pague otra tarifa de comisión de $ 20, lo que significa que el costo de ida y vuelta de la operación es de $ 40, o el 4% de su monto en efectivo inicial. Eso significa que deberá obtener al menos un 4% de rendimiento de su operación antes de alcanzar el punto de equilibrio y poder comenzar a obtener ganancias.

Con este tipo de estructura de tarifas , que es bastante común, realmente no importa la frecuencia con la que opere. Lo único que importa es que sus operaciones generen una ganancia porcentual suficiente para cubrir los costos de las comisiones. Sin embargo, hay una salvedad: algunas firmas de corretaje ofrecen descuentos de comisión a los inversores que realizan muchas transacciones. Por ejemplo, una empresa de corretaje puede cobrar $ 20 por operación a sus clientes habituales, pero solo puede cobrar $ 10 por operación a los clientes que realizan 50 operaciones o más por mes.

En otros casos, los inversores y corredores pueden acordar un porcentaje anual fijo. Debido a que paga la misma tarifa de porcentaje anual, realmente no importa con qué frecuencia opere.

Mantenga sus gastos bajos
Aunque las tarifas son una parte integral del sistema financiero, no tiene que estar en deuda con ellas. Existe una manera de mantener bajos sus gastos y seguir invirtiendo.

Considere invertir su dinero en una empresa que no cobre comisiones ni tarifas por operaciones con acciones y ETF. Más firmas, especialmente las pequeñas y las que son nuevas en el juego, están adoptando esta estructura para atraer y retener clientes. Algunas de estas empresas también renuncian al requisito de depósito mínimo, por lo que puede comenzar con un saldo bajo sin costo adicional. Sin embargo, querrá verificar su estructura de tarifas para otros vehículos de inversión junto con cualquier otra tarifa que puedan cobrar para ver si se equilibra.

Las plataformas de inversión automatizadas también pueden ayudar a reducir sus gastos. Los Robo-advisors son una tendencia relativamente nueva en la industria financiera y pueden ser excelentes para los pequeños inversores porque tienen tarifas bajas . Esto significa más dinero en su bolsillo. Pueden permitirse hacer esto porque están automatizados, por lo que no tienen a nadie administrando físicamente las cuentas de los clientes. En cambio, los robo-asesores utilizan algoritmos para mantener y reasignar sus posiciones de acuerdo con su tolerancia al riesgo y sus objetivos de inversión.

Minimizar comisiones y tarifas puede tener un gran impacto en su carrera inversora. Aquí hay tres formas de hacerlo:

Invierta en fondos cotizados en bolsa (ETF) en lugar de fondos mutuos. Los índices de gastos son casi siempre más bajos para un ETF en comparación con un fondo mutuo comparable. Ahora es muy fácil construir una cartera de bajo costo y bien diversificada utilizando ETF con un índice de gastos del 0,25% o menos por año.
Evite los productos con cargas iniciales, cargas traseras o tarifas 12b-1. Por lo general, se encuentran dentro de los fondos mutuos, pero no en los ETF. 1 2

Busque ETF sin comisiones comerciales . Un número creciente de familias de fondos está renunciando a las tarifas de negociación de sus ETF.
Si decide invertir en un fondo con una tarifa de negociación, intente invertir más de $ 1,000 por fondo.

¿Qué tipo de cuenta de corretaje es adecuada para usted?

Un corredor, también conocido como corretaje, es una empresa que conecta a compradores y vendedores de vehículos de inversión como acciones y bonos. Una cuenta de corretaje es a menudo donde un inversor mantiene activos. El tipo de corretaje a elegir depende de las necesidades y preferencias del inversor.

Historial rápido de corretajes

Antes de mediados del siglo XX, el acceso a los mercados de acciones y bonos estaba restringido a los ricos que tenían suficiente dinero para invertir y que podían pagar los servicios de un intermediario humano para realizar operaciones y actuar como asesor de inversiones.

En las décadas de 1970 y 1980 , surgió una serie de las denominadas empresas de corretaje de descuento, como Vanguard y Charles Schwab . Estaban dispuestos a aceptar una clientela menos pudiente porque sus modelos de negocio buscaban acumular una gran cantidad de pequeños clientes.

A fines de la década de 1990, se vio el auge de Internet y se fundaron casas de bolsa en línea como E * TRADE y FOREX.com para aprovechar la oportunidad que ofrecía la nueva tecnología. Ampliaron el modelo de intermediación de descuento reduciendo comisiones y saldos mínimos. Esto se debe a que tenían muchos menos gastos generales en términos de espacio físico y agentes humanos que realizaban operaciones, por lo que podían transferir estos ahorros al consumidor.

El auge de la inversión autodirigida y el corretaje en línea

Con menores costos de negociación, la cuenta de corretaje en línea también trajo consigo al inversionista autodirigido, el inversionista que realiza investigaciones de inversión por su cuenta y luego elige qué acciones y bonos comprar para su cartera.

Hoy en día, existe una amplia gama de plataformas de corretaje autodirigidas, tradicionales y con descuento en línea disponibles, cada una con sus pros y sus contras.

Además, un nuevo desarrollo en los últimos años ha sido el advenimiento del robo-advisor. Estas son plataformas de software automatizadas, a menudo disponibles como aplicaciones móviles, que se encargan de casi todas sus decisiones de inversión a un costo muy bajo.

Betterment, posiblemente el primer robo-asesor, se lanzó en 2010 después de la Gran Recesión. Desde entonces, el robo-advising ha experimentado un crecimiento exponencial en la adopción y una oleada de empresas emergentes y de corredurías existentes que agregaron un brazo de robo-asesor.

Con todas estas opciones, veamos qué tipo de corretaje es el más adecuado para qué tipo de inversor.

Corredores humanos y asesores financieros

Algunas personas prefieren que un humano se encargue de sus finanzas. Si este es usted, entonces un asesor humano tradicional puede ser más adecuado para usted que un robo-asesor. Los corredores humanos y los asesores financieros han existido desde el comienzo de los mercados bursátiles modernos, y se han hecho un hueco en el panorama competitivo actual atendiendo a los inversores más ricos (normalmente con $ 100.000 o más para invertir) o aquellos que prefieren la interacción humana. .

Los asesores financieros efectivos no solo crean y monitorean carteras de inversión, sino que también ofrecen asesoramiento financiero en todas las áreas de la vida de sus clientes y brindan servicios auxiliares como seguros, planificación patrimonial, servicios de contabilidad y líneas de crédito, ya sea ellos mismos o mediante una red de referencia. .

Los clientes de estos corredores pueden esperar pagar alrededor del 1% al año o más de los activos bajo administración al asesor, o hasta $ 50 por operación para transacciones individuales. Muchos asesores afirman que estas tarifas valen la pena por el valor adicional que aportan, ya sea por su capacidad para elegir acciones apropiadas para las carteras de sus clientes, su acceso a productos y ofertas únicos o un plan financiero integral.

Muchos asesores están disponibles por teléfono o correo electrónico y son bastante receptivos. También suelen esforzarse por reunirse con sus clientes en persona cuando sea apropiado.

Al comparar este conjunto de corredurías, preste atención a la independencia. Pregunte si su asesor se ve obligado a vender un producto o servicio en particular (por ejemplo, el ofrecido por su empresa en particular), o si puede ofrecerle los mejores productos independientemente de la familia de fondos de la que provenga.

Además, preste atención a las tarifas. Si cobran más del 1%, pregunte por qué y juzgue usted mismo si el costo adicional vale la pena. Las certificaciones profesionales, como la designación **CFP** o **CFA**, muestran que su corredor ha sido capacitado y ha pasado una serie de rigurosos exámenes relacionados con los mercados financieros y la planificación.

Los clientes deben usar la herramienta BrokerCheck de **FINRA** para ver si su corredor ha estado sujeto a quejas regulatorias o violaciones éticas.

Cuentas de corredor autodirigidas en línea

Las plataformas autodirigidas en línea incluyen las de E * TRADE, TD Ameritrade y Robinhood , entre muchas otras. Hoy en día, la mayoría de las instituciones financieras e incluso muchos bancos ofrecen a sus clientes una cuenta de corretaje en línea autodirigida .

Por ejemplo, Capital One, Citibank o Wells Fargo ofrecen plataformas de inversión. Casi veinte años después del siglo XXI, la mayor parte del espacio de corretaje de descuento se ha consolidado en la inversión en línea.

En su mayor parte, estas plataformas le dejan a usted decidir qué inversiones son las mejores, pero generalmente ofrecen un conjunto de herramientas de investigación y análisis, así como recomendaciones e ideas de expertos, para ayudarlo a tomar decisiones informadas. Luego, podrá ejecutar las operaciones por su cuenta para construir su cartera a través de su sitio web o aplicación móvil.

Estas plataformas cobran una comisión por transacción, que suele oscilar entre $ 4,95 y $ 9,95 por operación de acciones, y entre $ 0,50 y $ 1,00 extra por contrato de opciones. Le permiten operar con margen, crear estrategias de opciones e invertir directamente en fondos mutuos, así como en acciones individuales, divisas (forex) y fondos cotizados en bolsa (ETF).

Las correderías en línea son las mejores para el inversor autodirigido que conoce los mercados o sabe cómo realizar su propia investigación para elegir la cartera que mejor se adapte a sus objetivos. Si solo va a realizar algunas operaciones al año, es posible que desee pagar un poco más por operación para tener acceso a investigaciones y análisis de mayor calidad. Si es un comerciante diario, probablemente desee considerar un sitio que ofrezca operaciones gratuitas a sus usuarios más activos.

Cada corretaje en línea tiene sus propias fortalezas y debilidades. Quién es usted y lo que valora lo guiará hacia el mejor para usted. Por ejemplo, algunas personas pueden valorar la conveniencia de tener todas sus cuentas financieras bajo el mismo techo. Otros pueden valorar los gráficos interactivos. Aún así, otros pueden valorar el acceso a las OPI.

Robo-asesores

Los Robo-advisors automatizan la inversión y utilizan la tecnología para administrar su cartera. Desde el lanzamiento de Betterment en 2010, ha habido una proliferación tanto de empresas emergentes como de empresas financieras existentes que ofrecen este tipo de servicio de negociación algorítmica.

A diferencia de los algoritmos de negociación que impulsan las mesas de negociación de alta frecuencia (HFT) en los fondos de cobertura y los bancos, es probable que los asesores robóticos pongan su dinero a trabajar utilizando ETF indexados de bajo costo. De hecho, es la convergencia de los ETF de tarifas ultrabajas con las soluciones tecnológicas de bajo costo disponibles en las plataformas móviles lo que hace posible el robo-advising.

Ahora puede invertir con tan solo $ 1 en algunas plataformas por tan solo un 0,15% anual en tarifas. Algunas plataformas no cobran ninguna tarifa de asesoramiento, pero cobran por servicios complementarios opcionales.

Antes de los robo-advisors, si solo tenía unos pocos cientos de dólares o incluso unos miles de dólares para invertir, tendría que conectarse a una plataforma autodirigida. Ahora, puede poner a trabajar sus $ 200 o $ 2,000 sin tener que realizar ninguna investigación de inversiones, elegir acciones individuales o preocuparse por reequilibrar su cartera.

Los robo-advisors basados en algoritmos tienen como objetivo colocarlo en una cartera pasiva eficiente y diversificada. Muchas de estas plataformas incluso optimizarán los impuestos de sus carteras con la recolección de pérdidas fiscales, un proceso mediante el cual un inversor vende posiciones perdidas para compensar las ganancias de capital generadas por las posiciones ganadoras. Los algoritmos en sí mismos son un secreto de empresa patentado de robo-advisors.

Los Robo-advisors son una opción ideal para inversores nuevos o jóvenes que tienen poco para invertir. Los saldos mínimos para las cuentas de robo-advisor son bastante bajos, y algunos le permitirán comenzar con tan solo $ 1. Estas plataformas también son buenas para las personas que son fanáticas de las estrategias de inversión pasiva, ya que la mayoría de las veces encontrará que su robo-advisor desarrolla una cartera de ETF indexados en su nombre.

Los Robo-advisors también brillan para aquellos inversores a largo plazo que simplemente están demasiado ocupados (o desmotivados) para hacer su propia investigación sobre qué ETF tiene las mejores características de riesgo / rendimiento combinadas con sus tarifas, costos e implicaciones fiscales asociadas.

Pero los robo-advisors ciertamente no son para todos. Si es un trader activo, puede que los encuentre aburridos o poco sofisticados. Si bien los robos se están adaptando a esto al permitir una mayor personalización de la elección de la cartera (por ejemplo, la mayoría de los robos ahora le permitirán ajustar los pesos de asignación de su recomendación inicial), frustra el propósito de estos productos de comenzar a especular sobre acciones calientes o volátiles. empresas dentro de estas plataformas. Del mismo modo, si es un inversor sofisticado que necesita márgenes, operaciones de opciones y gráficos técnicos, es probable que un robo-advisor no sea para usted.

Si elige un robo-advisor, los factores a considerar son principalmente el costo, la reputación y los servicios adicionales. Controle el costo de los servicios adicionales: algunos son gratuitos pero otros agregan un costo adicional.

Mejores aplicaciones de inversión

Con tantos tipos diferentes de corredores de bolsa en línea y asesores robóticos disponibles para los inversores, puede ser difícil elegir uno que funcione mejor para usted. Es por eso que sometemos a estas empresas con sede en los EE. UU. A un proceso de revisión integral que incluyó una investigación práctica para determinar lo mejor en la industria.

En los últimos años, los corredores y los asesores robotizados han adoptado cada vez más el mantra, "los dispositivos móviles primero". A medida que más inversores y comerciantes utilizan tabletas o teléfonos inteligentes como su plataforma principal, estas empresas se han esforzado por mejorar sus aplicaciones móviles, que a su vez atraen a más usuarios móviles. Las mejores aplicaciones de inversión en línea ofrecen una experiencia uniforme entre las plataformas de escritorio y móviles, lo que incluye compartir listas de vigilancia y alertas, así como herramientas como filtros de acciones y depositar cheques en su cuenta. Las mejores aplicaciones de robo-asesor lo mantienen en contacto con su progreso hacia sus objetivos de inversión y simplifican la administración de su efectivo.

Mejores aplicaciones de inversión:
-Wealthfront : la mejor aplicación de inversión automatizada
-TD Ameritrade : la mejor aplicación de negociación autodirigida
-Betterment : la mejor aplicación para principiantes
-Interactive Brokers : la mejor aplicación para traders activos
-deliciousworks : la mejor aplicación para comerciantes de opciones

Wealthfront ganó nuestro premio al Mejor Robo-Advisor de 2020 con un paquete completo de establecimiento de objetivos, planificación, banca e inversiones entregado en una plataforma y aplicación móvil elegantes y fáciles de usar. Si está buscando orientación financiera y no necesita que provenga de un ser humano, Wealthfront ofrece inversiones totalmente digitales a un precio muy competitivo. La tecnología de planificación y establecimiento de objetivos de Wealthfront es excelente y debería servir como modelo para que otros robo-asesores lo emulen. La configuración de una cuenta de Wealthfront le brinda acceso a Path, la herramienta gratuita de planificación financiera que integra los datos de su cuenta y utiliza datos de terceros para proyectar mejor su situación financiera.

Las aplicaciones móviles, iOS y Android nativas, están diseñadas para ser extremadamente fáciles de usar con un mínimo de escritura. Las entradas de datos, como fechas y depósitos mensuales, se muestran en controles deslizantes o menús desplegables para evitar errores tipográficos. Sin embargo, al vincular cuentas externas, aún debe ingresar sus ID de usuario y contraseñas. El flujo de trabajo para una nueva cuenta es lógico y fácil de seguir.

Wealthfront ha dado grandes pasos hacia su objetivo corporativo de ofrecer lo que llama Self-Driving Money con el lanzamiento de Autopilot, que monitorea las cuentas bancarias y mueve fondos por encima de sus necesidades de gasto mensual a una cuenta de inversión o cuenta de ahorros de alto rendimiento de Wealthfront. La cuenta de efectivo de Wealthfront se ofrece en asociación con Green Dot Bank e incluye funciones como depósito móvil y una red de cajeros automáticos sin cargo.

Pros
Excelente planificación financiera que le ayuda a ver el panorama general.

La asistencia para el establecimiento de metas va en profundidad para las grandes metas, como la compra de una vivienda y los ahorros para la universidad.

Si tiene varios objetivos, Path le muestra las compensaciones a las que se enfrentará.

Línea de cartera de crédito y recolección de pérdidas fiscales disponibles.

Contras
No hay chat en línea para clientes o posibles clientes.

Las carteras de menos de $ 100,000 no se pueden personalizar más allá de la configuración de riesgo.

Las cuentas más grandes pueden contener fondos mutuos más costosos.

Sin exceso de cobertura SIPC.

TD Ameritrade: la mejor aplicación de negociación de acciones   4.6

ABRIR UNA CUENTA
Mínimo de cuenta : $ 0
Tarifas : Comisiones de negociación de acciones gratuitas, ETF y opciones por tramo en los EE. UU., A partir del 3 de octubre de 2019. $ 0,65 por contrato de opciones.
Leer reseña completa
TD Ameritrade tiene la distinción de ser nuestra elección para la mejor aplicación general de negociación de acciones en nuestra Revisión de corredores en línea de 2020. De hecho, TD Ameritrade tiene dos de las mejores aplicaciones para el comercio de acciones, ya que permite a los inversores seleccionar entre la aplicación móvil TD Ameritrade y thinkorswim Mobile . Cualquiera de las aplicaciones es excelente para el comercio de acciones, pero la aplicación móvil TD Ameritrade está orientada a la inversión básica con un excelente resumen de cuenta, alertas de precios y una gran cantidad de noticias e investigaciones. Los inversores de compra y retención, en particular, podrán realizar sus operaciones a través de la aplicación móvil, liberándolos de tener que lidiar con la interfaz de escritorio más desordenada de TD Ameritrade.

Para los comerciantes e inversores más activos, la plataforma móvil thinkorswim es un sustituto aceptable de la plataforma de negociación de escritorio completa. Generalmente, revisamos las funciones comerciales de las aplicaciones móviles a través de la lente del mantenimiento de la posición mientras estamos lejos de la plataforma completa, pero thinkorswim y algunas otras aplicaciones selectas han llegado al punto en que un operador puede planificar, evaluar y abrir operaciones complejas de manera razonable en el Vamos. El flujo de trabajo de la aplicación móvil thinkorswim para opciones, acciones y futuros es intuitivo y poderoso. Los operadores encontrarán muchas campanas y silbidos que hacen de la aplicación móvil una solución completa para la mayoría de los propósitos comerciales, incluida la transmisión de datos en tiempo real y la capacidad de operar desde gráficos. Ambas aplicaciones son muy similares a las experiencias de la plataforma completa, por lo que la transición hacia adelante y hacia atrás es muy fluida.

Pros
Las aplicaciones móviles de TD Ameritrade están bien diseñadas y ofrecen a los inversores la posibilidad de elegir entre una aplicación centrada en la inversión y una aplicación centrada en el comercio.

Ambas aplicaciones brindan a los clientes una experiencia simple de una página en la que pueden verificar rápidamente los mercados y su cuenta.

Las listas de seguimiento y las personalizaciones se sincronizan en todas las plataformas de TD Ameritrade, incluidas ambas aplicaciones móviles.

Todas las clases de activos disponibles se pueden negociar en las aplicaciones móviles.

Contras

Las herramientas y funciones disponibles en las aplicaciones difieren en el diseño, pero los inversores híbridos (swing traders, por ejemplo) pueden encontrarse cambiando entre las dos para obtener acceso a las herramientas y análisis que necesitan.

Se informaron numerosas interrupciones del sitio web y la plataforma durante agosto de 2020.

El interés sobre el efectivo no invertido genera una tasa de interés muy baja.

Betterment: la mejor aplicación para principiantes   4.4

Mínimo de cuenta : $ 10
Tarifas : 0,25% (anual) para el plan digital, 0,40% (anual) para el plan premium
Leer reseña completa
Betterment es nuestra mejor opción para principiantes porque su plataforma es intuitiva, fácil de usar y está llena de recursos educativos.

Betterment cuenta con una de las cuentas más fáciles de configurar y el proceso está optimizado para dispositivos móviles. Los usuarios ingresan su edad, ingresos anuales y una meta. No hay ninguna de las preguntas estándar relacionadas con el riesgo. En cambio, Betterment le presenta una sugerencia de asignación de activos y su riesgo asociado, que puede cambiar ajustando el porcentaje de capital frente a la renta fija que se mantiene en la cartera. Betterment ofrece cinco tipos de carteras y los clientes pueden cambiar de estrategia después de financiar una cartera. La plataforma incluso le dirá si existen implicaciones fiscales antes de realizar un cambio.

La firma lanzó sus ofertas de administración de efectivo, Betterment Checking y Betterment Cash Reserve, en abril de 2020. La cuenta corriente incluye una tarjeta de débito y reembolsa las tarifas de los cajeros automáticos y las tarifas de transacciones extranjeras. En junio de 2020, Betterment agregó la capacidad de depósito móvil a su oferta de cuenta corriente. Con el barrido bidireccional habilitado, el efectivo se transfiere de la cuenta corriente a la cuenta de reserva, que paga una tasa de interés más alta.

Pros
Configuración de cuenta rápida y sencilla, incluso en un teléfono.

Puede sincronizar cuentas externas con objetivos individuales.

Agregue un nuevo objetivo en cualquier momento y realice un seguimiento de su progreso con facilidad.

Cambie fácilmente el riesgo de la cartera o cambie a un tipo diferente de cartera.

Las funciones de cuenta corriente y reserva de efectivo ofrecen un barrido bidireccional.

Contras
Los usuarios de la función de planificación gratuita reciben constantemente un empujón para financiar una cuenta de Betterment.

El plan estándar incurre en un cargo de $ 199 a $ 299 para hablar con un planificador financiero.

Las carteras socialmente responsables se invierten en fondos cotizados en bolsa (ETF), por lo que son menos controlables.

No hay opciones de préstamos contra su cartera.

Interactive Brokers: la mejor aplicación para traders activos 4.2

Mínimo de cuenta : $ 0
Tarifas : Máximo $ 0.005 por acción para la plataforma Pro o 1% del valor comercial, $ 0 para **IBKR Lite**
Leer reseña completa

TD Ameritrade tiene las mejores aplicaciones para el comercio de acciones en general, pero Interactive Brokers tiene la ventaja cuando se trata de comercio activo. Esto no debería ser una sorpresa, ya que Interactive Brokers tomó casi todas las categorías comerciales importantes en nuestra revisión de 2020, con la excepción del comercio de opciones. Ya sea que esté utilizando la poderosa Traders Workstation (TWS) o la aplicación móvil diseñada para brindarle las funciones principales sobre la marcha, Interactive Brokers está diseñado para operadores activos. La aplicación Interactive Brokers tiene casi toda la funcionalidad de la plataforma web de la empresa, pero es comprensible que sea limitada en comparación con la aplicación de escritorio TWS. Dicho esto, puede poner en cola operaciones para todas las clases de activos y flujos de datos en tiempo real.

La aplicación móvil de Interactive Brokers es una de las pocas que hace posible que los operadores evalúen el mercado y abran nuevas posiciones sobre la marcha, en lugar de simplemente monitorear las operaciones existentes. Si bien la aplicación móvil tiene una gran investigación, excelentes gráficos y una amplia selección de indicadores, la falta de herramientas de dibujo y algunas otras limitaciones aún harán que la mayoría de los comerciantes activos prefieran la experiencia TWS con todas las funciones cuando sea posible. Sin embargo, en comparación con otras aplicaciones móviles para traders activos, la aplicación Interactive Brokers está un paso por delante.

Pros

La aplicación móvil de Interactive Brokers se acerca a imitar la experiencia del sitio web con la capacidad total de realizar pedidos y los escáneres y alertas que esperan los operadores activos.

Un flujo de trabajo de negociación intuitivo a través de la aplicación se combina con la capacidad de establecer órdenes preestablecidas para una entrada más rápida.

Los gráficos móviles vienen con un conjunto de indicadores útiles para tomar decisiones comerciales rápidas.

Contras
Los datos se transmiten en tiempo real a través de una sola plataforma a la vez. Dicho esto, solo los traders que tienen un enfoque multidispositivo para su flujo de trabajo se verán afectados por esta limitación.

No hay herramientas de dibujo en la aplicación móvil.

deliciousworks: la mejor aplicación para comerciantes de opciones   4

Mínimo de cuenta : $ 0
Tarifas : $ 0.00 operaciones de acciones, $ 1.00 para abrir operaciones de opciones $ 0.00 para cerrar
Leer reseña completa

Tastyworks no adolece de falta de enfoque. La correduría está muy enfocada en los comerciantes de opciones, y este enfoque ha permitido que la aplicación móvil de deliciousworks desplace a Interactive Brokers en esta área. Si bien Interactive Brokers sigue siendo el estándar para los comerciantes activos, los comerciantes que utilizan principalmente estrategias de opciones encontrarán que la aplicación de deliciousworks se adapta mejor.

El flujo de trabajo móvil de deliciousworks está diseñado para la entrada de pedidos de opciones, lo que hace que el proceso sea rápido e intuitivo. Los operadores de opciones utilizan la función de arrastrar y soltar para elegir los tramos de un margen de opciones, eliminando la entrada de teclado. A pesar de esta facilidad de entrada, es mejor pensar en la aplicación móvil de deliciousworks como un sustituto a corto plazo de la plataforma de escritorio. Si bien puede ingresar nuevas posiciones y salir de las existentes, la aplicación carece de algunas de las funciones disponibles en la plataforma de escritorio para investigar y analizar operaciones. Para el comercio de opciones pesadas, es difícil igualar el conjunto completo de funciones y el espacio visual adicional que viene con las plataformas de escritorio.

Pros
Los comerciantes pueden usar una selección de arrastrar y soltar para las opciones de las piernas en la aplicación móvil de deliciousworks.

La aplicación deliciousworks está optimizada para el comercio de opciones. No hay funciones innecesarias ni nada que distraiga de la función principal.

La transmisión de video de Tastytrade está disponible a través de la aplicación móvil.

Contras
No puede abrir una cuenta a través de la aplicación móvil de deliciousworks.

La aplicación no reemplazará el escritorio para los operadores pesados, pero se puede usar para monitorear y salir de posiciones existentes.

La evolución de las aplicaciones de inversión

TD Ameritrade y otros ahora han refinado su experiencia con la aplicación hasta un punto en el que la mayoría de los inversores pueden adoptar un enfoque solo para dispositivos móviles en su cartera. Sin embargo, es posible que los operadores e inversores más activos nunca lleguen a este punto por completo, dependiendo de las estrategias que estén empleando y de la complejidad de las operaciones. Estos inversores más dependientes del escritorio aún se benefician de tener la capacidad de monitorear sus operaciones sobre la marcha e incluso abrir nuevas posiciones dentro de lo razonable.

Vale la pena reflexionar sobre lo lejos que han llegado las aplicaciones móviles de las correadurías en línea. La gran mayoría de las aplicaciones móviles son plataformas estables con transmisión de datos y flujos de trabajo funcionales. Este no era el caso tan recientemente como hace cinco años, cuando era difícil sincronizar listas de seguimiento entre plataformas. A medida que los corredores y los robo-asesores han adoptado el procesamiento en la nube y el almacenamiento de datos, se ha convertido en el estándar de la industria para ofrecer la misma experiencia en un dispositivo móvil que se podría tener en una plataforma de escritorio o un sitio web. Esa es una cantidad significativa de progreso para la industria inversora en general. Aún podemos elegir diseños y discutir qué funciones merecen ser incluidas en la versión móvil, pero el hecho es que los inversores están más cerca que nunca de tener el mercado en sus manos.

En lugar de producir diferentes aplicaciones para sus clientes que comercian en la carretera, los corredores ahora se esfuerzan por lograr una experiencia coherente entre las plataformas de escritorio y móviles, lo que incluye compartir listas de vigilancia y alertas, así como herramientas como evaluadores de acciones, análisis de cartera y depositar cheques en su cuenta. cuenta. La transmisión de datos se ha abierto camino hacia las aplicaciones móviles junto con las ofertas educativas y de gráficos avanzados. También hemos visto el análisis de opciones complejas y el comercio habilitado. Con la disponibilidad de computadoras en nuestros bolsillos, la forma en que las personas interactúan con sus cuentas comerciales y de inversión ha obligado a los corredores a ofrecer aplicaciones móviles junto con sus plataformas de escritorio tradicionales.

Metodología
Investopedia se dedica a proporcionar a los inversores revisiones y calificaciones integrales e imparciales de los corredores en línea. Nuestras revisiones son el resultado de meses de evaluar todos los aspectos de la plataforma de un corredor en línea, incluida la experiencia del usuario, la calidad de las ejecuciones comerciales, los productos disponibles en sus plataformas, los costos y tarifas, la seguridad, la experiencia móvil y el servicio al cliente. Establecimos una escala de calificación basada en nuestros criterios, recopilando miles de puntos de datos que ponderamos en nuestro sistema de calificación de estrellas.

Además, todos los corredores que encuestamos debían completar una encuesta extensa sobre todos los aspectos de su plataforma que usamos en nuestras pruebas. Muchos de los corredores en línea que evaluamos nos brindaron demostraciones en persona de sus plataformas en nuestras oficinas.

Las mejores aplicaciones de negociación de acciones ofrecen una experiencia coherente entre las plataformas de escritorio y móviles, lo que incluye compartir listas de vigilancia y alertas, así como herramientas como inspectores de acciones y depositar cheques en su cuenta. La transmisión de datos, gráficos avanzados, análisis de opciones complejas y ofertas comerciales y educativas son características clave para obtener una calificación superior en esta categoría.

INVERTIR FRENTE A COMERCIAR

Inversión versus comercio: ¿Cuál es la diferencia?

La inversión y el comercio son dos métodos muy diferentes de intentar obtener beneficios en los mercados financieros . Tanto los inversores como los comerciantes buscan beneficios mediante la participación en el mercado. En general, los inversores buscan mayores rendimientos durante un período prolongado mediante la compra y la tenencia. Los operadores, por el contrario, aprovechan los mercados al alza y a la baja para entrar y salir de posiciones en un período de tiempo más corto, obteniendo ganancias más pequeñas y más frecuentes.

CONCLUSIONES CLAVE

La inversión adopta un enfoque a largo plazo de los mercados y, a menudo, se aplica a fines como las cuentas de jubilación.

El comercio implica estrategias a corto plazo para maximizar los rendimientos diarios, mensuales o trimestrales.

Es más probable que los inversores superen las pérdidas a corto plazo, mientras que los inversores intentarán realizar transacciones que les ayuden a beneficiarse rápidamente de los mercados fluctuantes.

Invertir

El objetivo de invertir es acumular riqueza gradualmente durante un período de tiempo prolongado mediante la compra y tenencia de una cartera de acciones, canastas de acciones, fondos mutuos, bonos y otros instrumentos de inversión.

Los inversores a menudo aumentan sus ganancias mediante la capitalización o reinversión de las ganancias y dividendos en acciones adicionales.

Las inversiones a menudo se mantienen durante un período de años, o incluso décadas, aprovechando beneficios como intereses, dividendos y divisiones de acciones en el camino. Si bien los mercados fluctúan inevitablemente, los inversores "sobrellevarán" las tendencias bajistas con la expectativa de que los precios se recuperen y eventualmente se recuperen las pérdidas. Los inversores suelen estar más preocupados por los fundamentos del mercado, como la relación precio-beneficio y las previsiones de gestión.

Cualquiera que tenga un 401 (k) o una IRA está invirtiendo, incluso si no está rastreando el desempeño de sus tenencias a diario. Dado que el objetivo es hacer crecer una cuenta de jubilación en el transcurso de décadas, las fluctuaciones diarias de diferentes fondos mutuos son menos importantes que el crecimiento constante durante un período prolongado.

Comercio

El comercio implica transacciones más frecuentes, como la compra y venta de acciones, materias primas, pares de divisas u otros instrumentos. El objetivo es generar rendimientos que superen la inversión de compra y retención. Si bien los inversores pueden contentarse con rendimientos anuales del 10% al 15%, los operadores pueden buscar un rendimiento del 10% cada mes. Las ganancias comerciales se generan comprando a un precio más bajo y vendiendo a un precio más alto en un período de tiempo relativamente corto. Lo contrario también es cierto: las ganancias comerciales se pueden obtener vendiendo a un precio más alto y comprando para cubrir a un precio más bajo (conocido como " vender al descubierto ") para obtener ganancias en los mercados a la baja.

Mientras que los inversores compran y retienen las posiciones menos rentables, los traders buscan obtener beneficios dentro de un período de tiempo específico y, a menudo, utilizan una orden de stop-loss de protección para cerrar automáticamente las posiciones perdedoras a un nivel de precio predeterminado. Los operadores a menudo emplean herramientas de análisis técnico, como promedios móviles y osciladores estocásticos, para encontrar configuraciones comerciales de alta probabilidad.

El estilo de un comerciante se refiere al período de tiempo o período de tenencia en el que se compran y venden acciones, materias primas u otros instrumentos comerciales. Los comerciantes generalmente se dividen en una de cuatro categorías:

Operador de posición : las posiciones se mantienen de meses a años.

Swing Trader : las posiciones se mantienen de días a semanas.

Operador diario: las posiciones se mantienen durante todo el día solo sin posiciones nocturnas.

Scalp Trader : las posiciones se mantienen de segundos a minutos sin posiciones nocturnas .

Los operadores a menudo eligen su estilo de negociación en función de factores que incluyen el tamaño de la cuenta, la cantidad de tiempo que se puede dedicar a la negociación, el nivel de experiencia comercial, la personalidad y la tolerancia al riesgo .

Si bien uno podría considerar sus actividades comerciales como inversiones, para mí, la diferencia entre comerciar e invertir tiene más que ver con el tiempo.

Cuando inviertes en algo, buscas hacer crecer tu dinero. Algunas personas invierten durante mucho tiempo, como para la jubilación, mientras que otras invierten durante un período breve para alcanzar un objetivo específico, como comprar un automóvil. Una persona que posee una anualidad, por ejemplo, está invirtiendo por un horizonte de tiempo más largo que alguien que disfruta negociando acciones y mueve su dinero con bastante frecuencia.

El comercio, por otro lado, sugiere que el inversor está adoptando un enfoque a muy corto plazo y está principalmente preocupado por hacer efectivo rápido o por la emoción de participar en los mercados.

Acciones vs. ETF: ¿Cuál debería comprar?

Quizás haya decidido que quiere invertir en un sector en particular. Ahora puede estar en la posición de elegir entre comprar acciones o un fondo cotizado en bolsa (ETF).

Hacer esta elección no es diferente de cualquier otra decisión de inversión. Como siempre, desea buscar formas de reducir su riesgo . Y, por supuesto, desea generar un rendimiento que supere al mercado.

Reducir la volatilidad de una inversión es el método general para mitigar el riesgo. La mayoría de los inversores renuncian a algún potencial de subida para evitar una pérdida potencialmente catastrófica. Una inversión que ofrece diversificación en un grupo industrial debería reducir la volatilidad de la cartera. Esta es una forma en que la diversificación a través de ETF funciona a su favor.

Alpha es la capacidad de una inversión para superar su índice de referencia. Cada vez que pueda crear un alfa más estable, podrá experimentar un mayor retorno de su inversión. Existe la creencia generalizada de que debe poseer acciones, en lugar de un ETF, para ganarle al mercado. Además, muchos inversores tienen la impresión de que si compras un ETF, estás atascado en recibir el rendimiento medio del sector. Ninguno de estos supuestos es necesariamente cierto porque depende de las características del sector . Estar en el sector correcto también puede llevar a lograr alfa.

CONCLUSIONES CLAVE

Al decidir entre invertir en acciones individuales de una industria o comprar un fondo cotizado en bolsa (ETF) que ofrezca exposición a esa industria, considere las oportunidades para reducir mejor su riesgo y generar una rentabilidad que supere al mercado.

La selección de acciones ofrece una ventaja sobre los fondos cotizados en bolsa (ETF) cuando hay una amplia dispersión de rendimientos de la media.

Los fondos cotizados en bolsa (ETF) ofrecen ventajas sobre las acciones cuando el rendimiento de las acciones del sector tiene una dispersión estrecha alrededor de la media.

Los fondos cotizados en bolsa (ETF) también pueden ser ventajosos si no puede obtener una ventaja mediante el conocimiento de la empresa.

Cuando la selección de acciones podría funcionar

Las industrias o situaciones en las que existe una amplia dispersión de los rendimientos, o casos en los que se pueden utilizar índices y otras formas de análisis fundamental para detectar errores de precio, ofrecen a los recolectores de valores la oportunidad de superar los rendimientos esperados.

Según su investigación y experiencia, tal vez tenga una buena idea de qué tan bien se está desempeñando una empresa. Esta información le brinda una ventaja que puede utilizar para reducir su riesgo y lograr un mejor rendimiento. Una buena investigación puede crear oportunidades de inversión de valor agregado , recompensando al inversionista en acciones.

La industria minorista es un grupo en el que la selección de acciones podría ofrecer mejores oportunidades que la compra de un ETF que cubra el sector. Las empresas del sector tienden a tener una amplia dispersión de devoluciones en función de los productos particulares que comercializan. Esto puede crear una oportunidad para que el seleccionador de acciones perspicaz lo haga bien.

Por ejemplo, digamos que recientemente notó que su hija y sus amigos prefieren un minorista en particular. Tras una mayor investigación, encontrará que la empresa ha actualizado sus tiendas y ha contratado personal de gestión de productos nuevo. Esto llevó al lanzamiento reciente de nuevos productos que han llamado la atención del grupo de edad de su hija. Hasta el momento, el mercado no se ha dado cuenta. Este tipo de perspectiva (y su investigación) podría darle una ventaja a la hora de elegir acciones en lugar de comprar un ETF minorista.

El conocimiento de la empresa a través de una perspectiva legal o sociológica puede brindar oportunidades de inversión que no se capturan inmediatamente en los precios del mercado. Cuando dicho entorno se determina para un sector en particular, y donde hay mucha dispersión de rendimiento, las inversiones en acciones únicas pueden proporcionar un rendimiento más alto que un enfoque diversificado.

Cuándo un fondo cotizado en bolsa (ETF) podría ser la mejor opción
Los sectores que tienen una dispersión estrecha de rendimientos de la media no ofrecen a los selectores de acciones una ventaja cuando intentan generar rendimientos que superen el mercado. El desempeño de todas las empresas de estos sectores tiende a ser similar.

Para estos sectores, el rendimiento general es bastante similar al rendimiento de cualquier acción. Las industrias de servicios básicos y de consumo básico entran en esta categoría. En este caso, los inversores deben decidir qué parte de su cartera asignar al sector en general, en lugar de elegir acciones específicas. Dado que la dispersión de los rendimientos de los servicios públicos y los productos básicos de consumo tiende a ser reducida, elegir una acción no ofrece un rendimiento suficientemente mayor para el riesgo inherente a la posesión de valores individuales. Dado que los ETF transfieren los dividendos que pagan las acciones del sector, los inversores también reciben ese beneficio.

A menudo, las acciones de un sector en particular están sujetas a rendimientos dispersos. Sin embargo, los inversores no pueden seleccionar los valores que probablemente seguirán obteniendo mejores resultados. Por lo tanto, no pueden encontrar una manera de reducir el riesgo y mejorar sus rendimientos potenciales eligiendo una o más acciones del sector.

Si los impulsores del desempeño de la empresa son más difíciles de entender, podría considerar el ETF. Estas empresas pueden poseer tecnología o procesos complicados que les provoquen un rendimiento inferior o que les vaya bien. Quizás el rendimiento dependa del desarrollo y la venta exitosos de tecnología nueva y no probada. La dispersión de los retornos es amplia y las probabilidades de encontrar un ganador pueden ser bastante bajas.

La industria de la biotecnología es un buen ejemplo, ya que muchas de estas empresas dependen del éxito del desarrollo y la venta de un nuevo fármaco. Si el desarrollo del nuevo fármaco no cumple con las expectativas en la serie de ensayos (o la Administración de Alimentos y Medicamentos (FDA) no aprueba la solicitud del fármaco), la compañía enfrenta un futuro sombrío. Por otro lado, si la FDA aprueba el medicamento, los inversores de la empresa pueden verse muy recompensados.

Ciertos grupos de productos básicos y tecnologías especializadas, como los semiconductores, encajan en la categoría en la que los ETF pueden ser la alternativa preferida. Por ejemplo, si cree que ahora es un buen momento para invertir en el sector minero, es posible que desee obtener una exposición específica a la industria.

Sin embargo, digamos que le preocupa que algunas acciones puedan encontrar problemas políticos que puedan obstaculizar su producción. En este caso, es aconsejable comprar en el sector, en lugar de una acción específica, ya que reduce su riesgo. Aún puede beneficiarse del crecimiento en el sector en general, especialmente si supera al mercado en general.

La línea de fondo
Al decidir si elegir acciones o seleccionar un ETF, observe el riesgo y el rendimiento potencial que se puede lograr. La selección de valores ofrece una ventaja sobre los ETF cuando hay una amplia dispersión de los rendimientos de la media. Y con la selección de acciones, tiene la capacidad de obtener una ventaja utilizando su conocimiento de la industria o las acciones.

Los ETF ofrecen ventajas sobre las acciones en dos situaciones. En primer lugar, cuando el rendimiento de las acciones del sector tiene una dispersión estrecha alrededor de la media, un ETF podría ser la mejor opción. En segundo lugar, si no puede obtener una ventaja mediante el conocimiento de la empresa, un ETF es su mejor opción.

Ya sea que esté eligiendo acciones o un ETF, debe mantenerse actualizado sobre el sector o las acciones para comprender los fundamentos de inversión subyacentes. No querrás que todo tu buen trabajo se desperdicie con el paso del tiempo. Si bien es importante investigar para que pueda elegir una acción o ETF, también es importante investigar y seleccionar el corredor que mejor se adapte a sus necesidades.

¿Por qué alguien elegiría un fondo mutuo en lugar de una acción?

Invertir puede ser complicado y abrumador. Después de todo, existen muchas opciones diferentes, desde acciones y bonos hasta cuentas inmobiliarias y del mercado monetario . Elija lo que elija, no hay garantía de que gane dinero con sus inversiones. Pero hay una manera de aprovechar las oportunidades disponibles en el mercado al juntar su dinero en un solo vehículo: un fondo mutuo. Sin duda, puede crear riqueza invirtiendo en acciones, pero puede ser más seguro invertir en un fondo mutuo. Entonces, ¿por qué debería elegir seriamente poner su dinero en fondos mutuos en lugar de acciones? Siga leyendo para descubrir algunas de las ventajas más comunes que conlleva invertir en fondos mutuos.

CONCLUSIONES CLAVE

Los fondos mutuos agrupan el dinero de un grupo de inversores e invierten ese capital en diferentes valores.

Los fondos mutuos ofrecen participaciones diversificadas de manera instantánea y sencilla porque invierten en una variedad de valores.

Invertir en un fondo mutuo es una buena manera de evitar algunas de las complicadas tomas de decisiones que implica invertir en acciones.

El costo de negociación se distribuye entre todos los inversores de fondos mutuos, lo que reduce el costo por persona.

Los fundamentos de los fondos mutuos

Los fondos mutuos agrupan el dinero de un grupo de inversores e invierten ese capital en diferentes valores, como acciones, bonos , cuentas del mercado monetario y otros. Los fondos tienen diferentes objetivos de inversión, a los que se adaptan sus carteras. Los administradores de dinero son responsables de cada fondo. Generan ingresos para los inversores mediante la asignación de activos dentro del fondo.

Los fondos mutuos pueden contener muchos valores diferentes, lo que los convierte en opciones de inversión muy atractivas. Entre las razones por las que una persona puede optar por comprar fondos mutuos en lugar de acciones individuales se encuentran la diversificación, la conveniencia y los costos más bajos.

Los fondos administrados activamente requieren un administrador de cartera que actualice constantemente sus tenencias, mientras que la cartera de un fondo administrado pasivamente se basa en una estrategia de compra y retención.

Diversificación

Pregúntele a cualquier profesional de inversiones y probablemente le dirá que una de las formas más importantes de reducir su riesgo es mediante la diversificación . Es una lección que la mayoría de la gente aprendió después de la crisis financiera. El tema subyacente aquí es que no debes poner todos tus huevos en una canasta. Por lo tanto, no invierta solo en una industria o un tipo de vehículo de inversión.

Muchos expertos coinciden en que casi todas las ventajas de la diversificación de acciones (los beneficios derivados de la compra de varias acciones diferentes de empresas que operan en sectores diferentes) se materializan plenamente cuando una cartera tiene alrededor de 20 acciones de empresas que operan en diferentes industrias. En ese momento, una gran parte del riesgo asociado con la inversión se ha diversificado. El riesgo restante se considera riesgo sistemático o riesgo de mercado. Dado que la mayoría de las firmas de corretaje cobran la misma comisión por una acción o 5,000 acciones, puede ser difícil para un inversionista que recién comienza a comprar 20 acciones diferentes.

Ahí es donde entran en juego los fondos mutuos. Los fondos mutuos ofrecen a los inversores una excelente manera de diversificar sus tenencias al instante. A diferencia de las acciones, los inversores pueden poner una pequeña cantidad de dinero en uno o más fondos y acceder a un grupo diverso de opciones de inversión. De modo que puede comprar participaciones en un fondo mutuo que invierte en hasta 20 a 30 valores diferentes . Si estuviera buscando lo mismo en el mercado de valores , tendría que invertir mucho más capital para obtener los mismos resultados.

Los fondos mutuos también invierten en una variedad de sectores diferentes . Por lo tanto, un fondo de gran capitalización puede invertir en diferentes industrias, como finanzas, tecnología, atención médica y materiales. Nuevamente, si intentara igualar esto a través de acciones individuales, tendría que gastar mucho dinero para obtener los mismos rendimientos.

Conveniencia

La conveniencia de los fondos mutuos es sin duda una de las principales razones por las que los inversores los eligen para proporcionar la parte de capital de su cartera , en lugar de comprar acciones individuales ellos mismos. Algunos inversores encuentran que comprar unas pocas acciones de un fondo mutuo que cumpla con sus criterios básicos de inversión sea más fácil que averiguar qué hacen realmente las empresas en las que invierte el fondo y si son inversiones de buena calidad. Preferirían dejar la investigación y la toma de decisiones a otra persona.

Determinar la asignación de activos de una cartera , investigar acciones individuales para encontrar empresas bien posicionadas para el crecimiento y vigilar los mercados requiere mucho tiempo. La gente dedica toda su carrera al mercado de valores, y muchos todavía terminan perdiendo dinero en sus inversiones. Aunque invertir en un fondo mutuo ciertamente no es garantía de que sus inversiones aumenten de valor con el tiempo, es una buena manera de evitar algunas de las complicadas tomas de decisiones que implica invertir en acciones.

Muchos fondos mutuos ofrecen a los inversores la oportunidad de comprar en una industria específica o de comprar acciones con una estrategia de crecimiento específica . Aquí hay algunas opciones:

Los fondos sectoriales invierten en empresas dentro de una industria o sector específico de la economía.
Los fondos de crecimiento se centran en la revalorización del capital a través de una cartera diversificada de empresas que han demostrado un crecimiento superior al promedio.
Los fondos de valor invierten en empresas que están infravaloradas y que normalmente están en manos de inversores a largo plazo.
Los fondos indexados permiten a los inversores rastrear el mercado en general mediante la construcción de una cartera que intenta igualar o rastrear un índice de mercado
Los fondos de bonos generan ingresos mensuales al invertir en bonos gubernamentales y corporativos, así como en otros instrumentos de deuda.
Costos

Los costos de las transacciones de acciones frecuentes pueden acumularse rápidamente para los inversores individuales. Las ganancias obtenidas de la apreciación del precio de las acciones pueden cancelarse con los costos de completar una venta única de las acciones de un inversionista de una empresa determinada. Los inversores que realizan muchas operaciones deberían consultar nuestra lista de corredores que cobran tarifas inferiores a la media.

Sin embargo, con un fondo mutuo, el costo de negociación se distribuye entre todos los inversores del fondo, lo que reduce el costo por persona. Muchas firmas de corretaje de servicio completo obtienen su dinero de estos costos de negociación, y se alienta a los corredores que trabajan para ellas a negociar las acciones de sus clientes de forma regular. Aunque los consejos dados por un corredor pueden ayudar a los clientes a tomar decisiones de inversión acertadas, muchos inversores descubren que el beneficio financiero de tener un corredor simplemente no justifica los costos.

Es importante recordar que también existen desventajas en la inversión de fondos mutuos, por lo que, al igual que con cualquier decisión, la mejor manera de proceder es informarse y conocer la mayor parte de las opciones disponibles.

La mayoría de los corredores en línea tienen evaluadores de fondos mutuos en sus sitios para ayudarlo a encontrar los fondos mutuos que se adapten a su cartera. También puede buscar fondos que se pueden comprar sin generar una tarifa de transacción o fondos que cobran tarifas de administración bajas. La función de búsqueda también puede permitirle localizar fondos que se ajusten a un estilo específico de inversión, como fondos socialmente responsables .

Un fondo mutuo proporciona diversificación a través de la exposición a una multitud de acciones. La razón por la que se recomienda poseer acciones en un fondo mutuo en lugar de poseer una sola acción es que una acción individual conlleva más riesgo que un fondo mutuo. Este tipo de riesgo se conoce como riesgo no sistemático.

El riesgo no sistemático es el riesgo contra el que se puede diversificar. Por ejemplo, al ser propietario de una sola acción, conlleva un riesgo empresarial que puede no aplicarse a otras empresas del mismo sector del mercado. ¿Qué pasa si el CEO y el equipo ejecutivo de la empresa se van inesperadamente? ¿Qué pasa si un desastre natural golpea un centro de fabricación y ralentiza la producción? ¿Qué pasa si las ganancias se reducen debido a un defecto en un producto o una demanda? Estos son solo algunos ejemplos de los tipos de cosas que podrían sucederle a una empresa, pero no es probable que le sucedan a todas las empresas a la vez.

También existe el riesgo sistemático, que es el riesgo contra el que no se puede diversificar. Esto es similar al riesgo de mercado o de volatilidad. Debe comprender que existe un riesgo asociado con la inversión en el mercado. Si el valor del mercado disminuye en su conjunto, no es algo contra lo que pueda diversificarse fácilmente.

Por lo tanto, si desea invertir en acciones individuales, le recomendaría investigar cómo puede compilar su propia canasta de acciones para que no posea una sola acción. Asegúrese de estar lo suficientemente diversificado entre empresas grandes y pequeñas, empresas de valor y crecimiento, empresas nacionales e internacionales, y también entre acciones y bonos, todo de acuerdo con su tolerancia al riesgo. Aquí es donde podría ser útil buscar ayuda profesional al construir este tipo de carteras. Sin embargo, tenga en cuenta que este tipo de investigación y construcción y seguimiento de carteras puede llevar bastante tiempo.

La alternativa es invertir en un fondo mutuo para una diversificación instantánea. Por supuesto, también hay una lista de cosas que debe tener en cuenta al elegir fondos mutuos. Las tarifas, la filosofía de inversión, las cargas y el rendimiento son solo algunos de los componentes a considerar al evaluar los fondos mutuos.

ETF vs.Fondo mutuo: ¿Cuál es la diferencia?

ETF frente a fondos mutuos: descripción general

Los inversores se enfrentan a una variedad desconcertante de opciones: acciones o bonos, nacionales o internacionales, diferentes sectores e industrias, valor o crecimiento, etc. Decidir si comprar un fondo mutuo o un fondo cotizado en bolsa (ETF) puede parecer una consideración trivial al lado de todos los demás, pero existen diferencias clave entre los dos tipos de fondos que pueden afectar la cantidad de dinero que gana y cómo lo hace.

Tanto los fondos mutuos como los ETF tienen carteras de acciones y / o bonos y, en ocasiones, algo más exótico, como metales preciosos o materias primas. Deben adherirse a las mismas regulaciones con respecto a lo que pueden poseer, cuánto se puede concentrar en una o pocas tenencias, cuánto dinero pueden pedir prestado en relación con el tamaño de la cartera, y más.

Más allá de esos elementos, los caminos divergen . Algunas de las diferencias pueden parecer oscuras, pero pueden hacer que un tipo de fondo u otro se adapte mejor a sus necesidades.

CONCLUSIONES CLAVE

Tanto los fondos mutuos como los ETF tienen carteras de acciones y / o bonos y, en ocasiones, algo más exótico, como metales preciosos o materias primas.

Ambos también pueden rastrear índices, sin embargo, los ETF tienden a ser más rentables y más líquidos, ya que se negocian en bolsas como acciones.

Los fondos mutuos pueden brindar algunos beneficios, como una administración activa y una mayor supervisión regulatoria, pero solo permiten transacciones una vez al día y tienden a tener costos más altos.

Fondos cotizados en bolsa (ETF)

Como sugiere el nombre, los fondos cotizados en bolsa se negocian en bolsas, tal como lo hacen las acciones ordinarias; en el otro lado de la negociación hay algún otro inversor como usted, no el administrador del fondo. Puede comprar y vender en cualquier momento durante una sesión de negociación, al precio que sea en ese momento según las condiciones del mercado, no solo al final del día. Y no hay un período mínimo de espera. Esto es especialmente relevante en el caso de los ETF que rastrean activos internacionales, donde el precio del activo aún no se ha actualizado para reflejar nueva información, pero la valoración del mercado estadounidense sí lo ha hecho. Como resultado, los ETF pueden reflejar la nueva realidad del mercado más rápido que los fondos mutuos.

Otra diferencia clave es que la mayoría de los ETF tienen seguimiento de índices, lo que significa que intentan igualar los rendimientos y los movimientos de precios de un índice, como el S&P 500 , mediante la creación de una cartera que coincida con los componentes del índice lo más cerca posible. La gestión pasiva no es la única razón por la que los ETF suelen ser más baratos. Los ETF de seguimiento de índices tienen gastos más bajos que los fondos mutuos de seguimiento de índices, y los pocos ETF administrados activamente son más baratos que los fondos mutuos administrados activamente. Claramente, algo más está sucediendo. Se relaciona con la mecánica de administrar los dos tipos de fondos y las relaciones entre los fondos y sus accionistas.

Con un ETF, dado que los compradores y los vendedores hacen negocios entre sí, los gerentes tienen mucho menos que hacer. Los proveedores de ETF, sin embargo, quieren que el precio del ETF (establecido por operaciones dentro del día) se alinee lo más cerca posible al valor liquidativo del índice. Para ello, ajustan la oferta de acciones creando nuevas acciones o reembolsando acciones antiguas. ¿Precio demasiado alto? Los proveedores de ETF crearán más oferta para reducirla. Todo esto se puede ejecutar con un programa de computadora, sin tocar por manos humanas.

La estructura de la ETF también se traduce en una mayor eficiencia fiscal. Los inversores en ETF y fondos mutuos pagan impuestos cada año en función de las ganancias y pérdidas incurridas dentro de las carteras. Pero los ETF se dedican a un menor comercio interno, y un menor comercio genera menos eventos imponibles (el mecanismo de creación y reembolso de un ETF reduce la necesidad de vender). Por lo tanto, a menos que invierta a través de un 401 (k) u otros vehículos con impuestos favorecidos, sus fondos mutuos le distribuirán las ganancias imponibles, incluso si simplemente tiene las acciones. Mientras tanto, con una cartera de ETF, el impuesto generalmente será un problema solo si vende las acciones y cuando lo haga.

Los ETF son todavía relativamente nuevos, mientras que los fondos mutuos han existido durante años, por lo que es probable que los inversores que no están comenzando tengan fondos mutuos con ganancias imponibles incorporadas. Vender esos fondos puede generar impuestos sobre las ganancias de capital , por lo que es importante incluir este costo fiscal en la decisión de pasar a un ETF. La decisión se reduce a comparar el beneficio a largo plazo de cambiar a una mejor inversión y pagar más impuestos por adelantado, versus permanecer en una cartera de inversiones menos óptimas con mayores gastos (que también podría ser una pérdida de tiempo, lo cual vale la pena alguna cosa).

Tenga en cuenta que, a menos que regale o legue su cartera de ETF, algún día pagará impuestos sobre estas ganancias incorporadas. Por lo tanto, a menudo solo aplaza los impuestos, no los evita.

Los fondos de inversión

Cuando pone dinero en un fondo mutuo, la transacción se realiza con la empresa que lo administra (los Vanguards, T. Rowe Prices y BlackRocks del mundo), ya sea directamente o mediante una firma de corretaje. La compra de un fondo mutuo se ejecuta al valor liquidativo del fondo en función de su precio cuando el mercado cierra ese día o el siguiente si realiza su orden después del cierre de los mercados.

Cuando vende sus acciones, ocurre el mismo proceso, pero a la inversa. Sin embargo, no se apresure demasiado. Algunos fondos mutuos imponen una penalización, a veces al 1% del valor de las acciones por vender anticipadamente (generalmente antes de los 90 días posteriores a la compra).

Los fondos mutuos pueden rastrear índices , pero la mayoría se administra de forma activa. En ese caso, las personas que los dirigen eligen una variedad de participaciones para intentar superar el índice con el que juzgan su desempeño. Esto puede resultar caro: los fondos gestionados de forma activa deben gastar dinero en analistas, investigación económica y de la industria, visitas a empresas, etc. Por lo general, esto hace que los fondos mutuos sean más costosos de administrar (y que los inversores los posean) que los ETF.

Los fondos mutuos y los ETF son abiertos. Eso significa que la cantidad de acciones en circulación se puede ajustar hacia arriba o hacia abajo en respuesta a la oferta y la demanda. Cuando entra más dinero y luego sale de un fondo mutuo en un día determinado, los gerentes deben aliviar el desequilibrio poniendo el dinero extra a trabajar en los mercados. Si hay una salida neta, tienen que vender algunas participaciones si no hay suficiente efectivo disponible en la cartera.

La línea de fondo
Dadas las distinciones entre los dos tipos de fondos, ¿cuál es mejor para usted? Depende. Cada uno puede satisfacer determinadas necesidades. Los fondos mutuos a menudo tienen sentido para invertir en nichos oscuros, incluidas las acciones de compañías extranjeras más pequeñas y áreas complejas pero potencialmente gratificantes como fondos de capital neutrales o largos / cortos que presentan perfiles de riesgo / recompensa esotéricos.

Pero en la mayoría de las situaciones y para la mayoría de los inversores que desean mantener las cosas simples, los ETF, con su combinación de bajos costos, facilidad de acceso y énfasis en el seguimiento de índices, pueden tener la ventaja. Su capacidad para proporcionar exposición a varios segmentos del mercado de una manera sencilla los convierte en herramientas útiles si su prioridad es acumular riqueza a largo plazo con una cartera equilibrada y ampliamente diversificada.

BONOS Y RENTA FIJA

¿Qué es un bono?

Un bono es un instrumento de renta fija que representa un préstamo otorgado por un inversionista a un prestatario (generalmente corporativo o gubernamental). Un bono podría considerarse como un pagaré entre el prestamista y el prestatario que incluye los detalles del préstamo y sus pagos. Los bonos son utilizados por empresas, municipios, estados y gobiernos soberanos para financiar proyectos y operaciones. Los propietarios de bonos son deudores o acreedores del emisor. Los detalles del bono incluyen la fecha de finalización en la que el principal del préstamo debe pagarse al propietario del bono y, por lo general, incluye los términos para los pagos de interés fijo o variable realizados por el prestatario.

CONCLUSIONES CLAVE

Los bonos son unidades de deuda corporativa emitidas por empresas y titulizadas como activos negociables.

Un bono se conoce como un instrumento de renta fija, ya que los bonos pagaban tradicionalmente una tasa de interés fija (cupón) a los tenedores de deuda. Las tasas de interés variables o flotantes también son ahora bastante comunes.

Los precios de los bonos están inversamente correlacionados con las tasas de interés: cuando las tasas suben, los precios de los bonos caen y viceversa.

Los bonos tienen fechas de vencimiento en las que el monto del principal debe reembolsarse en su totalidad o se corre el riesgo de incumplimiento.

Los emisores de bonos

Los gobiernos (en todos los niveles) y las empresas suelen utilizar bonos para pedir dinero prestado. Los gobiernos deben financiar carreteras, escuelas, represas u otra infraestructura. El gasto repentino de la guerra también puede exigir la necesidad de recaudar fondos.

De manera similar, las corporaciones a menudo solicitan préstamos para hacer crecer su negocio , comprar propiedades y equipos, emprender proyectos rentables, para investigación y desarrollo o para contratar empleados. El problema con el que se encuentran las grandes organizaciones es que normalmente necesitan mucho más dinero del que puede proporcionar un banco medio. Los bonos proporcionan una solución al permitir que muchos inversores individuales asuman el papel de prestamista. De hecho, los mercados de deuda pública permiten que miles de inversores presten cada uno una parte del capital necesario. Además, los mercados permiten a los prestamistas vender sus bonos a otros inversores o comprar bonos de otras personas, mucho después de que la organización emisora original reuniera capital.

Cómo funcionan los bonos
Los bonos se conocen comúnmente como valores de renta fija y son una de las tres clases de activos con las que los inversores individuales suelen estar familiarizados, junto con las acciones (acciones) y los equivalentes de efectivo.

Muchos bonos corporativos y gubernamentales se cotizan en bolsa; otros se negocian únicamente en ventanilla (OTC) o de forma privada entre el prestatario y el prestamista.

Cuando las empresas u otras entidades necesitan recaudar dinero para financiar nuevos proyectos, mantener operaciones en curso o refinanciar deudas existentes, pueden emitir bonos directamente a los inversores. El prestatario (emisor) emite un bono que incluye los términos del préstamo, los pagos de intereses que se realizarán y el momento en que los fondos prestados (principal del bono) deben reembolsarse (fecha de vencimiento). El pago de intereses (el cupón) es parte del rendimiento que obtienen los bonistas por prestar sus fondos al emisor. La tasa de interés que determina el pago se llama tasa de cupón .

El precio inicial de la mayoría de los bonos se fija típicamente a la par , generalmente $ 100 o $ 1,000 de valor nominal por bono individual. El precio de mercado real de un bono depende de varios factores: la calidad crediticia del emisor, el tiempo hasta el vencimiento y la tasa de cupón en comparación con el entorno general de tasas de interés en ese momento. El valor nominal del bono es lo que se devolverá al prestatario una vez que venza el bono.

La mayoría de los bonos pueden ser vendidos por el tenedor de bonos inicial a otros inversores después de haber sido emitidos. En otras palabras, un inversor en bonos no tiene que mantener un bono hasta su fecha de vencimiento . También es común que los bonos sean recomprados por el prestatario si las tasas de interés bajan, o si el crédito del prestatario ha mejorado, y puede volver a emitir nuevos bonos a un costo menor.

Características de los bonos
La mayoría de los bonos comparten algunas características básicas comunes que incluyen:

El valor nominal es la cantidad de dinero que valdrá el bono al vencimiento; también es la cantidad de referencia que utiliza el emisor de bonos al calcular los pagos de intereses. Por ejemplo, supongamos que un inversionista compra un bono con una prima de $ 1,090 y otro inversionista compra el mismo bono más tarde cuando se negocia con un descuento de $ 980. Cuando el bono venza, ambos inversionistas recibirán el valor nominal de $ 1,000 del bono.

La tasa de cupón es la tasa de interés que pagará el emisor del bono sobre el valor nominal del bono, expresada como porcentaje. Por ejemplo, una tasa de cupón del 5% significa que los tenedores de bonos recibirán un valor nominal del 5% x $ 1000 = $ 50 cada año.

Las fechas de los cupones son las fechas en las que el emisor del bono realizará los pagos de intereses. Los pagos se pueden realizar en cualquier intervalo, pero el estándar son pagos semestrales.

La fecha de vencimiento es la fecha en la que vencerá el bono y el emisor del bono pagará al tenedor del bono el valor nominal del bono.

El precio de emisión es el precio al que el emisor de bonos vende originalmente los bonos.

Dos características de un bono, la calidad crediticia y el tiempo de vencimiento, son los principales determinantes de la tasa de cupón de un bono. Si el emisor tiene una mala calificación crediticia , el riesgo de incumplimiento es mayor y estos bonos pagan más intereses. Los bonos que tienen una fecha de vencimiento muy larga también suelen pagar una tasa de interés más alta. Esta mayor compensación se debe a que el tenedor de bonos está más expuesto a los riesgos de tasa de interés e inflación durante un período prolongado.

Las calificaciones crediticias de una empresa y sus bonos
son generadas por agencias de calificación crediticia como
Standard and Poor's , Moody's y Fitch Ratings . Los bonos
de la más alta calidad se denominan " grado de inversión " e
incluyen deuda emitida por el gobierno de EE. UU. Y
empresas muy estables, como muchas empresas de
servicios públicos. Los bonos que no se consideran de
grado de inversión, pero que no están en incumplimiento,
se denominan bonos de " alto rendimiento " o "basura".
Estos bonos tienen un mayor riesgo de incumplimiento en
el futuro y los inversores exigen un pago de cupón más alto
para compensar ese riesgo.

Los bonos y las carteras de bonos subirán o bajarán de valor
a medida que cambien las tasas de interés. La sensibilidad a
los cambios en el entorno de las tasas de interés se
denomina " duración ". El uso de la duración del plazo en
este contexto puede resultar confuso para los nuevos
inversores en bonos porque no se refiere al período de
tiempo que tiene el bono antes del vencimiento. En
cambio, la duración describe cuánto subirá o bajará el
precio de un bono con un cambio en las tasas de interés.

La tasa de cambio de la sensibilidad de un bono o cartera
de bonos a las tasas de interés (duración) se denomina "
convexidad ". Estos factores son difíciles de calcular y el
análisis requerido suele ser realizado por profesionales.

Categorías de bonos
Hay cuatro categorías principales de bonos vendidos en los
mercados. Sin embargo, también puede ver bonos
extranjeros emitidos por corporaciones y gobiernos en
algunas plataformas.

Los bonos corporativos son emitidos por empresas. En muchos casos, las empresas emiten bonos en lugar de buscar préstamos bancarios para el financiamiento de la deuda porque los mercados de bonos ofrecen condiciones más favorables y tasas de interés más bajas.

Los bonos municipales son emitidos por estados y municipios. Algunos bonos municipales ofrecen ingresos por cupones libres de impuestos para los inversores.

Bonos gubernamentales como los emitidos por el Tesoro de los Estados Unidos. Los bonos emitidos por la Tesorería con un año o menos de vencimiento se denominan "Letras"; los bonos emitidos con vencimiento de 1 a 10 años se denominan "pagarés"; y los bonos emitidos con más de 10 años de vencimiento se denominan "bonos". La categoría completa de bonos emitidos por una tesorería del gobierno a menudo se conoce colectivamente como "tesorería". Los bonos gubernamentales emitidos por gobiernos nacionales pueden denominarse deuda soberana.

Los bonos de agencia son los emitidos por organizaciones afiliadas al gobierno como Fannie Mae o Freddie Mac.

Variedades de bonos

Los bonos disponibles para los inversores vienen en muchas variedades diferentes. Pueden estar separados por la tasa o tipo de interés o pago de cupón, ser retirados por el emisor o tener otros atributos.

Los bonos de cupón cero no pagan pagos de cupón y, en cambio, se emiten con un descuento a su valor nominal que generará un rendimiento una vez que se pague al tenedor del bono el valor nominal total cuando el bono venza. Las letras del Tesoro de Estados Unidos son un bono cupón cero.

Los bonos convertibles son instrumentos de deuda con una opción incorporada que permite a los tenedores de bonos convertir su deuda en acciones (acciones) en algún momento, dependiendo de ciertas condiciones como el precio de la acción. Por ejemplo, imagine una empresa que necesita pedir prestado un millón de dólares para financiar un nuevo proyecto. Podrían pedir prestado emitiendo bonos con un cupón del 12% que vence en 10 años. Sin embargo, si supieran que había algunos inversores dispuestos a comprar bonos con un cupón del 8% que les permitiera convertir el bono en acciones si el precio de las acciones subía por encima de cierto valor, podrían preferir emitirlos.

El bono convertible puede ser la mejor solución para la empresa porque tendría pagos de intereses más bajos mientras el proyecto se encontraba en sus primeras etapas. Si los inversores convirtieran sus bonos, los demás accionistas se diluirían, pero la empresa no tendría que pagar más intereses ni el principal del bono.

Los inversores que compraron un bono convertible pueden pensar que esta es una gran solución porque pueden beneficiarse del alza de las acciones si el proyecto tiene éxito. Están asumiendo más riesgos al aceptar un pago de cupón más bajo, pero la recompensa potencial si los bonos se convierten podría hacer que esa compensación sea aceptable.

Los bonos rescatables también tienen una opción incorporada, pero es diferente a la que se encuentra en un bono convertible. Un bono rescatable es aquel que la empresa puede "reclamar" antes de que venza. Suponga que una empresa ha pedido prestado $ 1 millón mediante la emisión de bonos con un cupón del 10% que vencen en 10 años. Si las tasas de interés bajan (o la calificación crediticia de la compañía mejora) en el año 5, cuando la compañía podría pedir prestado por un 8%, pagarán o volverán a comprar los bonos a los tenedores de bonos por el monto principal y volverán a emitir nuevos bonos a una tasa de cupón más baja.

Un bono rescatable es más riesgoso para el comprador del bono porque es más probable que el bono sea cancelado cuando su valor aumenta. Recuerde, cuando las tasas de interés bajan, los precios de los bonos suben. Debido a esto, los bonos rescatables no son tan valiosos como los bonos que no son rescatables con el mismo vencimiento, calificación crediticia y tasa de cupón.

Un bono con opción de venta permite a los tenedores de bonos devolver o vender el bono a la empresa antes de que haya vencido. Esto es valioso para los inversores que están preocupados de que un bono pueda bajar de valor, o si creen que las tasas de interés subirán y quieren recuperar su capital antes de que el bono baje de valor.

El emisor de bonos puede incluir una opción de venta en el bono que beneficie a los tenedores de bonos a cambio de una tasa de cupón más baja o simplemente para inducir a los vendedores de bonos a realizar el préstamo inicial. Un bono con opción de venta generalmente cotiza a un valor más alto que un bono sin opción de venta, pero con la misma calificación crediticia, vencimiento y tasa de cupón porque es más valioso para los tenedores de bonos.

Las posibles combinaciones de opciones de compra, compra y venta integradas en un bono son infinitas y cada una es única. No existe un estándar estricto para cada uno de estos derechos y algunos bonos contendrán más de un tipo de "opción" que puede dificultar las comparaciones. En general, los inversores individuales confían en los profesionales de bonos para seleccionar bonos individuales o fondos de bonos que cumplan con sus objetivos de inversión.

Bonos de precios

El mercado fija el precio de los bonos en función de sus características particulares. El precio de un bono cambia a diario, al igual que el de cualquier otro valor que cotice en bolsa, donde la oferta y la demanda en un momento dado determinan ese precio observado. Pero hay una lógica en cómo se valoran los bonos. Hasta este punto, hemos hablado de bonos como si todos los inversores los tuvieran hasta el vencimiento . Es cierto que si hace esto, tiene la garantía de recuperar su capital más intereses; sin embargo, no es necesario mantener un bono hasta el vencimiento. En cualquier momento, un tenedor de bonos puede vender sus bonos en el mercado abierto, donde el precio puede fluctuar, a veces de manera espectacular.

El precio de un bono cambia en respuesta a cambios en las tasas de interés de la economía. Esto se debe al hecho de que, para un bono de tasa fija , el emisor ha prometido pagar un cupón basado en el valor nominal del bono; por lo tanto, para un bono de cupón anual del 10% a la par de $ 1,000 , el emisor pagará al tenedor del bono $ 100. cada año.

Supongamos que las tasas de interés vigentes también son del 10% en el momento en que se emite este bono, según lo determinado por la tasa de un bono del gobierno a corto plazo. A un inversionista le sería indiferente invertir en el bono corporativo o en el bono del gobierno ya que ambos rendirían $ 100. Sin embargo, imagínense un poco más tarde, que la economía ha empeorado y las tasas de interés cayeron al 5%. Ahora, el inversor solo puede recibir $ 50 del bono del gobierno, pero aún recibiría $ 100 del bono corporativo.

Esta diferencia hace que el bono corporativo sea mucho más atractivo. Por lo tanto, los inversores en el mercado ofertarán hasta el precio del bono hasta que se negocie con una prima que iguale el entorno de tasas de interés prevaleciente; en este caso, el bono se negociará a un precio de $ 2000, de modo que el cupón de $ 100 representa el 5%. . Asimismo, si las tasas de interés se dispararan al 15%, entonces un inversionista podría ganar $ 150 con el bono del gobierno y no pagaría $ 1,000 para ganar solo $ 100. Este bono se vendería hasta alcanzar un precio que igualara los rendimientos, en este caso a un precio de $ 666,67.

Inverso a las tasas de interés

Por eso funciona la famosa afirmación de que el precio de un bono varía inversamente con las tasas de interés. Cuando las tasas de interés suben, los precios de los bonos caen para tener el efecto de igualar la tasa de interés del bono con las tasas vigentes, y viceversa.

Otra forma de ilustrar este concepto es considerar cuál sería el rendimiento de nuestro bono dado un cambio de precio, en lugar de un cambio de tasa de interés. Por ejemplo, si el precio bajara de $ 1,000 a $ 800, entonces el rendimiento aumentaría al 12,5%. Esto sucede porque obtiene los mismos $ 100 garantizados en un activo que vale $ 800 ($ 100 / $ 800). Por el contrario, si el bono sube de precio a $ 1200, el rendimiento se reduce al 8,33% ($ 100 / $ 1200).

Rendimiento hasta el vencimiento (YTM)

El rendimiento al vencimiento (YTM) de un bono es otra forma de considerar el precio de un bono. YTM es el rendimiento total anticipado de un bono si el bono se mantiene hasta el final de su vida útil. El rendimiento al vencimiento se considera un rendimiento de los bonos a largo plazo , pero se expresa como una tasa anual . En otras palabras, es la tasa interna de rendimiento.de una inversión en un bono si el inversor retiene el bono hasta el vencimiento y si todos los pagos se realizan según lo programado. YTM es un cálculo complejo pero es bastante útil como concepto para evaluar el atractivo de un bono en relación con otros bonos de diferente cupón y vencimiento en el mercado. La fórmula para YTM implica resolver la tasa de interés en la siguiente ecuación, lo cual no es una tarea fácil y, por lo tanto, la mayoría de los inversores en bonos interesados en YTM utilizarán una computadora

También podemos medir los cambios anticipados en los precios de los bonos dado un cambio en las tasas de interés con una medida conocida como la duración de un bono. La duración se expresa en unidades del número de años desde que originalmente se refería a los bonos cupón cero , cuya duración es su vencimiento.

Sin embargo, a efectos prácticos, la duración representa el cambio de precio de un bono dado un cambio del 1% en las tasas de interés. A esta segunda definición más práctica la llamamos la duración modificada de un vínculo.
La duración se puede calcular para determinar la sensibilidad del precio a los cambios en las tasas de interés de un solo bono o para una cartera de muchos bonos. En general, los bonos con vencimientos largos y también los bonos con cupones bajos tienen la mayor sensibilidad a los cambios en las tasas de interés. La duración de un bono no es una medida de riesgo lineal, lo que significa que a medida que cambian los precios y las tasas, la duración misma cambia y la convexidad mide esta relación.

Ejemplo de bonos del mundo real

Un bono representa una promesa de un prestatario de pagarle a un prestamista su principal y generalmente los intereses de un préstamo. Los bonos son emitidos por gobiernos, municipios y corporaciones. La tasa de interés (tasa de cupón), el monto del capital y los vencimientos variarán de un bono a otro para cumplir con los objetivos del emisor del bono (prestatario) y del comprador del bono (prestamista). La mayoría de los bonos emitidos por empresas incluyen opciones que pueden aumentar o disminuir su valor y pueden dificultar las comparaciones para los no profesionales. Los bonos se pueden comprar o vender antes de que vencen, y muchos cotizan en bolsa y pueden negociarse con un corredor.

Si bien los gobiernos emiten muchos bonos, los bonos corporativos se pueden comprar en casas de bolsa. Si está interesado en esta inversión, deberá elegir un corredor. Puede echar un vistazo a la lista de Investopedia de los mejores corredores de bolsa en línea para tener una idea de qué corredores se ajustan mejor a sus necesidades.

Debido a que los bonos con cupón de tasa fija pagarán el mismo porcentaje de su valor nominal a lo largo del tiempo, el precio de mercado del bono fluctuará a medida que ese cupón se vuelva más o menos atractivo en comparación con las tasas de interés vigentes.

Imagine un bono que se emitió con una tasa de cupón del 5% y un valor nominal de $ 1,000 . Al tenedor de bonos se le pagarán $ 50 en ingresos por intereses anualmente (la mayoría de los cupones de bonos se dividen a la mitad y se pagan semestralmente). Mientras nada más cambie en el entorno de las tasas de interés, el precio del bono debe permanecer a su valor nominal.

Sin embargo, si las tasas de interés comienzan a bajar y ahora se emiten bonos similares con un cupón del 4%, el bono original se vuelve más valioso. Los inversores que quieran una tasa de cupón más alta tendrán que pagar más por el bono para atraer al propietario original a vender. El aumento de precio reducirá el rendimiento total del bono al 4% para los nuevos inversores porque tendrán que pagar una cantidad superior al valor nominal para comprar el bono.

Por otro lado, si las tasas de interés suben y la tasa de cupón para bonos como este sube al 6%, el cupón del 5% ya no es atractivo. El precio del bono disminuirá y comenzará a venderse con un descuento en comparación con el valor nominal hasta que su rendimiento efectivo sea del 6%.

El mercado de bonos tiende a moverse a la inversa de las tasas de interés porque los bonos se negociarán con descuento cuando las tasas de interés están subiendo y con una prima cuando las tasas de interés están bajando.

Preguntas frecuentes
¿Cómo funcionan los bonos?

Los bonos son un tipo de valor vendido por gobiernos y corporaciones, como una forma de recaudar dinero de los inversores. Desde la perspectiva del vendedor, vender bonos es, por tanto, una forma de pedir dinero prestado. Desde la perspectiva del comprador, la compra de bonos es una forma de inversión porque le da derecho a un reembolso garantizado del principal, así como a un flujo de pagos de intereses. Algunos tipos de bonos también ofrecen otros beneficios, como la capacidad de convertir el bono en acciones de la empresa emisora.

¿Qué es un ejemplo de vínculo?

Para ilustrarlo, considere el caso de XYZ Corporation. XYZ desea pedir prestado $ 1 millón para financiar la construcción de una nueva fábrica, pero no puede obtener este financiamiento de un banco. En cambio, XYZ decide recaudar el dinero vendiendo bonos por valor de $ 1 millón a los inversores. Según los términos del bono, XYZ se compromete a pagar a sus tenedores de bonos un interés del 5% anual durante 5 años, con intereses pagados semestralmente. Cada uno de los bonos tiene un valor nominal de $ 1,000, lo que significa que XYZ está vendiendo un total de 1,000 bonos.

¿Cuáles son algunos tipos diferentes de bonos?

El ejemplo anterior es para un enlace típico, pero hay muchos tipos especiales de enlaces disponibles. Por ejemplo, los bonos cupón cero no pagan intereses durante la vigencia del bono. En cambio, su valor nominal, la cantidad que le devuelven al inversionista al final del plazo, es mayor que la cantidad pagada por el inversionista cuando compró el bono. Los bonos convertibles, por otro lado, le dan al tenedor de bonos el derecho de canjear su bono por acciones de la empresa emisora, si se alcanzan ciertos objetivos. Existen muchos otros tipos de bonos, que ofrecen características relacionadas con la planificación fiscal, la cobertura de inflación y otras.

⬚

Rendimiento de los bonos

Descripción general del rendimiento de los bonos
Cuando los inversores compran bonos, esencialmente prestan dinero a los emisores de bonos . A cambio, los emisores de bonos acuerdan pagar a los inversores intereses sobre los bonos durante la vigencia del bono y reembolsar el valor nominal de los bonos al vencimiento . La forma más sencilla de calcular el rendimiento de un bono es dividir el pago de su cupón por el valor nominal del bono. Esto se llama tasa de cupón.

$\text{Tasa del cupón} = \frac{\text{Pago anual del cupón}}{\text{Valor nominal del bono}}$ Tasa de cupón=
Valor nominal del bono
Pago de cupón anual

Si un bono tiene un valor nominal de $ 1,000 y realizó pagos de intereses o cupones de $ 100 por año, entonces su tasa de cupón es del 10% ($ 100 / $ 1,000 = 10%). Sin embargo, a veces un bono se compra por más de su valor nominal (prima) o por menos de su valor nominal (descuento), lo que cambiará el rendimiento que un inversionista gana por el bono.

Rendimiento de bonos vs. Precio

A medida que aumentan los precios de los bonos, los rendimientos de los bonos caen. Por ejemplo, suponga que un inversionista compra un bono que vence en cinco años con una tasa de cupón anual del 10% y un valor nominal de $ 1,000. Cada año, el bono paga el 10%, o $ 100, en intereses. Su tasa de cupón es el interés dividido por su valor nominal .

Si las tasas de interés suben por encima del 10%, el precio del bono bajará si el inversor decide venderlo. Por ejemplo, imagine que las tasas de interés para inversiones similares aumentan al 12,5%. El bono original todavía solo realiza un pago de cupón de $ 100, lo que no sería atractivo para los inversores que pueden comprar bonos que pagan $ 125 ahora que las tasas de interés son más altas.

Si el propietario del bono original quiere vender su bono, el precio puede reducirse para que los pagos del cupón y el valor de vencimiento sean iguales al rendimiento del 12%. En este caso, eso significa que el inversor bajaría el precio del bono a $ 927,90. Para comprender completamente por qué ese es el valor del bono, debe comprender un poco más sobre cómo se usa el valor del dinero en el tiempo en la fijación de precios de los bonos, que se analiza más adelante en este artículo.

Si las tasas de interés cayeran en valor, el precio del bono aumentaría porque el pago del cupón es más atractivo. Por ejemplo, si las tasas de interés cayeron al 7.5% para inversiones similares, el vendedor de bonos podría vender el bono por $ 1,101.15. Cuanto más caigan las tasas, más alto aumentará el precio del bono, y lo mismo ocurre a la inversa cuando las tasas de interés suben.

En cualquier escenario, la tasa de cupón ya no tiene ningún significado para un nuevo inversor. Sin embargo, si el pago del cupón anual se divide por el precio del bono, el inversor puede calcular el rendimiento actual y obtener una estimación aproximada del rendimiento real del bono.

$$\text{Rendimiento actual} = \frac{\text{Pago anual del cupón}}{\text{Precio del bono}}$$

Rendimiento actual=

Precio del bono

Pago de cupón anual

El rendimiento actual y la tasa de cupón son cálculos incompletos para el rendimiento de un bono porque no tienen en cuenta el valor temporal del dinero, el valor de vencimiento o la frecuencia de pago. Se necesitan cálculos más complejos para ver la imagen completa del rendimiento de un bono.

Rendimiento al vencimiento

El rendimiento al vencimiento (YTM) de un bono es igual a la tasa de interés que hace que el valor presente de todos los flujos de efectivo futuros de un bono sea igual a su precio actual. Estos flujos de efectivo incluyen todos los pagos de cupones y su valor de vencimiento. Resolver para YTM es un proceso de prueba y error que se puede realizar en una calculadora financiera, pero la fórmula es la siguiente:

\ begin {align} & \ text {Price} = \ sum ^ T_ {t-1} \ frac {\ text {Flujos de caja} _t} {(1+ \ text {YTM}) ^ t} \\ & \ textbf {donde:} \\ & \ text {YTM} = \ text {Rendimiento hasta el vencimiento} \ end {alineado}

Precio=
t - 1
$\sum$
T

(1+YTM)
t

Flujo de caja
t

dónde:
YTM= Rendimiento al vencimiento

En el ejemplo anterior, un bono con un valor nominal de $ 1,000, cinco años hasta el vencimiento y pagos de cupón anual de $ 100 valía $ 927.90 para igualar un YTM del 12%. En ese caso, los cinco pagos del cupón y el valor de vencimiento de $ 1,000 fueron los flujos de efectivo del bono. Encontrar el valor presente de cada uno de esos seis flujos de efectivo con un descuento o tasa de interés del 12% determinará cuál debería ser el precio actual del bono.

Rendimiento equivalente al bono - BEY

Los rendimientos de los bonos normalmente se cotizan como rendimiento equivalente de bonos (BEY), lo que hace un ajuste por el hecho de que la mayoría de los bonos pagan su cupón anual en dos pagos semestrales. En los ejemplos anteriores, los flujos de efectivo de los bonos eran anuales, por lo que el YTM es igual al BEY. Sin embargo, si los pagos del cupón se hicieran cada seis meses, el YTM semestral sería del 5,979%.

El BEY es una versión anualizada simple del YTM semestral y se calcula multiplicando el YTM por dos. En este ejemplo, el BEY de un bono que paga cupones semestrales de $ 50 sería 11,958% (5,979% X 2 = 11,958%). El BEY no tiene en cuenta el valor temporal del dinero para el ajuste de un YTM semestral a una tasa anual.

Rendimiento anual efectivo - EAY

Los inversores pueden encontrar un rendimiento anual más preciso una vez que conocen el BEY de un bono si tienen en cuenta el valor temporal del dinero en el cálculo. En el caso de un pago de cupón semestral, el rendimiento anual efectivo (EAY) se calcularía de la siguiente manera:

$$\begin{aligned} & \text{EAY} = \left(1 + \frac{\text{YTM}}{2}\right)^2 - 1 \\ & \textbf{donde:} \\ & \text{EAY} = \text{Rendimiento anual efectivo} \\ \end{aligned}$$

$$\text{EAY} = \left(1 + \frac{\text{YTM}}{2}\right)^2 - 1$$

dónde:

EAY=Rendimiento anual efectivo

Si un inversor sabe que el **YTM** semestral fue del 5,979%, entonces podría usar la fórmula anterior para encontrar el **EAY** del 12,32%. Debido a que se incluye el período de capitalización adicional, el **EAY** será más alto que el **BEY**.

Complicaciones para encontrar el rendimiento de un bono
Hay algunos factores que pueden complicar la búsqueda del rendimiento de un bono. Por ejemplo, en los ejemplos anteriores, se supuso que al bono le quedaban exactamente cinco años para el vencimiento cuando se vendió, lo que rara vez sería el caso.

Al calcular el rendimiento de un bono, los períodos fraccionarios se pueden tratar de forma sencilla; el interés devengado es más difícil. Por ejemplo, imagine que a un bono le quedan cuatro años y ocho meses hasta su vencimiento. El exponente en los cálculos de rendimiento se puede convertir en un decimal para ajustar el año parcial. Sin embargo, esto significa que han transcurrido cuatro meses en el período del cupón actual y quedan dos más, lo que requiere un ajuste por los intereses devengados . A un nuevo comprador de bonos se le pagará el cupón completo, por lo que el precio del bono se inflará ligeramente para compensar al vendedor por los cuatro meses del período actual del cupón que han transcurrido.

Los bonos se pueden cotizar con un " precio limpio " que excluye los intereses devengados o el " precio sucio " que incluye el monto adeudado para conciliar los intereses devengados. Cuando los bonos se cotizan en un sistema como una terminal Bloomberg o Reuters, se utiliza el precio limpio.

Resumen de rendimiento de bonos

El rendimiento de un bono es el rendimiento para un inversor del cupón del bono y los flujos de efectivo al vencimiento. Se puede calcular como un rendimiento de cupón simple, que ignora el valor temporal del dinero y cualquier cambio en el precio del bono o utilizando un método más complejo como el rendimiento al vencimiento. El rendimiento al vencimiento generalmente se cotiza como un rendimiento equivalente a un bono (BEY), lo que hace que los bonos con períodos de pago de cupón inferiores a un año sean fáciles de comparar. Una estrategia clásica es utilizar una técnica de escalera de bonos para maximizar las ganancias con varios bonos que vencen en diferentes momentos.

Los bonos se pueden comprar a través de una variedad de fuentes diferentes. Una forma común de comprar algunos tipos de bonos es utilizar una cuenta de inversión a través de un corredor.

4 cosas básicas que debe saber sobre los bonos

¿Quiere fortalecer el perfil de riesgo-rendimiento de su cartera ? Agregar bonos puede crear una cartera más equilibrada al agregar diversificación y calmar la volatilidad . Pero el mercado de bonos puede parecer desconocido incluso para los inversores más experimentados. Muchos inversores solo realizan operaciones pasajeras en bonos porque están confundidos por la aparente complejidad del mercado y la terminología. En realidad, los bonos son instrumentos de deuda muy simples. Entonces, ¿cómo se entra en esta parte del mercado? Empiece a invertir en bonos aprendiendo estos términos básicos del mercado de bonos.

CONCLUSIONES CLAVE

Algunas de las características de los bonos incluyen su vencimiento, su tasa de cupón, su estado fiscal y su capacidad de reembolso.

Varios tipos de riesgos asociados con los bonos incluyen riesgo de tasa de interés, riesgo de crédito / incumplimiento y riesgo de pago anticipado.

La mayoría de los bonos vienen con calificaciones que describen su grado de inversión.

Los rendimientos de los bonos miden sus rendimientos.

Características básicas de los enlaces

Un bono es simplemente un préstamo contratado por una empresa. En lugar de ir a un banco, la empresa obtiene el dinero de los inversores que compran sus bonos. A cambio del capital , la empresa paga un cupón de interés, que es la tasa de interés anual que se paga por un bono expresada como porcentaje del valor nominal. La empresa paga los intereses a intervalos predeterminados (generalmente anualmente o semestralmente) y devuelve el principal en la fecha de vencimiento, finalizando el préstamo.

Los bonos son una forma de pagaré entre el prestamista y el prestatario.

A diferencia de las acciones , los bonos pueden variar significativamente según los términos de su contrato , un documento legal que describe las características del bono. Debido a que cada emisión de bonos es diferente, es importante comprender los términos precisos antes de invertir. En particular, hay seis características importantes a tener en cuenta al considerar un bono.

Madurez

Esta es la fecha en que se paga a los inversores el principal o el monto nominal del bono y finaliza la obligación de la empresa . Por lo tanto, define la vida útil del bono. El vencimiento de un bono es una de las principales consideraciones que un inversor sopesa con respecto a sus objetivos y horizonte de inversión. La madurez se clasifica a menudo de tres formas:

Corto plazo: los bonos que entran en esta categoría tienden a vencer en uno a tres años.
Medio plazo: las fechas de vencimiento de este tipo de bonos son normalmente de más de diez años.
Largo plazo: estos bonos generalmente vencen durante períodos de tiempo más largos.
Asegurado / No asegurado
Una fianza puede estar asegurada o no asegurada. Un bono garantizado promete activos específicos a los tenedores de bonos si la empresa no puede pagar la obligación. Este activo también se denomina garantía del préstamo. Entonces, si el emisor de bonos incumple, el activo se transfiere al inversionista. Un valor respaldado por hipoteca (MBS) es un tipo de bono garantizado respaldado por títulos de propiedad de las casas de los prestatarios.

Los bonos no garantizados, por otro lado, no están respaldados por ninguna garantía. Eso significa que el interés y el capital solo están garantizados por la empresa emisora. También llamados debentures , estos bonos devuelven poco de su inversión si la empresa fracasa. Como tales, son mucho más riesgosos que los bonos garantizados.

Preferencia de liquidación

Cuando una empresa quiebra, paga a los inversores en un orden particular a medida que liquida. Después de que una empresa vende todos sus activos, comienza a pagar a sus inversores. La deuda senior es la deuda que debe pagarse primero, seguida de la deuda junior (subordinada). Los accionistas obtienen lo que queda.

Cupón

El monto del cupón representa los intereses pagados a los tenedores de bonos, normalmente anualmente o semestralmente. El cupón también se denomina tasa de cupón o rendimiento nominal . Para calcular la tasa de cupón, divida los pagos anuales por el valor nominal del bono.

Situación fiscal

Si bien la mayoría de los bonos corporativos son inversiones sujetas a impuestos , algunos bonos gubernamentales y municipales están exentos de impuestos, por lo que los ingresos y las ganancias de capital no están sujetos a impuestos. 1 Los bonos exentos de impuestos normalmente tienen intereses más bajos que los bonos gravables equivalentes. Un inversor debe calcular el rendimiento equivalente a impuestos para comparar el rendimiento con el de los instrumentos gravables.

Callability

Un emisor puede pagar algunos bonos antes del vencimiento. Si un bono tiene una cláusula de pago, puede pagarse en fechas anteriores, a opción de la empresa, generalmente con una pequeña prima a la par . Una empresa puede optar por recuperar sus bonos si las tasas de interés le permiten pedir prestado a una tasa mejor. Los bonos exigibles también atraen a los inversores, ya que ofrecen mejores tasas de cupón.

Riesgos de los bonos

Los bonos son una excelente manera de obtener ingresos porque tienden a ser inversiones relativamente seguras. Pero, al igual que cualquier otra inversión, conllevan ciertos riesgos. Estos son algunos de los riesgos más comunes de estas inversiones.

Riesgo de tipo de interés

Las tasas de interés comparten una relación inversa con los bonos, por lo que cuando las tasas suben, los bonos tienden a caer y viceversa. El riesgo de tasa de interés surge cuando las tasas cambian significativamente de lo que esperaba el inversor. Si las tasas de interés bajan significativamente, el inversionista enfrenta la posibilidad de pago anticipado. Si las tasas de interés suben, el inversor se quedará atascado con un instrumento que rinda por debajo de las tasas del mercado. Cuanto mayor sea el tiempo hasta el vencimiento, mayor será el riesgo de tasa de interés que asume un inversor, porque es más difícil predecir la evolución del mercado en el futuro.

Riesgo de crédito / incumplimiento

El riesgo de crédito o incumplimiento es el riesgo de que los pagos de intereses y principal adeudados por la obligación no se realicen como se requiere. Cuando un inversionista compra un bono, espera que el emisor satisfaga los pagos de intereses y capital , al igual que cualquier otro acreedor.

Cuando un inversor analiza los bonos corporativos, debe sopesar la posibilidad de que la empresa no pague la deuda. La seguridad generalmente significa que la empresa tiene mayores ingresos operativos y flujo de efectivo en comparación con su deuda. Si lo contrario es cierto y la deuda supera el efectivo disponible, es posible que el inversor desee mantenerse alejado.

Riesgo de prepago

El riesgo de pago anticipado es el riesgo de que una determinada emisión de bonos se cancele antes de lo esperado, normalmente a través de una disposición de compra . Esto puede ser una mala noticia para los inversores porque la empresa solo tiene un incentivo para pagar la obligación anticipadamente cuando las tasas de interés han disminuido sustancialmente. En lugar de seguir manteniendo una inversión de alto interés, los inversores deben reinvertir fondos en un entorno de tipos de interés más bajos.

Calificaciones de bonos

La mayoría de los bonos vienen con una calificación que describe su calidad crediticia. Es decir, qué tan fuerte es el bono y su capacidad para pagar su capital e intereses. Las calificaciones se publican y son utilizadas por inversores y profesionales para juzgar su valía.

Agencias

Las agencias de calificación de bonos más comúnmente citadas son Standard & Poor's , Moody's Investors Service y Fitch Ratings . Califican la capacidad de una empresa para pagar sus obligaciones. Las calificaciones van de AAA a Aaa para emisiones de alto grado con mucha probabilidad de ser reembolsadas a D para emisiones que actualmente están en incumplimiento. 2

Los bonos con calificación BBB a Baa o superior se denominan grado de inversión. Esto significa que es poco probable que incumplan y tienden a permanecer como inversiones estables. Los bonos con calificación BB a Ba o inferior se denominan bonos basura ; es más probable que se produzca un incumplimiento, y son más especulativos y están sujetos a la volatilidad de los precios.

Las empresas no tendrán una calificación de sus bonos, en cuyo caso depende únicamente del inversor juzgar la capacidad de pago de una empresa. Debido a que los sistemas de calificación difieren para cada agencia y cambian de vez en cuando, investigue la definición de calificación para la emisión de bonos que está considerando.

Rendimientos de bonos

Los rendimientos de los bonos son todas medidas de rendimiento. El rendimiento al vencimiento es la medida que se utiliza con más frecuencia, pero es importante comprender varias otras medidas de rendimiento que se utilizan en determinadas situaciones.

Rendimiento al vencimiento (YTM)

Como se señaló anteriormente, el rendimiento al vencimiento (YTM) es la medida de rendimiento más comúnmente citada. Mide cuál es el rendimiento de un bono si se mantiene hasta el vencimiento y todos los cupones se reinvierten a la tasa YTM. Debido a que es poco probable que los cupones se reinviertan al mismo ritmo, el rendimiento real de un inversor diferirá ligeramente. Calcular YTM a mano es un procedimiento largo, por lo que es mejor utilizar las funciones TASA o RENDIMIENTO de Excel (comenzando con Excel 2007). También está disponible una función simple en una calculadora financiera.

Rendimiento actual

El rendimiento actual se puede utilizar para comparar los ingresos por intereses proporcionados por un bono con los ingresos por dividendos proporcionados por una acción. Esto se calcula dividiendo el cupón anual del bono por el precio actual del bono. Tenga en cuenta que este rendimiento incorpora solo la parte de ingresos del rendimiento, ignorando posibles ganancias o pérdidas de capital. Como tal, este rendimiento es más útil para los inversores interesados únicamente en los ingresos corrientes.

Rendimiento nominal

El rendimiento nominal de un bono es simplemente el porcentaje de interés que se pagará periódicamente sobre el bono. Se calcula dividiendo el pago del cupón anual por el valor nominal o nominal del bono. Es importante señalar que el rendimiento nominal no estima el rendimiento con precisión a menos que el precio actual del bono sea el mismo que su valor nominal. Por lo tanto, el rendimiento nominal se utiliza solo para calcular otras medidas de rendimiento.

Ceda el paso (YTC)
Un bono exigible siempre tiene alguna probabilidad de ser exigido antes de la fecha de vencimiento. Los inversores obtendrán un rendimiento ligeramente superior si los bonos solicitados se pagan con una prima. Un inversor en un bono de este tipo puede desear saber qué rendimiento se obtendrá si el bono se solicita en una fecha determinada, para determinar si el riesgo de pago anticipado vale la pena. Es más fácil calcular el rendimiento para llamar utilizando las funciones **YIELD** o **IRR** de Excel, o con una calculadora financiera.

Rendimiento realizado
El rendimiento realizado de un bono debe calcularse si un inversor planea mantener un bono solo durante un cierto período de tiempo, en lugar de hasta el vencimiento. En este caso, el inversor venderá el bono, y este precio futuro proyectado del bono debe estimarse para el cálculo. Debido a que los precios futuros son difíciles de predecir, esta medición de rendimiento es solo una estimación del rendimiento. Este cálculo de rendimiento se realiza mejor con las funciones **YIELD** o **IRR** de Excel, o con una calculadora financiera.

La línea de fondo

Aunque el mercado de bonos parece complejo, en realidad está impulsado por las mismas compensaciones de riesgo / rendimiento que el mercado de valores. Una vez que un inversor domina estos pocos términos y medidas básicos para desenmascarar la dinámica del mercado familiar, entonces puede convertirse en un inversor de bonos competente. Una vez que hayas dominado la jerga, el resto es fácil.

⬜

¿Cuál es la forma más rápida, fácil y económica de comprar un bono?

Los bonos generalmente se pueden comprar a un corredor de bonos a través de canales de corretaje de servicio completo o de descuento , de manera similar a como se compran las acciones de un corredor de bolsa.

Si bien la presencia de servicios de corretaje en línea ha reducido los costos de inversión, tratar con un corredor de bonos aún puede resultar prohibitivo para algunos inversores minoristas .

CONCLUSIONES CLAVE

La mayoría de los inversores deberían tener una parte de su cartera en bonos como diversificador, ya que tienen características diferentes a las acciones.

Muchos corredores ahora dan acceso a los inversores para comprar bonos individuales en línea, aunque puede ser más fácil comprar un fondo mutuo o ETF que se especialice en bonos.

Los bonos del gobierno se pueden comprar directamente a través de sitios web patrocinados por el gobierno sin la necesidad de un corredor.

Cómo funcionan los corredores de bonos

Muchas casas de bolsa especializadas requieren depósitos iniciales mínimos altos; $ 5,000 es típico. También puede haber tarifas de mantenimiento de cuenta. Y, por supuesto, comisiones por intercambios. Dependiendo de la cantidad y el tipo de bono comprado, las comisiones de los corredores pueden oscilar entre el 0,5% y el 2%.

Cuando utilice un corredor (incluso el habitual) para comprar bonos, es posible que le digan que la operación está libre de comisiones . Sin embargo, lo que sucede a menudo es que el precio está marcado de modo que el costo que se le cobra incluye esencialmente una tarifa compensatoria. Si el corredor no gana nada con la transacción, probablemente no ofrecería el servicio.

Por ejemplo, supongamos que realizó un pedido de 10 bonos corporativos que se cotizaban a $ 1,025 por bono. Sin embargo, le dirán que cuestan $ 1,035.25 por bono, por lo que el precio total de su inversión no es de $ 10,250 sino de $ 10,352.50. La diferencia representa una comisión efectiva del 1% para el corredor.

Para determinar el margen antes de la compra, busque la última cotización del bono; También puede utilizar el Motor de cumplimiento e informes comerciales (TRACE), que muestra todas las transacciones de venta libre (OTC) para el mercado secundario de bonos. Use su discreción para decidir si la comisión es excesiva o si está dispuesto a aceptar.

Compra de bonos del gobierno

La compra de bonos del gobierno como los bonos del Tesoro (EE. UU.) O los bonos de ahorro de Canadá (Canadá) funciona de manera ligeramente diferente a la compra de bonos corporativos o municipales. Muchas instituciones financieras brindan servicios a sus clientes que les permiten comprar bonos del gobierno a través de sus cuentas de inversión regulares. Si este servicio no está disponible para usted a través de su banco o corretaje, también tiene la opción de comprar estos valores directamente del gobierno.

En los EE. UU., Por ejemplo, los bonos y letras del Tesoro (bonos y letras del Tesoro) se pueden comprar a través de TreasuryDirect . Con el patrocinio de la Oficina del Servicio Fiscal del Departamento del Tesoro de EE. UU., TreasuryDirect permite a los inversores individuales comprar, vender y mantener letras del Tesoro, pagarés, bonos, valores protegidos contra la inflación (TIPS) y bonos de ahorro de la Serie I y EE en formato electrónico y sin papel. cuentas. No se cobran tarifas ni comisiones, pero debe tener un número de seguro social o número de identificación fiscal de EE. UU., Una dirección en EE. UU. Y una cuenta bancaria en EE.

Fondos de bonos

Otra forma de ganar exposición en bonos sería invertir en un fondo de bonos , un fondo mutuo o un fondo cotizado en bolsa (ETF) que tiene exclusivamente bonos en su cartera. Estos fondos son convenientes ya que generalmente son de bajo costo y contienen una amplia base de bonos diversificados, por lo que no es necesario que investigue para identificar problemas específicos.

Cuando compre y venda estos fondos (o, para el caso, los propios bonos en el mercado abierto), tenga en cuenta que se trata de transacciones de "mercado secundario", lo que significa que está comprando a otro inversor y no directamente al emisor. Un inconveniente de los fondos mutuos y los ETF es que los inversores no conocen el vencimiento de todos los bonos de la cartera del fondo, ya que cambian con bastante frecuencia y, por lo tanto, estos vehículos de inversión no son apropiados para un inversor que desea mantener un bono hasta el vencimiento.

Otro inconveniente es que tendrá que pagar tarifas adicionales a los administradores de cartera, aunque los fondos de bonos tienden a tener índices de gastos más bajos que sus contrapartes de capital. Los ETF de bonos administrados pasivamente, que rastrean un índice de bonos, tienden a tener la menor cantidad de gastos de todos.

Cómo invertir en bonos corporativos

Cuando los inversores compran un bono , esencialmente prestan dinero a la entidad emisora. El bono es una promesa de reembolsar su valor nominal, la cantidad prestada, con una tasa de interés adicional específica dentro de un período de tiempo específico. El bono, por lo tanto, puede llamarse pagaré .

Los enlaces vienen en diferentes formas y tamaños. Incluyen valores del gobierno de Estados Unidos, municipales, hipotecas y respaldados por activos , bonos extranjeros y bonos corporativos. En una cartera de inversiones bien diversificada , los bonos corporativos de alta calificación con vencimiento a corto, mediano y largo plazo pueden ayudar a los inversores a acumular dinero para la jubilación, ahorrar para la educación universitaria de los niños o establecer una reserva de efectivo para emergencias. vacaciones y otros gastos. Pero, ¿cómo se invierte en este tipo de bonos? Siga leyendo para conocer los conceptos básicos de la inversión en bonos corporativos.

CONCLUSIONES CLAVE
Los bonos corporativos son emitidos por empresas que desean obtener efectivo adicional.

Puede comprar bonos corporativos en el mercado primario a través de una casa de bolsa, un banco, un corredor de bonos o un corredor.

Algunos bonos corporativos se negocian en el mercado extrabursátil y ofrecen buena liquidez.

Antes de invertir, aprenda algunos de los conceptos básicos de los bonos corporativos, incluido su precio, los riesgos asociados con ellos y el interés que pagan.

¿Qué es un bono corporativo?

Los bonos corporativos son emitidos por empresas. La emisión de bonos es otra forma de que las empresas accedan al efectivo sin diluir la propiedad a través de emisiones de acciones adicionales o acudiendo a un prestamista tradicional y obteniendo un préstamo. Las emisiones de bonos pueden negociarse públicamente o ser privadas.

Las empresas pueden utilizar el dinero de la venta de bonos por diferentes razones, como comprar nuevos activos o instalaciones, invertir en investigación y desarrollo (I + D), refinanciar, financiar fusiones y adquisiciones (M&A) o incluso financiar recompras de acciones.

Como se mencionó anteriormente, un bono corporativo es como un pagaré. La empresa se compromete a pagar el valor nominal en una fecha determinada más intereses a intervalos regulares durante el año al prestamista o inversor que compra el bono.

Una alternativa a la inversión en bonos corporativos individuales es invertir en un fondo de bonos administrado profesionalmente o en un fondo indexado, que es un fondo pasivo vinculado al precio promedio de una canasta de bonos.

Compra y venta de bonos

Comprar bonos es tan fácil como invertir en el mercado de valores. Las compras en el mercado primario se pueden realizar a firmas de corretaje , bancos, comerciantes de bonos y corredores , todos los cuales cobran una comisión por facilitar la venta. Los precios de los bonos se cotizan como un porcentaje del valor nominal del bono, basado en $ 100. Por ejemplo, si un bono se vende a 95, significa que el bono se puede comprar por el 95% de su valor nominal. Por lo tanto, un bono de $ 10,000 le costaría al inversionista $ 9,500.

Algunos bonos corporativos se negocian en el over-the-counter (OTC) ofrecen buen mercado y liquidez, la capacidad de vender de forma rápida y fácilmente el bono por dinero en efectivo. Esto es importante, especialmente si planea mantenerse activo con su cartera de bonos . Los inversores pueden comprar bonos de este mercado o comprar la oferta inicial del bono de la empresa emisora en el mercado primario . Los bonos OTC generalmente se venden a un valor nominal de $ 5,000.

Características clave de los bonos
Los bonos corporativos pueden ser fuentes de ingresos muy confiables y pueden ser muy gratificantes. Pero antes de depositar su dinero, es importante conocer algunos de los conceptos básicos sobre sus inversiones, desde cómo están calificadas hasta precios y tasas de interés.

Calificaciones y riesgo
Las calificaciones de los bonos se calculan utilizando muchos factores, incluida la estabilidad financiera, la deuda actual y el potencial de crecimiento. Estas calificaciones son asignadas por las tres principales agencias de calificación de bonos , Standard & Poor's, Moody's y Fitch, calculan el riesgo que conlleva la emisión de bonos asignándoles una calificación con letras. Estos grados ayudan a los inversores y profesionales financieros a comprender si el emisor de bonos puede pagar la deuda o si incumplirá con su obligación.

Los grados de letra van desde AAA o Aaa hasta BBB o Baa se consideran grado de inversión . 1 Estos bonos se consideran inversiones más seguras y estables porque es menos probable que incurran en incumplimiento. Los bonos que vienen con una calificación BB o Ba o inferior, incluidos los que no tienen calificación, se denominan bonos basura . 2 Estos bonos tienen rendimientos más altos pero conllevan un mayor riesgo de incumplimiento porque son emitidos por empresas que tienen problemas de liquidez .

Cuando una corporación quiebra, los tenedores de bonos pueden reclamar su efectivo y otros activos.

Precios de los bonos y pagos de intereses

Los precios de los bonos se enumeran en muchos periódicos y publicaciones, incluidos Barron's, Investor's Business Daily y The Wall Street Journal. Los precios listados para los bonos son para operaciones recientes, generalmente del día anterior. Pero recuerde, los precios fluctúan y las condiciones del mercado pueden cambiar rápidamente.

Cuando los precios de los bonos bajan, la tasa de interés aumenta. Eso es porque el bono cuesta menos, mientras que la tasa de interés sigue siendo la misma que su oferta inicial. Por el contrario, cuando sube el precio de un bono, el rendimiento efectivo disminuye. Los bonos a plazo generalmente ofrecen una tasa de interés más alta debido a su desempeño impredecible. La estabilidad financiera y la rentabilidad de una empresa pueden cambiar a largo plazo y no ser las mismas que cuando emitió sus bonos por primera vez. Para compensar este riesgo, los bonos con vencimientos más largos pagan un interés más alto.

Un bono rescatable o rescatable es un bono que puede ser rescatado por la empresa emisora antes de la fecha de vencimiento . Debido a que estos bonos se pueden reclamar en una fecha anterior, puede perder el interés restante durante la vigencia del bono. Sin embargo, la empresa le pagará a usted y a otros inversores una prima en efectivo .

Entonces, ¿cómo pagan intereses los emisores de bonos? Los intereses de los bonos generalmente se pagan cada seis meses. 3 Los bonos con el menor riesgo pagan tasas de rendimiento más bajas . Pero aquellos con el mayor riesgo tienen las mayores recompensas. Eso es porque quieren atraer a más prestamistas o compradores. Debido a que pagan intereses con regularidad, los bonos con mayor riesgo generalmente se consideran una gran fuente de ingresos. Pero es importante recordar que, a pesar de su potencial, son menos confiables.

La línea de fondo
Una cartera de inversiones bien diversificada debe contener un porcentaje del monto total invertido en bonos de alta calificación de varios vencimientos. Aunque ningún bono corporativo está completamente libre de riesgos y , a veces, incluso puede resultar en pérdidas debido a las condiciones cambiantes del mercado, los bonos corporativos de alta calificación podrían asegurar razonablemente un flujo de ingresos constante durante la vida del bono.

Introducción a los valores del Tesoro

Cuando se trata de inversiones conservadoras , nada dice seguridad del principal como los valores del Tesoro. 1 Estos instrumentos se han mantenido durante décadas como un bastión de seguridad en la turbulencia de los mercados de inversión, la última línea de defensa contra cualquier posible pérdida de capital.

Las garantías que respaldan estos valores se consideran de hecho una de las piedras angulares clave de la economía nacional e internacional, y son atractivas para los inversores individuales e institucionales por muchas razones.

Características básicas de los valores del Tesoro
Los títulos del Tesoro se dividen en tres categorías según su plazo de vencimiento. Estos tres tipos de bonos comparten muchas características comunes, pero también tienen algunas diferencias clave. Las categorías y características clave de los valores de tesorería incluyen:

T-Bills : tienen el rango de vencimiento más corto de todos los bonos del gobierno . Entre las facturas subastadas en un horario regular, hay cinco términos: 4 semanas, 8 semanas, 13 semanas, 26 semanas y 52 semanas. Otro proyecto de ley, el de administración de efectivo, no se subasta en un horario regular. Se emite en términos variables, generalmente de solo unos días. 2 Estos son el único tipo de valor del tesoro que se encuentra tanto en el mercado de capitales como en el de dinero, ya que tres de los plazos de vencimiento se encuentran dentro de la línea divisoria de 270 días entre ellos. 3 4 Las Letras del Tesoro se emiten con descuento y vencen a su valor nominal, constituyendo la diferencia entre los precios de compra y venta los intereses pagados sobre la letra. 5

T-Notes - Estos pagarés representan el rango medio de vencimientos en la familia de tesorería, con plazos de vencimiento de 2, 3, 5, 7 y 10 años actualmente disponibles. El Tesoro subasta notas a 2 años, notas a 3 años, notas a 5 años y notas a 7 años cada mes. La agencia subasta notas a 10 años en emisión original en febrero, mayo, agosto y noviembre, y como reaperturas en los otros ocho meses. Los pagarés del tesoro se emiten a un valor nominal de $ 100 y vencen al mismo precio. Pagan intereses semestralmente. 6

T-Bonds : comúnmente conocidos en la comunidad inversora como el "bono largo", los T-Bonds son esencialmente idénticos a los T-Notes, excepto que vencen en 30 años. Los T-Bonds también se emiten y vencen a un valor nominal de $ 100 y pagan intereses semestralmente. Los bonos del Tesoro se subastan mensualmente. Los bonos se subastan en su emisión original en febrero, mayo, agosto y noviembre, y luego como reaperturas en los otros ocho meses. 7

Compra por subasta de valores del Tesoro

Los tres tipos de valores del Tesoro se pueden comprar en línea en una subasta en incrementos de $ 100. Sin embargo, no todos los plazos de vencimiento para cada tipo de valor están disponibles en todas las subastas. 7 5 Por ejemplo, los T-Notes a 2, 3, 5 y 7 años están disponibles cada mes en una subasta, pero el T-Note a 10 años solo se ofrece trimestralmente. 6

Todos los vencimientos de las letras del tesoro se ofrecen semanalmente, excepto el vencimiento a 52 semanas, que se subasta una vez al mes. 5 Los empleados que deseen comprar valores del Tesoro pueden hacerlo a través del Plan de Ahorros de Nómina de TreasuryDirect . Este programa permite a los inversores diferir automáticamente una parte de sus cheques de pago a una cuenta TreasuryDirect . Luego, el empleado usa estos fondos para comprar valores de tesorería electrónicamente. 8

Los contribuyentes también pueden canalizar sus reembolsos de impuestos sobre la renta directamente a una cuenta de TreasuryDirect con el mismo propósito. 9 Ya no se emiten certificados en papel para los valores del Tesoro y ahora todas las cuentas y compras se registran en un sistema electrónico de anotaciones en cuenta. 10

Riesgo y recompensa de los valores del Tesoro
La mayor ventaja de los valores del Tesoro es que, por supuesto, están respaldados incondicionalmente por la plena fe y el crédito del gobierno de Estados Unidos. Se garantiza a los inversores la devolución tanto de sus intereses como del principal adeudado, siempre que los mantengan hasta el vencimiento. 2 Sin embargo, incluso los valores del Tesoro conllevan cierto riesgo.

Como todos los instrumentos financieros garantizados, los bonos del Tesoro son vulnerables tanto a la inflación como a los cambios en las tasas de interés. 11 Las tasas de interés pagadas por T-Bills y Notes también se encuentran entre las más bajas de cualquier tipo de bono o valor de renta fija y, por lo general, solo superan las tasas ofrecidas por las cuentas en efectivo , como los fondos del mercado monetario . 12

El bono a 30 años paga una tasa más alta debido a su vencimiento más largo y puede ser competitivo con otras ofertas con vencimientos más cortos. 14 Sin embargo, los valores del Tesoro ya no vienen con funciones de compra, que comúnmente se adjuntan a muchas ofertas corporativas y municipales. Las funciones de llamada permiten a los emisores de bonos recuperar sus ofertas después de un período de tiempo determinado, como 5 años, y luego volver a emitir nuevos valores que pueden pagar una tasa de interés más baja . 15

La gran mayoría de los valores del Tesoro también se negocian en el mercado secundario de la misma forma que otros tipos de bonos. 16 Sus precios aumentan en consecuencia cuando las tasas de interés bajan y viceversa. Se pueden comprar y vender a través de prácticamente cualquier corredor o administrador de dinero minorista , así como en bancos y otras instituciones de ahorro. Los inversores que compran valores del Tesoro en el mercado secundario todavía tienen la garantía de recibir los pagos de intereses restantes sobre el bono más su valor nominal al vencimiento (que puede ser más o menos de lo que pagaron al vendedor por ellos). 17

Tratamiento fiscal de los valores del Tesoro

Las mismas reglas fiscales se aplican a los tres tipos de valores del Tesoro. El interés que se paga por las letras del Tesoro, los pagarés del Tesoro y los bonos del Tesoro está totalmente sujeto a impuestos a nivel federal, pero está incondicionalmente libre de impuestos para los estados y localidades. 18 19   La diferencia entre los precios de emisión y vencimiento de las Letras del Tesoro se clasifica como interés para este propósito. 20

Los inversionistas que también obtienen ganancias o pérdidas en bonos del Tesoro que negociaron en los mercados secundarios deben informar las ganancias y pérdidas de capital a corto o largo plazo en consecuencia. 21   Cada año, el Departamento del Tesoro envía a los inversionistas el Formulario 1099-INT , que muestra los intereses gravables que deben declararse en el 1040. 18

¿Quién compra valores del Tesoro?

Prácticamente todos los tipos de inversores del mercado utilizan valores del Tesoro. Los individuos, instituciones, patrimonios , fideicomisos y corporaciones utilizan valores del Tesoro para diversos fines. 22 23 Muchos fondos de inversión usan bonos del Tesoro para cumplir ciertos objetivos mientras satisfacen sus requisitos fiduciarios, y los inversionistas individuales a menudo compran estos valores porque pueden contar con recibir su capital e intereses de acuerdo con el cronograma especificado, sin temor a que se les llame prematuramente. 24

Los inversores de renta fija que viven en estados con tasas impositivas elevadas también pueden beneficiarse de la exención fiscal de los bonos del Tesoro a nivel estatal y local. 25

Otros países también pueden comprar valores del Tesoro, proporcionándoles un porcentaje de la deuda estadounidense. Los mayores tenedores de deuda de los Estados Unidos por parte de gobiernos extranjeros son Japón, China, Reino Unido, Brasil e Irlanda. Puede haber varias razones por las que otros países podrían comprar deuda estadounidense. En el caso de China, los bonos del Tesoro de Estados Unidos ofrecen el paraíso más seguro para las reservas de divisas chinas .

La línea de fondo
Los valores del Tesoro comprenden un segmento importante de los mercados de bonos nacionales e internacionales . 26 Para obtener más información sobre valores del Tesoro, visite www.treasurydirect.gov . Este útil sitio web contiene una gran cantidad de información sobre letras del tesoro, pagarés del tesoro y bonos del tesoro, incluidos los cronogramas completos de subastas, un sistema de búsqueda para aquellos que necesitan averiguar si todavía poseen bonos, una lista de todos los bonos que se han detenido pagando intereses y una plétora de otros recursos.

Los fundamentos de los bonos municipales

¿Qué son los Bonos Municipales?

Si su principal objetivo de inversión es preservar el capital mientras genera un flujo de ingresos libre de impuestos, vale la pena considerar los bonos municipales . Los bonos municipales (munis) son obligaciones de deuda emitidas por entidades gubernamentales. Cuando compra un bono municipal, está prestando dinero al emisor a cambio de una cantidad determinada de pagos de intereses durante un período predeterminado. 1 Al final de ese período, el bono llega a su fecha de vencimiento y se le devuelve el monto total de su inversión original.

Cómo funcionan los bonos municipales
Si bien los bonos municipales están disponibles en formatos sujetos a impuestos y exentos de impuestos, los bonos exentos de impuestos tienden a recibir la mayor atención porque los ingresos que generan están, para la mayoría de los inversionistas, exentos de impuestos sobre la renta federales y, en muchos casos, estatales y locales. . 2 Los inversores sujetos al impuesto mínimo alternativo (AMT) deben incluir los ingresos por intereses de ciertos munis al calcular el impuesto y deben consultar a un profesional de impuestos antes de invertir. 3

CONCLUSIONES CLAVE

Los bonos municipales son buenos para las personas que quieren retener capital mientras crean una fuente de ingresos libre de impuestos.

Los bonos de obligación general se emiten para recaudar fondos de inmediato para cubrir los costos, mientras que los bonos de ingresos se emiten para financiar proyectos de infraestructura.

Tanto los bonos de obligación general como los bonos fiscales están exentos de impuestos y son de bajo riesgo, y es muy probable que los emisores paguen sus deudas.

Comprar bonos municipales es de bajo riesgo, pero no exento de riesgo, ya que el emisor podría no realizar los pagos de intereses acordados o no poder reembolsar el principal al vencimiento.

Tipos de Bonos Municipales

Los bonos municipales vienen en las siguientes dos variedades:

bonos de obligación general
bonos de ingresos

Los bonos de obligación general , emitidos para obtener capital inmediato para cubrir gastos, están respaldados por el poder tributario del emisor. Los bonos de ingresos, que se emiten para financiar proyectos de infraestructura, están respaldados por los ingresos generados por esos proyectos. Ambos tipos de bonos están exentos de impuestos y son particularmente atractivos para los inversores reacios al riesgo debido a la alta probabilidad de que los emisores reembolsen sus deudas. 4

Niveles de riesgo crediticio de los bonos municipales

Aunque comprar bonos municipales es de bajo riesgo, no está del todo exento de riesgos. Si el emisor no puede cumplir con sus obligaciones financieras, es posible que no realice los pagos de intereses programados o no pueda reembolsar el principal al vencimiento. Para ayudar en la evaluación de la solvencia de un emisor, las agencias de calificación (como Moody's Investors Service y Standard & Poor's) analizan la capacidad de un emisor de bonos para cumplir con sus obligaciones de deuda y emiten calificaciones de 'Aaa' o 'AAA' para los emisores más solventes para 'Ca', 'C', 'D', 'DDD', 'DD' o 'D' para los predeterminados. 5 6

Los bonos calificados como 'BBB', 'Baa' o mejor se consideran generalmente inversiones apropiadas cuando la preservación del capital es el objetivo principal. Para reducir la preocupación de los inversores, muchos bonos municipales están respaldados por pólizas de seguro que garantizan el reembolso en caso de incumplimiento .

Cada año, Moody's Investors Service publica "Incumplimientos y recuperaciones de bonos municipales de EE. UU.", Un estudio exclusivo sobre más de 10,000 emisores de bonos municipales que cubre. El estudio más reciente cubre los incumplimientos de 1970 a 2018. Durante los últimos 10 años, la tasa de incumplimiento promedio para los bonos municipales de grado de inversión fue del 0,10%, en comparación con una tasa de incumplimiento del 2,28% para los bonos corporativos de calificación similar. 7

Sin embargo, los incumplimientos de bonos municipales no son infrecuentes. Hubo 10 incumplimientos en 2017, siete de los cuales estuvieron asociados con la crisis de la deuda de Puerto Rico . Un récord de $ 31.5 mil millones en bonos estaban en mora ese año, un 15% más que en 2016. 8

La tasa de incumplimiento promedio a 10 años para los bonos municipales con grado de inversión fue del 0,10%, en comparación con el 2,28% de los bonos corporativos. 7

Cambios en la categoría de impuestos

Los bonos municipales generan ingresos libres de impuestos y, por lo tanto, pagan tasas de interés más bajas que los bonos sujetos a impuestos. Los inversores que anticipan una caída significativa en su tasa marginal de impuesto sobre la renta pueden beneficiarse mejor del mayor rendimiento disponible de los bonos sujetos a impuestos.

Riesgo de llamada

Muchos bonos permiten que el emisor reembolse la totalidad o una parte del bono antes de la fecha de vencimiento. El capital del inversor se devuelve con una prima añadida a cambio de la jubilación anticipada de la deuda. Si bien obtiene su inversión inicial completa más algo de regreso si se solicita el bono, su flujo de ingresos finaliza antes de lo esperado.

Riesgo de mercado

La tasa de interés de la mayoría de los bonos municipales se paga a una tasa fija. Esta tasa no cambia durante la vida del bono. Sin embargo, el precio subyacente de un bono en particular fluctuará en el mercado secundario debido a las condiciones del mercado. Los cambios en las tasas de interés y las expectativas de tasas de interés son generalmente los factores principales involucrados en los precios del mercado secundario de bonos municipales.

Cuando bajan las tasas de interés, los bonos recién emitidos pagarán un rendimiento menor que las emisiones existentes, lo que hace que los bonos más antiguos sean más atractivos. Los inversores que desean obtener un rendimiento más alto pueden estar dispuestos a pagar más para obtenerlo.

Asimismo, si las tasas de interés suben, los bonos recién emitidos pagarán un rendimiento más alto que las emisiones existentes. Es probable que los inversores que compren las emisiones más antiguas solo lo hagan si las obtienen con un descuento.

Si compra un bono y lo mantiene hasta el vencimiento, el riesgo de mercado no es un factor porque su inversión principal se devolverá en su totalidad al vencimiento. Si opta por vender antes de la fecha de vencimiento, su ganancia o pérdida dependerá de las condiciones del mercado y se aplicarán las consecuencias fiscales correspondientes para las ganancias o pérdidas de capital.

Estrategias de compra

La estrategia más básica para invertir en bonos municipales es comprar un bono con una tasa de interés o rendimiento atractivo y mantener el bono hasta que venza. El siguiente nivel de sofisticación implica la creación de una escalera de bonos municipales. Una escalera consta de una serie de bonos, cada uno con una tasa de interés y una fecha de vencimiento diferentes. A medida que madura cada peldaño de la escalera, el capital se reinvierte en un nuevo bono. Ambas estrategias se clasifican como estrategias pasivas porque los bonos se compran y se mantienen hasta el vencimiento.

Los inversores que buscan generar ingresos y revalorización del capital de su cartera de bonos pueden optar por un enfoque de gestión activa de la cartera, mediante el cual los bonos se compran y venden en lugar de mantenerlos hasta el vencimiento. Este enfoque busca generar ingresos a partir de los rendimientos y las ganancias de capital de vender con una prima.

Evaluación de la estabilidad frente al ajuste
La estabilidad es un término relativo en el mercado de bonos municipales. Los bonos municipales tienden a ser más seguros que muchos otros tipos de inversiones, pero son menos seguros que los bonos del Tesoro de EE. UU. 9 También puede negociar varios tipos de bonos municipales, como bonos de evaluación, bonos de ingresos o bonos de obligación general.

El emisor del bono también importa; los bonos emitidos por las autoridades municipales en una ciudad con sólidas finanzas se considerarían más estables que los de una ciudad cuya calificación crediticia haya sido rebajada o que se haya declarado en quiebra recientemente.
Muchos inversores cometen un error comprensible durante tiempos difíciles o inciertos y desarrollan una visión de túnel sobre la estabilidad y la seguridad. Sin embargo, en su huida del riesgo, no consideran cómo encaja una inversión en sus planes financieros .

Los bonos municipales pueden ser un paraíso fiscal, generando a menudo mayores rendimientos que los bonos del Tesoro. Todavía pueden perder debido a la inflación y inmovilizar grandes sumas de dinero durante mucho más tiempo de lo que suele durar una recesión.

¿Cuáles son los riesgos de invertir en un bono?

Los inversores experimentados conocen la importancia de la diversificación. Mezclar su cartera con diferentes clases de activos es probablemente la mejor manera de generar rendimientos consistentes: acciones, divisas, derivados, materias primas y bonos. Aunque es posible que los bonos no proporcionen necesariamente los mayores rendimientos, se consideran una herramienta de inversión bastante confiable. Eso es porque se sabe que proporcionan ingresos regulares. Pero también se consideran una forma estable y sólida de invertir su dinero porque, especialmente los que ofrece el gobierno, están garantizados. Eso no significa que no tengan sus propios riesgos.

Como inversor, debe conocer algunas de las dificultades que conlleva invertir en el mercado de bonos . A continuación, presentamos algunos de los riesgos más comunes.

CONCLUSIONES CLAVE
Aunque los bonos se consideran seguros, existen trampas como el riesgo de tasa de interés, uno de los principales riesgos asociados con el mercado de bonos.

El riesgo de reinversión significa que un bono o los flujos de efectivo futuros deberán reinvertirse en un valor con un rendimiento menor.

Los bonos rescatables tienen disposiciones que permiten al emisor de bonos volver a comprar el bono y retirar la emisión cuando bajan las tasas de interés.

El riesgo de incumplimiento se produce cuando el emisor no puede pagar los intereses o el principal de manera oportuna o en absoluto.

El riesgo de inflación ocurre cuando la tasa de aumento de precios en la economía deteriora los rendimientos asociados con el bono.

Conceptos básicos de la inversión en bonos

Los bonos son una forma de deuda emitida por una empresa o gobierno que quiere recaudar algo de efectivo. En esencia, cuando una entidad emite un bono, solicita un préstamo al comprador o inversor . Entonces, cuando compra un bono, le presta dinero al emisor del bono. A cambio, el emisor promete reembolsarle el monto principal antes de una fecha determinada y endulza el dinero pagándole intereses a intervalos regulares, generalmente semestralmente.

Aunque los bonos se consideran inversiones seguras, conllevan sus propios riesgos.

Mientras que las acciones se negocian en bolsas, los bonos se negocian sin receta. Esto significa que debe comprarlos, especialmente bonos corporativos, a través de un corredor. Tenga en cuenta que es posible que deba pagar una prima según el corredor que elija. Si está buscando comprar bonos del gobierno federal como valores del Tesoro de los Estados Unidos , puede hacerlo directamente a través del gobierno. También puede invertir en un fondo de bonos, que es un fondo de deuda que invierte principalmente en diferentes tipos de deudas, incluidos bonos corporativos, gubernamentales y municipales, así como otros instrumentos de deuda.

Riesgo de tipo de interés

El riesgo más conocido en el mercado de bonos es el riesgo de tipo de interés . Las tasas de interés tienen una relación inversa con los precios de los bonos. Entonces, cuando compra un bono, se compromete a recibir una tasa de rendimiento fija (ROR) durante un período determinado. Si la tasa de mercado aumenta desde la fecha de compra del bono, su precio caerá en consecuencia. El bono luego se negociará con un descuento para reflejar el menor rendimiento que obtendrá un inversor del bono.

La relación inversa entre las tasas de interés del mercado y los precios de los bonos también es válida en entornos de tasas de interés descendentes. El bono emitido originalmente se vendería con una prima por encima del valor nominal porque los pagos de cupón asociados con este bono serían mayores que los pagos de cupón ofrecidos en bonos de nueva emisión. Como puede inferir, la relación entre el precio de un bono y las tasas de interés del mercado se explica simplemente por la oferta y la demanda de un bono en un entorno cambiante de tasas de interés.

Las tasas de interés del mercado son una función de varios factores, incluida la oferta y demanda de dinero en la economía, la tasa de inflación , la etapa en la que se encuentra el ciclo económico y las políticas monetarias y fiscales del gobierno .

Ejemplo de riesgo de tasa de interés

Si compró un cupón del 5%, un bono corporativo a 10 años que se vende a valor nominal , el valor actual del bono de valor nominal de $ 1,000 sería de $ 614. Esta cantidad representa la cantidad de dinero que se necesita hoy para invertir a una tasa anual del 5% anual durante un período de 10 años, para tener $ 1,000 cuando el bono alcance su vencimiento.

Si las tasas de interés suben al 6%, el valor presente del bono sería de $ 558 porque solo se necesitarían $ 558 invertidos hoy a una tasa anual del 6% durante 10 años para acumular $ 1,000. Pero si las tasas de interés bajaran al 4%, el valor actual del bono sería de $ 676.

Oferta y demanda

El riesgo de tasa de interés también es bastante fácil de entender en términos de oferta y demanda. Si compró un cupón del 5% para un bono corporativo a 10 años que se vende a valor nominal, el inversionista esperaría recibir $ 50 por año, más el reembolso de la inversión principal de $ 1,000 cuando el bono alcance su vencimiento . Ahora, determinemos qué pasaría si las tasas de interés del mercado aumentaran en un punto porcentual. Bajo este escenario, un bono recién emitido con características similares al bono emitido originalmente pagaría un cupón de 6%, asumiendo que se ofrece a su valor nominal.

Por esta razón, al emisor del bono original le resultaría difícil encontrar un comprador dispuesto a pagar el valor nominal de su bono en un entorno de tasas de interés en aumento porque un comprador podría comprar un bono recién emitido en el mercado que pague un monto de cupón más alto. .

Como resultado, el emisor de bonos tendría que venderlo con un descuento del valor nominal para atraer a un comprador. El descuento sobre el precio del bono sería la cantidad que haría indiferente al comprador en términos de comprar el bono original con un cupón del 5%, o el bono recién emitido con una tasa de cupón más favorable.

Riesgo de reinversión

Otro riesgo asociado con el mercado de bonos se llama riesgo de reinversión . En esencia, un bono presenta un riesgo de reinversión para los inversores si los ingresos del bono o los flujos de efectivo futuros deberán reinvertirse en un valor con un rendimiento inferior al del bono originalmente proporcionado. El riesgo de reinversión también puede venir con bonos rescatables , inversiones que el emisor puede reclamar antes de la tasa de vencimiento.

Por ejemplo, imagine que un inversionista compra un bono de $ 1,000 con un cupón anual del 12%. Cada año, el inversor recibe $ 120 (12% x $ 1,000), que pueden reinvertirse en otro bono. Pero imagina que, con el tiempo, la tasa de mercado cae al 1%. De repente, esos $ 120 recibidos del bono solo se pueden reinvertir al 1%, en lugar de la tasa del 12% del bono original.

Riesgo de llamada para inversores en bonos

Otro riesgo es que el emisor reclame un bono. Los bonos rescatables tienen disposiciones de compra que permiten al emisor de los bonos volver a comprar el bono a los tenedores de bonos y retirar la emisión. Esto generalmente se hace cuando las tasas de interés caen sustancialmente desde la fecha de emisión. Las disposiciones de compra permiten al emisor retirar los bonos antiguos de alta tasa y vender bonos de baja tasa en un intento por reducir los costos de la deuda.

Riesgo predeterminado

El riesgo de incumplimiento ocurre cuando el emisor del bono no puede pagar el interés contractual o el capital del bono de manera oportuna o en absoluto. Los servicios de calificación crediticia como Moody's , Standard & Poor's y Fitch otorgan calificaciones crediticias a las emisiones de bonos. Esto les da a los inversores una idea de la probabilidad de que se produzca un incumplimiento de pago. Si el emisor de bonos incumple, el inversionista pierde parte o la totalidad de su inversión original más cualquier interés que pueda haber ganado.

Por ejemplo, la mayoría de los gobiernos federales tienen calificaciones crediticias muy altas (AAA). Tienen los medios para pagar sus deudas aumentando los impuestos o imprimiendo, lo que hace poco probable el incumplimiento. Sin embargo, las pequeñas empresas emergentes tienen algunos de los peores créditos (BB y menos) y es más probable que no cumplan con los pagos de sus bonos. En estos casos, los tenedores de bonos probablemente perderán todas o la mayoría de sus inversiones. 1

Riesgo de inflación

Este riesgo se refiere a situaciones en las que la tasa de aumento de precios en la economía deteriora los rendimientos asociados con el bono. Esto tiene el mayor efecto sobre los bonos fijos , que tienen una tasa de interés fija desde el inicio.

Por ejemplo, si un inversionista compra un bono fijo al 5% y la inflación aumenta al 10% anual, el tenedor del bono perderá dinero en la inversión porque el poder adquisitivo de los ingresos se ha reducido considerablemente. Las tasas de interés de los bonos flotantes o flotantes se ajustan periódicamente para igualar las tasas de inflación, lo que limita la exposición de los inversores al riesgo de inflación.

OPCIONES Y FUTUROS

Opciones frente a futuros: ¿cuál es la diferencia?

Un contrato de opciones otorga al inversionista el derecho, pero no la obligación, de comprar (o vender) acciones a un precio específico en cualquier momento, siempre que el contrato esté vigente. Por el contrario, un contrato de futuros requiere que un comprador compre acciones — y un vendedor las venda — en una fecha futura específica, a menos que la posición del tenedor se cierre antes de la fecha de vencimiento.

Las opciones y los futuros son productos financieros que los inversores pueden utilizar para ganar dinero o para cubrir inversiones actuales. Tanto una opción como un futuro permiten a un inversor comprar una inversión a un precio específico en una fecha específica. Pero los mercados para estos dos productos son muy diferentes en cuanto a cómo funcionan y cuán riesgosos son para el inversor.

CONCLUSIONES CLAVE
Las opciones y los futuros son productos comerciales similares que brindan a los inversores la oportunidad de ganar dinero y cubrir las inversiones actuales.
Una opción le da al comprador el derecho, pero no la obligación, de comprar (o vender) un activo a un precio específico en cualquier momento durante la vigencia del contrato.

Un contrato de futuros le da al comprador la obligación de comprar un activo específico y al vendedor de vender y entregar ese activo en una fecha futura específica a menos que la posición del tenedor se cierre antes del vencimiento.

Opciones

Las opciones se basan en el valor de un subyacente de seguridad como una acción. Como se señaló anteriormente, un contrato de opciones le da al inversionista la oportunidad, pero no la obligación, de comprar o vender el activo a un precio específico mientras el contrato aún está vigente. Los inversores no tienen que comprar o vender el activo si deciden no hacerlo.

Las opciones son una forma de inversión derivada. Pueden ser ofertas para comprar o vender acciones, pero no representan la propiedad real de las inversiones subyacentes hasta que se finalice el acuerdo.

Los compradores suelen pagar una prima por los contratos de opciones, que reflejan 100 acciones del activo subyacente. Las primas generalmente representan el precio de ejercicio del activo, la tasa para comprarlo o venderlo hasta la fecha de vencimiento del contrato. Esta fecha indica el día en el que debe utilizarse el contrato.

Tipos de opciones: opciones de compra y venta

Solo hay dos tipos de opciones: opciones de compra y opciones de venta . Una opción de compra es una oferta para comprar una acción al precio de ejercicio antes de que expire el acuerdo. Una opción de venta es una oferta para vender una acción a un precio específico.

Veamos un ejemplo de cada uno, el primero de una opción de compra. Un inversor abre una opción de compra para comprar acciones XYZ a un precio de ejercicio de 50 dólares en algún momento de los próximos tres meses. La acción se cotiza actualmente a 49 dólares. Si la acción sube a $ 60, el comprador puede ejercer el derecho a comprar la acción a $ 50. Ese comprador puede vender inmediatamente las acciones por $ 60 y obtener una ganancia de $ 10 por acción.

Otras posibilidades

Alternativamente, el comprador de la opción puede simplemente vender la opción call y embolsarse la ganancia , ya que la opción call vale $ 10 por acción. Si la opción se cotiza por debajo de $ 50 en el momento en que expira el contrato, la opción no tiene valor. El comprador de la llamada pierde el pago inicial de la opción, denominada prima.

Mientras tanto, si un inversionista posee una opción de venta para vender XYZ a $ 100, y el precio de XYZ cae a $ 80 antes de que expire la opción, el inversionista ganará $ 20 por acción, menos el costo de la prima. Si el precio de XYZ es superior a $ 100 al vencimiento , la opción no tiene valor y el inversionista pierde la prima pagada por adelantado. Tanto el comprador de venta como el emisor pueden cerrar su posición de opción para asegurar una ganancia o pérdida en cualquier momento antes de su vencimiento. Esto se hace comprando la opción, en el caso del escritor, o vendiendo la opción, en el caso del comprador. El comprador de opción también puede optar por ejercer el derecho a vender al precio de ejercicio.

¿Cuál es la diferencia entre opciones y futuros?
Futuros

Un contrato de futuros es la obligación de vender o comprar un activo en una fecha posterior a un precio acordado. Los contratos de futuros son una verdadera inversión de cobertura y son más comprensibles cuando se consideran en términos de productos básicos como el maíz o el petróleo. Por ejemplo, un agricultor puede querer fijar un precio aceptable por adelantado en caso de que los precios del mercado caigan antes de que se pueda entregar la cosecha. El comprador también quiere fijar un precio por adelantado, si los precios se disparan cuando se entrega la cosecha.

Ejemplos

Demostremos con un ejemplo. Suponga que dos comerciantes acuerdan un precio de $ 50 por bushel en un contrato de futuros de maíz. Si el precio del maíz sube a $ 55, el comprador del contrato gana $ 5 por barril. El vendedor, por otro lado, pierde un trato mejor.

El mercado de futuros se ha expandido mucho más allá del petróleo y el maíz. Los futuros de acciones se pueden comprar en acciones individuales o en un índice como el S&P 500 . El comprador de un contrato de futuros no está obligado a pagar el monto total del contrato por adelantado. Se paga un porcentaje del precio llamado margen inicial.

Por ejemplo, un contrato de futuros de petróleo es por 1,000 barriles de petróleo. Un acuerdo para comprar un contrato de futuros de petróleo a $ 100 representa el equivalente a un acuerdo de $ 100.000. Es posible que se requiera que el comprador pague varios miles de dólares por el contrato y puede que deba más si esa apuesta en la dirección del mercado resulta ser incorrecta.

Los futuros se inventaron para compradores institucionales . Estos comerciantes tienen la intención de tomar posesión de barriles de petróleo crudo para vender a las refinerías o toneladas de maíz para vender a los distribuidores de los supermercados.

¿Quién negocia futuros?
Los futuros se inventaron para compradores institucionales . Estos comerciantes tienen la intención de tomar posesión de barriles de petróleo crudo para vender a las refinerías o toneladas de maíz para vender a los distribuidores de los supermercados. Establecer un precio por adelantado hace que las empresas de ambos lados del contrato sean menos vulnerables a las grandes variaciones de precios .

Los compradores minoristas , sin embargo, compran y venden contratos de futuros como una apuesta sobre la dirección del precio del valor subyacente . Quieren beneficiarse de los cambios en el precio de los futuros, al alza o a la baja. No tienen la intención de tomar posesión de ningún producto.

Diferencias clave

Aparte de las diferencias señaladas anteriormente, hay otras cosas que distinguen tanto a las opciones como a los futuros. Aquí hay algunas otras diferencias importantes entre estos dos instrumentos financieros. A pesar de las oportunidades de obtener beneficios con las opciones, los inversores deben tener cuidado con los riesgos asociados con ellas.

Opciones

Debido a que tienden a ser bastante complejos, los contratos de opciones tienden a ser riesgosos. Las opciones de compra y venta generalmente conllevan el mismo grado de riesgo. Cuando un inversionista compra una opción sobre acciones, el único pasivo financiero es el costo de la prima en el momento en que se compra el contrato.

Sin embargo, cuando un vendedor abre una opción de venta, ese vendedor está expuesto a la responsabilidad máxima del precio subyacente de la acción. Si una opción de venta le da al comprador el derecho de vender las acciones a $ 50 por acción, pero la acción cae a $ 10, la persona que inició el contrato debe aceptar comprar las acciones por el valor del contrato, o $ 50 por acción.

El riesgo para el comprador de una opción de compra se limita a la prima pagada por adelantado. Esta prima sube y baja durante la vigencia del contrato. Se basa en una serie de factores, que incluyen qué tan lejos está el precio de ejercicio del precio actual del valor subyacente, así como cuánto tiempo queda en el contrato. Esta prima se paga al inversor que abrió la opción de venta, también llamado emisor de opciones .

El escritor de opciones

El escritor de opciones está en el otro lado del negocio. Este inversor tiene un riesgo ilimitado. Suponga en el ejemplo anterior que la acción sube a $ 100. El suscriptor de la opción se vería obligado a comprar las acciones a $ 100 por acción para venderlas al comprador a la vista por $ 50 la acción. A cambio de una pequeña prima, el emisor de opciones pierde 50 dólares por acción.

Tanto el comprador de opciones como el suscriptor de opciones pueden cerrar sus posiciones en cualquier momento comprando una opción de compra, lo que las vuelve planas. La ganancia o pérdida es la diferencia entre la prima recibida y el costo de recomprar la opción o salir de la operación.

Futuros

Las opciones pueden ser riesgosas, pero los futuros son más riesgosos para el inversor individual. Los contratos de futuros implican la máxima responsabilidad tanto para el comprador como para el vendedor. A medida que se mueve el precio de las acciones subyacentes, cualquiera de las partes del acuerdo puede tener que depositar más dinero en sus cuentas comerciales para cumplir con una obligación diaria. Esto se debe a que las ganancias en las posiciones de futuros se marcan automáticamente al mercado a diario, lo que significa que el cambio en el valor de las posiciones, hacia arriba o hacia abajo, se transfiere a las cuentas de futuros de las partes al final de cada día de negociación.

Los contratos de futuros tienden a ser por grandes cantidades de dinero. La obligación de vender o comprar a un precio determinado hace que los futuros sean más riesgosos por su naturaleza.

Ejemplos de opciones y futuros

Opciones

Para complicar las cosas, las opciones se compran y venden sobre futuros. Pero eso permite ilustrar las diferencias entre opciones y futuros. En este ejemplo, un contrato de opciones sobre oro en la Bolsa Mercantil de Chicago (CME) tiene como activo subyacente un contrato de futuros de oro COMEX.

Un inversionista de opciones puede comprar una opción de compra por una prima de $ 2,60 por contrato con un precio de ejercicio de $ 1,600 que vence en febrero de 2019. El titular de esta opción tiene una visión alcista del oro y tiene derecho a asumir la posición subyacente de futuros de oro hasta que La opción expira después del cierre del mercado el 22 de febrero de 2019. Si el precio del oro sube por encima del precio de ejercicio de $ 1,600, el inversionista ejercerá el derecho a comprar el contrato de futuros. De lo contrario, el inversor permitirá que expire el contrato de opciones. La pérdida máxima es la prima de $ 2.60 pagada por el contrato.

Contratos futuros

En cambio, el inversor puede decidir comprar un contrato de futuros sobre oro. Un contrato de futuros tiene como activo subyacente 100 onzas troy de oro. Esto significa que el comprador está obligado a aceptar 100 onzas troy de oro del vendedor en la fecha de entrega especificada en el contrato de futuros. Suponiendo que el comerciante no tenga interés en poseer el oro, el contrato se venderá antes de la fecha de entrega o se transferirá a un nuevo contrato de futuros.

A medida que el precio del oro sube o baja, la cantidad de ganancia o pérdida se acredita o carga en la cuenta del inversor al final de cada día de negociación. Si el precio del oro en el mercado cae por debajo del precio del contrato acordado por el comprador, el comprador de futuros aún está obligado a pagar al vendedor el precio del contrato más alto en la fecha de entrega.

Estrategias de negociación de opciones: una guía para principiantes

Las opciones son contratos de derivados condicionales que permiten a los compradores de los contratos (tenedores de opciones) comprar o vender un valor a un precio elegido. A los compradores de opciones se les cobra una cantidad denominada "prima" por los vendedores por dicho derecho. Si los precios de mercado son desfavorables para los tenedores de opciones, dejarán que la opción caduque sin valor, asegurando así que las pérdidas no sean superiores a la prima. Por el contrario, los vendedores de opciones (redactores de opciones) asumen un riesgo mayor que los compradores de opciones, por lo que exigen esta prima.

Las opciones se dividen en opciones de "llamada" y "venta". Con una opción de compra , el comprador del contrato adquiere el derecho a comprar el activo subyacente en el futuro a un precio predeterminado, llamado precio de ejercicio o precio de ejercicio . Con una opción de venta , el comprador adquiere el derecho a vender el activo subyacente en el futuro al precio predeterminado.

¿Por qué negociar opciones en lugar de un activo directo?
Existen algunas ventajas en las opciones comerciales. El Chicago Board of Options Exchange (CBOE) es el mayor mercado de este tipo en el mundo y ofrece opciones sobre una amplia variedad de acciones individuales, ETF e índices. 1 Los operadores pueden construir estrategias de opciones que van desde comprar o vender una sola opción hasta opciones muy complejas. que involucran múltiples posiciones de opciones simultáneas.

Las siguientes son estrategias de opciones básicas para principiantes.

Compra de llamadas (llamada larga)
Esta es la estrategia preferida para los traders que:

Son "optimistas" o confían en una acción, ETF o índice en particular y desean limitar el riesgo
Quiere utilizar el apalancamiento para aprovechar el aumento de precios

Las opciones son instrumentos apalancados, es decir, permiten a los operadores ampliar el beneficio arriesgando cantidades menores de las que se requerirían si negociaran con el activo subyacente. Un contrato de opción estándar sobre una acción controla 100 acciones del valor subyacente.

Suponga que un comerciante quiere invertir $ 5,000 en Apple (AAPL), cotizando alrededor de $ 165 por acción. Con esta cantidad, puede comprar 30 acciones por $ 4.950. Suponga entonces que el precio de las acciones aumenta un 10% a $ 181,50 durante el mes siguiente. Sin tener en cuenta las tarifas de corretaje, comisión o transacción, la cartera del operador aumentará a $ 5,445, lo que dejará al operador con un rendimiento neto en dólares de $ 495, o el 10% del capital invertido.

Ahora, digamos que una opción de compra sobre las acciones con un precio de ejercicio de $ 165 que vence aproximadamente dentro de un mes cuesta $ 5.50 por acción o $ 550 por contrato. Dado el presupuesto de inversión disponible del comerciante, él o ella puede comprar nueve opciones por un costo de $ 4,950. Debido a que el contrato de opción controla 100 acciones, el operador efectivamente está haciendo un trato con 900 acciones. Si el precio de las acciones aumenta un 10% a $ 181.50 al vencimiento, la opción vencerá en el dinero y tendrá un valor de $ 16.50 por acción ($ 181.50- $ 165 strike), o $ 14,850 en 900 acciones. Eso es un rendimiento neto en dólares de $ 9,990, o 200% sobre el capital invertido, un rendimiento mucho mayor en comparación con la negociación directa del activo subyacente. (Para obtener lecturas relacionadas, consulte " ¿Debe un inversor retener o ejercer una opción? ")

Riesgo / Recompensa: la pérdida potencial del operador de
una llamada larga se limita a la prima pagada. La ganancia
potencial es ilimitada, ya que el pago de la opción
aumentará junto con el precio del activo subyacente hasta el
vencimiento, y teóricamente no hay límite para lo alto que
puede llegar.

Compra de Puts (Long Put)
Esta es la estrategia preferida para los traders que:

Son bajistas en una acción, ETF o índice en particular, pero
quieren asumir menos riesgos que con una   estrategia de
venta en corto.
Quiere utilizar el apalancamiento para aprovechar la caída
de precios
Una opción de venta funciona exactamente de manera
opuesta a una opción de compra, y la opción de venta gana
valor a medida que el precio del subyacente disminuye. Si
bien las ventas en corto también permiten que un operador
se beneficie de la caída de los precios, el riesgo con una
posición corta es ilimitado, ya que teóricamente no hay
límite en cuanto a qué tan alto puede subir un precio. Con
una opción de venta, si el subyacente sube más allá del
precio de ejercicio de la opción, la opción simplemente
caducará sin valor.

Riesgo / Recompensa: la pérdida potencial se limita a la
prima pagada por las opciones. La ganancia máxima de la
posición tiene un tope, ya que el precio subyacente no
puede caer por debajo de cero, pero al igual que con una
opción de compra larga, la opción de venta aprovecha el
rendimiento del operador.

Llamada cubierta

Esta es la posición preferida para los comerciantes que:

No espere ningún cambio o un ligero aumento en el precio del subyacente

Están dispuestos a limitar el potencial alcista a cambio de alguna protección a la baja.

Una estrategia de compra cubierta implica comprar 100 acciones del activo subyacente y vender una opción de compra contra esas acciones. Cuando el comerciante vende la opción call, cobra la prima de la opción, lo que reduce el costo de las acciones y brinda cierta protección a la baja. A cambio, al vender la opción, el operador acepta vender acciones del subyacente al precio de ejercicio de la opción, lo que limita el potencial alcista del operador.

Suponga que un comerciante compra 1,000 acciones de BP (BP) a $ 44 por acción y simultáneamente suscribe 10 opciones de compra (un contrato por cada 100 acciones) con un precio de ejercicio de $ 46 que vence en un mes, a un costo de $ 0.25 por acción, o $ 25. por contrato y $ 250 en total para los 10 contratos. La prima de $ 0.25 reduce la base de costo de las acciones a $ 43.75, por lo que cualquier caída en el subyacente hasta este punto será compensada por la prima recibida de la posición de opción, ofreciendo así una protección limitada a la baja.

Si el precio de la acción sube por encima de $ 46 antes del vencimiento, la opción de compra corta se ejercitará (o "cancela"), lo que significa que el operador tendrá que entregar las acciones al precio de ejercicio de la opción. En este caso, el comerciante obtendrá una ganancia de 2,25 dólares por acción (precio de ejercicio de 46 dólares - base de costo de 43,75 dólares).

Sin embargo, este ejemplo implica que el comerciante no espera que BP se mueva por encima de $ 46 o significativamente por debajo de $ 44 durante el próximo mes. Siempre que las acciones no superen los $ 46 y sean canceladas antes de que expiren las opciones, el comerciante mantendrá la prima libre y clara y podrá continuar vendiendo llamadas contra las acciones si así lo desea.

Riesgo / Recompensa: si el precio de la acción sube por encima del precio de ejercicio antes del vencimiento, se puede ejercer la opción de compra corta y el comerciante tendrá que entregar acciones del subyacente al precio de ejercicio de la opción, incluso si está por debajo del precio de mercado. A cambio de este riesgo, una estrategia de compra cubierta proporciona una protección limitada a la baja en forma de prima recibida al vender la opción de compra.

Ponga protectora
Esta es la estrategia preferida para los traders que:

Poseer el activo subyacente y querer protección a la baja.

Un put de protección es un put largo, como la estrategia que discutimos anteriormente; sin embargo, el objetivo, como su nombre lo indica, es la protección a la baja en lugar de intentar sacar provecho de un movimiento a la baja. Si un comerciante posee acciones sobre las que es optimista a largo plazo, pero quiere protegerse contra una caída a corto plazo, puede comprar una opción de venta protectora.

Si el precio del subyacente aumenta y está por encima del precio de ejercicio de la opción put al vencimiento , la opción vence sin valor y el operador pierde la prima, pero aún tiene el beneficio del aumento del precio del subyacente. Por otro lado, si el precio subyacente disminuye, la posición de la cartera del operador pierde valor, pero esta pérdida está cubierta en gran medida por la ganancia de la posición de la opción de venta. Por lo tanto, el puesto puede considerarse efectivamente como una estrategia de seguro.

El comerciante puede establecer el precio de ejercicio por debajo del precio actual para reducir el pago de la prima a expensas de disminuir la protección a la baja. Esto se puede considerar como un seguro deducible. Supongamos, por ejemplo, que un inversor compra 1.000 acciones de Coca-Cola (KO) a un precio de 44 dólares y quiere proteger la inversión de movimientos de precios adversos durante los próximos dos meses. Están disponibles las siguientes opciones de venta:

Opciones de junio de 2018

Prima

$ 44 puesto

$ 1.23

$ 42 puesto

$ 0.47

$ 40 puesto

0,20 USD

La tabla muestra que el costo de protección aumenta con el nivel de la misma. Por ejemplo, si el comerciante quiere proteger la inversión de cualquier descenso en el precio, él o ella puede comprar 10 at-the-money opciones de venta a un precio de ejercicio de $ 44 para $ 1.23 por acción, o $ 123 por contrato, por un costo total de $ 1,230. Sin embargo, si el comerciante está dispuesto a tolerar algún nivel de riesgo a la baja, puede elegir opciones fuera del dinero menos costosas , como una opción de venta de $ 40. En este caso, el costo de la posición de opción será mucho menor a solo $ 200.

Riesgo / Recompensa: si el precio del subyacente permanece igual o aumenta, la pérdida potencial se limitará a la prima de la opción, que se paga como seguro. Sin embargo, si el precio del subyacente cae, la pérdida de capital se compensará con un aumento en el precio de la opción y se limitará a la diferencia entre el precio inicial de la acción y el precio de ejercicio más la prima pagada por la opción. En el ejemplo anterior, al precio de ejercicio de \$ 40, la pérdida se limita a \$ 4,20 por acción (\$ 44 - \$ 40 + \$ 0,20).

Otras estrategias de opciones

Estas estrategias pueden ser un poco más complejas que simplemente comprar opciones de compra o venta, pero están diseñadas para ayudarlo a administrar mejor el riesgo del comercio de opciones:

Estrategia de compra cubierta o estrategia de compra-venta: se compran acciones y el inversor vende opciones de compra sobre las mismas acciones. La cantidad de acciones que compró debe ser idéntica a la cantidad de contratos de opciones de compra que vendió.

Estrategia de venta casada: después de comprar una acción, el inversor compra opciones de venta por un número equivalente de acciones. La opción de compra casada funciona como una póliza de seguro contra pérdidas a corto plazo con opciones de compra con un precio de ejercicio específico. Al mismo tiempo, venderá la misma cantidad de opciones de compra a un precio de ejercicio más alto.

Estrategia de collar de protección: un inversor compra una opción de venta fuera del dinero, mientras que al mismo tiempo suscribe una opción de compra fuera del dinero para las mismas acciones.

Estrategia Long Straddle: el inversor compra una opción de compra y una opción de venta al mismo tiempo. Ambas opciones deben tener el mismo precio de ejercicio y fecha de vencimiento.

Estrategia de estrangulamiento prolongado: el inversor compra una opción de compra fuera del dinero y una opción de venta al mismo tiempo. Tienen la misma fecha de vencimiento pero diferentes precios de ejercicio. El precio de ejercicio de la opción put debería estar por debajo del precio de ejercicio de la opción call.

La línea de fondo

Las opciones ofrecen estrategias alternativas para que los inversores se beneficien de la negociación de valores subyacentes. Existe una variedad de estrategias que involucran diferentes combinaciones de opciones, activos subyacentes y otros derivados. Las estrategias básicas para principiantes incluyen comprar llamadas, comprar opciones, vender llamadas cubiertas y comprar opciones de protección. Las opciones de negociación tienen ventajas en lugar de los activos subyacentes, como la protección a la baja y los rendimientos apalancados, pero también existen desventajas como el requisito del pago de la prima por adelantado. El primer paso para negociar opciones es elegir un corredor.

GESTIONAR UNA CARTERA

Tolerancia al riesgo y su cartera personal

A muchos de nosotros nos encantaría administrar nuestras propias inversiones, pero puede ser abrumador saber por dónde empezar. ¿Usamos acciones, bonos, futuros, materias primas o bienes raíces? ¿Debemos ir en largo, comprar con margen, vender en corto una acción o poner todo en CD?

Por supuesto, podría profundizar en estos temas de forma individual, pero si está tratando de administrar su propio riesgo, primero debe determinar su tolerancia al riesgo . Desde allí, puede administrar sus cuentas en función de la cantidad de riesgo que desea asumir y la cantidad de administración activa que desea realizar.

Determinar su tolerancia al riesgo
La tolerancia al riesgo es un aspecto increíblemente importante para comenzar a invertir. Dependiendo de su edad, ingresos, inversiones y objetivos, se clasificará en una de las cinco categorías de riesgo:

Muy agresivo
Agresivo
Equilibrado
Conservador
Muy conservador

La forma más fácil de tener una idea de en qué extremo del espectro se encuentra es ir por edad. Si es joven y recién comienza su carrera, caerá hacia el lado muy agresivo del espectro, mientras que si es mayor y se acerca a la jubilación, es probable que esté cerca del lado muy conservador. Realice un cuestionario de tolerancia al riesgo para determinar exactamente dónde se encuentra.

Hay algunas variaciones leves, pero la gestión de su riesgo es similar en las cinco categorías.

Gestión del riesgo como inversor muy agresivo
Si califica como un inversionista muy agresivo, tiene las cosas bastante fáciles. En pocas palabras, querrá que todas sus inversiones estén en acciones (acciones) y ninguna en bonos (renta fija). Algunos pueden argumentar que tener una pequeña porción en bonos es esencial, pero la verdad es que necesita el mayor crecimiento para darle a su cuenta un gran impulso mientras es joven.

Tener una cartera de acciones al 100 por ciento también significa que está asumiendo muchos riesgos. Para gestionar ese riesgo, la mayoría de la gente pondrá todo su dinero en fondos mutuos . Estos fondos se distribuyen en cientos de acciones diferentes y minimizan el riesgo de que cualquier empresa entre en quiebra y arruine el fondo.

Por ejemplo, tome Enron: podría haber ganado un montón de dinero invirtiendo todo en esta empresa, pero lo habría perdido todo cuando se declaró en quiebra. Los fondos mutuos ayudan a minimizar el riesgo de seguridad única.

Tenga en cuenta que aún querrá tener un fondo de emergencia equivalente en efectivo, capital en su casa y otras cuentas que no sean de inversión, por lo que realmente no tendrá todo invertido en acciones.

(Para obtener más información, consulte Cómo construir una cartera de alto riesgo).

Gestión del riesgo como inversor agresivo

Al igual que el inversor muy agresivo, como inversor agresivo, querrá tener una gran parte de su cuenta invertida en acciones. Sin embargo, su cuenta también incorporará acciones de gran capitalización , aquellas empresas que están bien establecidas y el riesgo de quiebra es mínimo, y algunos bonos. Las grandes capitalizaciones y los bonos no crecerán tan rápido como otras acciones, pero si la economía está en una recesión, tampoco perderán tanto valor.

Su mayor riesgo aquí es similar al del inversor muy agresivo. Desea distribuir el riesgo con fondos mutuos para no perder todo (o una gran parte) en una recesión del mercado. Esto significa que si tiene acciones de la empresa que ha acumulado a lo largo de los años, puede ser el momento de cobrar algunas de ellas para redistribuir el riesgo.

Un inversionista agresivo tendrá una cuenta que se encuentra entre el 70 y el 90 por ciento de acciones, y el 10 al 30 por ciento restante se asignará a la renta fija.

Gestión del riesgo como inversor equilibrado

Aquellos que se encuentran en una etapa avanzada de sus carreras laborales, pero aún a una o dos décadas de la jubilación, probablemente serán inversores equilibrados. Ha terminado de asumir riesgos sustanciales y ahora desea un crecimiento constante. Su mayor riesgo es que una gran recesión del mercado (como la que vimos en 2008 y 2009) pueda devastar sus inversiones y hacer que sus planes de jubilación se descarten por completo.

Para combatir este riesgo, debe invertir en más acciones y posiblemente buscar algunas inversiones alternativas . Cambiar su asignación a acciones entre el 40 y el 70 por ciento minimizará muchas de las fluctuaciones del mercado. Al mirar el gráfico de sus inversiones, el crecimiento será más constante, pero más lento que el de sus contrapartes agresivas.

Mantener más dinero en efectivo mientras busca bienes raíces y metales preciosos ayudará a mantener su cuenta en una quilla más equilibrada que tener todo invertido tradicionalmente.

(Para obtener más información sobre el riesgo y el rendimiento, consulte Perspectivas sobre la relación riesgo-rendimiento).

Gestión del riesgo como inversor conservador
Cuando haya establecido una fecha de jubilación firme, es probable que caiga directamente en la categoría de inversionista conservador. Ya no quiere correr el riesgo de perder grandes porciones de su cuenta, pero aún necesita cierto riesgo para crecer más rápido que la inflación.

Su asignación cambiará a entre el 20 y el 40 por ciento de acciones. Estas acciones serán casi todas de gran capitalización (y probablemente las que pagan dividendos) para mantener baja la volatilidad . Su perfil de riesgo cambia del riesgo de perder dinero al riesgo de que su cuenta no crezca lo suficientemente rápido. Sin las acciones agresivas, su cuenta crece más lentamente, pero no cae tanto durante las recesiones.

Afortunadamente, para este período, los otros gastos de su vida deben minimizarse (casa pagada, préstamos escolares desaparecidos, niños en la universidad) y puede dedicar más de sus ingresos a sus inversiones.

Gestión del riesgo como inversor muy conservador
Para cuando se encuentre dentro de unos años de jubilación, su cuenta debería volverse muy conservadora. Querrá muy poco riesgo y su objetivo puede ser simplemente preservar su dinero en lugar de aumentarlo. Tendrá las cosas arregladas para que pueda mantenerse al día con la inflación en lugar de hacer crecer su cuenta.

Básicamente, para negar el riesgo, su cuenta tendrá hasta un 20 por ciento de acciones. Usted querrá tener varios años de ingresos invertidos en equivalentes de efectivo (una escalera de CD es excelente para esto). El razonamiento es que necesita eliminar el riesgo de una recesión del mercado de tres a cinco años. No desea aprovechar sus inversiones cuando el mercado está en un nivel bajo, por lo que durante los años está disminuyendo y luego subiendo, usted paga los gastos de subsistencia con los ahorros en efectivo. Cuando el mercado se haya recuperado, puede retirar fondos para reponer sus fuentes de efectivo agotadas.

Sus años más conservadores serán los cinco antes de la jubilación hasta los cinco siguientes. Durante estos años, no puede permitirse perder dinero mientras determina su estilo de vida de jubilación y sus necesidades de ingresos. Después de unos años de jubilación, puede comenzar a asumir más riesgos. Tenga en cuenta que a los 80 años probablemente no gastará tanto.

La línea de fondo

La cantidad de riesgo que está dispuesto a asumir es la clave para crear una cartera que satisfaga sus necesidades, pero no puede evaluar esto una sola vez. Cada año o dos debe reevaluar su tolerancia al riesgo. Luego, debe continuar ajustando su cartera según sea necesario para mantenerla en línea con su tolerancia al riesgo.

Los objetivos de todos serán diferentes, por lo que si bien estos consejos para administrar el riesgo funcionarán para la mayoría de las personas, no funcionarán para todos. Algunos querrán ser más prácticos; otros querrán tener más manos libres. Encuentre una estrategia de inversión que sea adecuada para usted, luego asegúrese de basar sus inversiones en la lógica en lugar de la emoción.

La importancia de la diversificación

¿Qué es la diversificación en la inversión?

La diversificación es una técnica que reduce el riesgo al asignar inversiones en varios instrumentos financieros, industrias y otras categorías. Su objetivo es maximizar los rendimientos invirtiendo en diferentes áreas que reaccionarían de manera diferente al mismo evento.

La mayoría de los profesionales de la inversión están de acuerdo en que, aunque no garantiza contra pérdidas, la diversificación es el componente más importante para alcanzar metas financieras a largo plazo y minimizar el riesgo. Aquí, analizamos por qué esto es cierto y cómo lograr la diversificación en su cartera .

CONCLUSIONES CLAVE

La diversificación reduce el riesgo al invertir en vehículos que abarcan diferentes instrumentos financieros, industrias y otras categorías.

El riesgo no sistemático se puede mitigar mediante la diversificación, mientras que el riesgo sistémico o de mercado es generalmente inevitable.

Equilibrar una cartera diversificada puede ser complicado y costoso, y puede conllevar menores recompensas porque el riesgo se mitiga.

Entender la diversificación en la inversión

Digamos que tiene una cartera que solo tiene acciones de aerolíneas. Los precios de las acciones caerán después de cualquier mala noticia, como una huelga de pilotos indefinida que finalmente cancelará los vuelos. Esto significa que su cartera experimentará una notable caída de valor .

Puede contrarrestar estas acciones con algunas acciones de ferrocarriles, por lo que solo una parte de su cartera se verá afectada. De hecho, existe una muy buena posibilidad de que los precios de estas acciones aumenten, ya que los pasajeros buscan modos de transporte alternativos.

Podría diversificarse aún más debido a los riesgos asociados con estas empresas. Eso es porque cualquier cosa que afecte a los viajes perjudicará a ambas industrias . Los estadísticos pueden decir que las existencias ferroviarias y aéreas tienen una fuerte correlación . Esto significa que debe diversificarse en todos los ámbitos: diferentes industrias, así como diferentes tipos de empresas. Cuanto menos correlacionadas estén sus acciones, mejor.

Al diversificar, se asegura de no poner todos sus huevos en una canasta.

Asegúrese también de diversificar entre diferentes clases de activos. Los diferentes activos , como los bonos y las acciones, no reaccionan de la misma manera a los eventos adversos. Una combinación de clases de activos como acciones y bonos reducirá la sensibilidad de su cartera a las variaciones del mercado porque se mueven en direcciones opuestas. Entonces, si diversifica, los movimientos desagradables en uno se compensarán con resultados positivos en otro.

Y no olvide la ubicación, ubicación, ubicación. Busque oportunidades más allá de sus propias fronteras geográficas. Después de todo, es posible que la volatilidad en los Estados Unidos no afecte a las acciones y bonos en Europa, por lo que invertir en esa parte del mundo puede minimizar y compensar los riesgos de invertir en casa.

Cuántas acciones debería tener

Obviamente, poseer cinco acciones es mejor que poseer una, pero llega un momento en el que agregar más acciones a su cartera deja de marcar la diferencia. Existe un debate sobre cuántas acciones se necesitan para reducir el riesgo mientras se mantiene un alto rendimiento. La visión más convencional sostiene que un inversor puede lograr una diversificación óptima con solo entre 15 y 20 acciones distribuidas en varias industrias.

Diferentes tipos de riesgo

Los inversores se enfrentan a dos tipos principales de riesgo cuando invierten. El primero se conoce como riesgo sistemático o de mercado . Este tipo de riesgo está asociado a todas las empresas. Las causas comunes incluyen tasas de inflación, tipos de cambio , inestabilidad política, guerra y tasas de interés. Esta categoría de riesgo no es específica de ninguna empresa o industria y no se puede eliminar ni reducir mediante la diversificación. Es una forma de riesgo que todos los inversores deben aceptar.

El riesgo sistemático afecta al mercado en su totalidad, no solo a un vehículo o industria de inversión en particular.

El segundo tipo de riesgo es diversificable o no sistemático. Este riesgo es específico de una empresa, industria, mercado, economía o país. Las fuentes más comunes de riesgo no sistemático son el riesgo empresarial y el riesgo financiero . Debido a que es diversificable, los inversores pueden reducir su exposición mediante la diversificación. Por tanto, el objetivo es invertir en varios activos para que no todos se vean afectados de la misma forma por los acontecimientos del mercado.

Problemas con la diversificación

Los profesionales siempre están promocionando la importancia de la diversificación, pero esta estrategia tiene algunas desventajas. En primer lugar, puede resultar algo engorroso administrar una cartera diversa, especialmente si tiene varias participaciones e inversiones.

La diversificación también puede resultar cara. No todos los vehículos de inversión cuestan lo mismo, por lo que comprar y vender afectará su resultado final, desde las tarifas de transacción hasta los cargos de corretaje. Y dado que un mayor riesgo viene con mayores recompensas, puede terminar limitando sus ganancias.

A continuación, considere lo complicado que puede ser. Por ejemplo, se han creado muchos productos de inversión sintéticos para adaptarse a los niveles de tolerancia al riesgo de los inversores. Estos productos suelen ser complejos y no están destinados a principiantes ni a pequeños inversores. Aquellos con experiencia de inversión limitada y respaldo financiero deben considerar comprar bonos para diversificarse frente al riesgo del mercado de valores.

Desafortunadamente, incluso el mejor análisis de una empresa y sus estados financieros no puede garantizar que no será una inversión con pérdidas. La diversificación no evitará una pérdida, pero puede reducir el impacto del fraude y la mala información en su cartera.

Preguntas frecuentes sobre diversificación en la inversión
¿Qué significa la diversificación en la inversión?

La diversificación es una estrategia que tiene como objetivo mitigar el riesgo y maximizar los retornos mediante la asignación de fondos de inversión en diferentes vehículos, industrias, empresas y otras categorías.

¿Qué es un ejemplo de inversión diversificada?
Una cartera de inversiones diversificada incluye diferentes clases de activos, como acciones, bonos y otros valores. Pero eso no es todo. Estos vehículos se diversifican mediante la compra de acciones en diferentes empresas, clases de activos e industrias. Por ejemplo, la cartera de un inversor diversificada puede incluir acciones formadas por empresas minoristas, de transporte y de consumo básico, así como bonos, emitidos tanto por empresas como por gobiernos. Una mayor diversificación puede incluir cuentas del mercado monetario y efectivo.

¿Qué sucede cuando diversifica sus inversiones?
Cuando diversifica sus inversiones, reduce la cantidad de riesgo al que está expuesto para maximizar sus rendimientos. Si bien existen ciertos riesgos que no puede evitar, como los riesgos sistémicos, puede protegerse contra riesgos no sistemáticos como los riesgos comerciales o financieros.

La línea de fondo
La diversificación puede ayudar a un inversor a gestionar el riesgo y reducir la volatilidad de los movimientos de precios de un activo. Sin embargo, recuerde que no importa cuán diversificada esté su cartera, el riesgo nunca se puede eliminar por completo.

Puede reducir el riesgo asociado con las acciones individuales, pero los riesgos generales del mercado afectan a casi todas las acciones, por lo que también es importante diversificar entre diferentes clases de activos . La clave es encontrar un medio feliz entre riesgo y rendimiento. Esto asegura que pueda alcanzar sus metas financieras sin dejar de descansar bien por la noche.

⬚

Cómo calcular los retornos de inversión de su cartera

El principal objetivo de la inversión es ganar dinero. Aunque no puede predecir cómo funcionará su cartera de inversiones , existen diferentes métricas que pueden ayudarlo a determinar qué tan lejos puede llegar su dinero. Uno de ellos se llama retorno de la inversión (ROI), que puede medir el éxito de una inversión. Esta es una métrica importante para cualquier inversor porque mide directamente el rendimiento de esa inversión en relación con su costo.

Para calcular el ROI, divida el costo de la inversión por su rendimiento. Aunque no es una ciencia perfecta, este es un indicador básico de la eficacia de una inversión en relación con una cartera completa. Pero, ¿qué pasa si quieres saber qué tan bien funcionará tu cartera? Siga leyendo para saber cómo puede calcular sus rendimientos.

CONCLUSIONES CLAVE
Para calcular los retornos de su inversión, recopile el costo total de sus inversiones y el retorno histórico promedio, y defina el período de tiempo para el cual desea calcular sus retornos.

Puede utilizar el rendimiento del período de tenencia para comparar los rendimientos de las inversiones mantenidas durante diferentes períodos de tiempo.

Tendrá que ajustar los flujos de efectivo si se depositó o retiró dinero de su (s) cartera (s).

La anualización de los rendimientos puede hacer que los rendimientos de varios períodos sean más comparables con otras carteras o inversiones potenciales.

Cálculo de la rentabilidad de una cartera completa

Como se mencionó anteriormente, existen incertidumbres que vienen con la inversión, por lo que no necesariamente podrá predecir cuánto dinero ganará o si ganará algo. Después de todo, hay fuerzas del mercado en juego que pueden afectar el rendimiento de cualquier activo , incluidos factores económicos, fuerzas políticas, sentimiento del mercado e incluso acciones corporativas. Pero eso no significa que no debas calcular las cifras.

Calcular el rendimiento de las inversiones individuales puede ser una hazaña muy exhaustiva, especialmente si tiene su dinero distribuido en diferentes vehículos de inversión mantenidos por una variedad de empresas e instituciones diferentes.

Pero antes de calcular el rendimiento de su inversión, identifique y recopile los datos necesarios. Necesitará saber lo siguiente:

El costo total de sus inversiones, incluidas las tarifas y comisiones

El rendimiento medio de todas sus inversiones

Una vez que tenga los datos preparados, querrá tener en cuenta algunas cosas. Lo primero es definir el período de tiempo durante el cual desea calcular los retornos: diario, semanal, mensual, trimestral o anual. Debe establecer un valor liquidativo (NAV) de cada posición en cada cartera para los períodos de tiempo y anotar los flujos de efectivo, si corresponde.

Recuerde definir el período de tiempo para el que desea calcular sus devoluciones.

Celebración de regreso

Una vez que defina sus períodos de tiempo y resuma el NAV de la cartera, puede comenzar a hacer sus cálculos. La forma más sencilla de calcular un rendimiento básico se llama rendimiento del período de tenencia .

Aquí está la fórmula para calcular el rendimiento del período de tenencia:

HPR = Ingresos + (Valor de fin de período - Valor inicial) ÷ Valor inicial

Este rendimiento / rendimiento es una herramienta útil para comparar los rendimientos de las inversiones mantenidas durante diferentes períodos de tiempo. Simplemente calcula la diferencia porcentual de un período a otro del valor liquidativo total de la cartera e incluye los ingresos por dividendos o intereses . En esencia, es el rendimiento total de mantener una cartera de activos, o un activo singular, durante un período de tiempo específico.

Ajuste de los flujos de efectivo

Deberá ajustar el tiempo y la cantidad de flujos de efectivo si se depositó o retiró dinero de su (s) cartera (s). Entonces, si depositó $ 100 en su cuenta a mediados de mes, el NAV de fin de mes de la cartera tiene $ 100 adicionales que no se debieron a los rendimientos de la inversión cuando calcula un rendimiento mensual. Esto se puede ajustar mediante varios cálculos, según las circunstancias.

El método Dietz modificado es una fórmula popular para ajustar los flujos de efectivo. El uso de un cálculo de la tasa interna de rendimiento (TIR) con una calculadora financiera también es una forma eficaz de ajustar los rendimientos de los flujos de efectivo. La TIR es una tasa de descuento que hace que el valor actual neto sea cero. Se utiliza para medir la rentabilidad potencial de una inversión.

Rentabilidad anualizada
Una práctica común es anualizar los rendimientos de los rendimientos de varios períodos. Esto se hace para que los rendimientos sean más comparables entre otras carteras o inversiones potenciales. Permite un denominador común al comparar rendimientos.

Un rendimiento anualizado es un promedio geométrico de la cantidad de dinero que gana una inversión cada año. Muestra lo que se podría haber ganado durante un período de tiempo si los rendimientos se hubieran compuesto. El rendimiento anualizado no da una indicación de la volatilidad experimentada durante el período de tiempo correspondiente. Esa volatilidad se puede medir mejor utilizando la desviación estándar , que mide cómo se dispersan los datos en relación con su media.

Un ejemplo de cálculo de la rentabilidad de la cartera
La suma total de las posiciones en una cuenta de corretaje es de $ 1,000 al comienzo del año y $ 1,350 al final del año. Se pagó un dividendo el 30 de junio. El titular de la cuenta depositó $ 100 el 31 de marzo. El rendimiento del año es del 16,3% después de ajustar por el flujo de efectivo de $ 100 en la cartera en un cuarto del año.

¿Qué son las acciones corporativas?

Cuando una empresa que cotiza en bolsa emite una acción corporativa , está haciendo algo que afectará el precio de sus acciones. Si es accionista o está considerando comprar acciones de una empresa, debe comprender cómo afectará una acción a las acciones de la empresa. Una acción corporativa también puede decirle mucho sobre la salud financiera de una empresa y su futuro a corto plazo.

Ejemplos
Las acciones corporativas incluyen escisiones de acciones , dividendos , fusiones y adquisiciones , emisiones de derechos y escisiones . Todas estas son decisiones importantes que normalmente deben ser aprobadas por la junta directiva de la empresa y autorizadas por sus accionistas.

La división de acciones

Una división de acciones, a veces llamada acción de bonificación, divide el valor de cada una de las acciones en circulación de una empresa. Una división de acciones de dos por uno es lo más común. Un inversor que posea una acción automáticamente poseerá dos acciones, cada una con un valor exacto de la mitad del precio de la acción original.

Entonces, la compañía acaba de reducir el precio de sus propias acciones a la mitad. Inevitablemente, el mercado ajustará el precio al alza el día en que se implemente la división.

Los efectos: los accionistas actuales son recompensados y los compradores potenciales están más interesados.

En particular, hay dos veces más acciones ordinarias que antes de la división. Sin embargo, una división de acciones no es un evento, porque no afecta el capital social de una empresa o su capitalización de mercado . Solo cambia el número de acciones en circulación.

La división de acciones es gratificante para los accionistas, tanto de inmediato como a largo plazo. Incluso después de esa explosión inicial, a menudo aumentan el precio de las acciones. Los inversores cautelosos pueden preocuparse de que las divisiones repetidas de acciones den como resultado la creación de demasiadas acciones.

La división inversa
Una división inversa sería implementada por una empresa que quiere forzar al alza el precio de sus acciones.

Por ejemplo, un accionista que posee 10 acciones valoradas en $ 1 cada una tendrá solo una acción después de una división inversa de 10 por una, pero esa acción se valorará en $ 10.

Una división inversa puede ser una señal de que las acciones de la compañía se han hundido tanto que sus ejecutivos quieren apuntalar el precio, o al menos hacer que parezca que las acciones son más fuertes. Es posible que la empresa incluso deba evitar ser categorizada como una acción de un centavo .

En otros casos, una empresa puede utilizar una división inversa para expulsar a los pequeños inversores.

Dividendos
Una empresa puede emitir dividendos en efectivo o en acciones. Por lo general, se pagan en períodos específicos, generalmente trimestrales o anuales. Básicamente, son una parte de las ganancias de la empresa que se pagan a los propietarios de las acciones.

Los pagos de dividendos afectan el capital social de una empresa. Se reduce el capital distribuible (utilidades retenidas y / o capital pagado).

Un dividendo en efectivo es sencillo. A cada accionista se le paga una determinada cantidad de dinero por cada acción. Si un inversionista posee 100 acciones y el dividendo en efectivo es de $ 0.50 por acción, el propietario recibirá $ 50.

Un dividendo en acciones también proviene de acciones distribuibles, pero en forma de acciones en lugar de efectivo. Si el dividendo en acciones es del 10%, por ejemplo, el accionista recibirá una acción adicional por cada 10 que posea.

Si la empresa tiene un millón de acciones en circulación, el dividendo en acciones aumentaría sus acciones en circulación a un total de 1,1 millones. En particular, el aumento de acciones diluye las ganancias por acción , por lo que el precio de las acciones disminuiría.

La distribución de un dividendo en efectivo indica a un inversor que la empresa tiene importantes ganancias retenidas de las que los accionistas pueden beneficiarse directamente. Al utilizar su capital retenido o cuenta de capital pagado , una empresa indica que espera tener pocos problemas para reemplazar esos fondos en el futuro.

Sin embargo, cuando una acción en crecimiento comienza a emitir dividendos, muchos inversores concluyen que una empresa que estaba creciendo rápidamente se está preparando para una tasa de crecimiento estable pero nada espectacular.

Problemas de derechos
Una empresa que implementa una emisión de derechos ofrece acciones adicionales o nuevas solo a los accionistas actuales. Los accionistas existentes tienen derecho a comprar o recibir estas acciones antes de que se ofrezcan al público.

Una emisión de derechos tiene lugar regularmente en forma de división de acciones y, en cualquier caso, puede indicar que se está ofreciendo a los accionistas existentes la oportunidad de aprovechar un nuevo desarrollo prometedor.

Fusiones y adquisiciones

Una fusión ocurre cuando dos o más empresas se combinan en una y todas las partes involucradas están de acuerdo con los términos. Por lo general, una empresa cede sus acciones a la otra.

Cuando una empresa emprende una fusión, los accionistas pueden recibirla como una expansión. Por otro lado, podrían concluir que la industria se está reduciendo, lo que obliga a la empresa a engullir a la competencia para seguir creciendo.

En una adquisición , una empresa compra una participación mayoritaria de las acciones de una empresa objetivo . Las acciones no se intercambian ni se fusionan. Las adquisiciones pueden ser amistosas u hostiles .

También es posible una fusión inversa. En este escenario, una empresa privada adquiere una empresa pública, normalmente una que no prospera. La empresa privada acaba de transformarse en una empresa que cotiza en bolsa sin pasar por el tedioso proceso de una oferta pública inicial . Puede cambiar su nombre y emitir nuevas acciones.

El spin-off

Una escisión ocurre cuando una empresa pública existente vende una parte de sus activos o distribuye nuevas acciones para crear una nueva empresa independiente.

A menudo, las nuevas acciones se ofrecerán mediante una emisión de derechos a los accionistas existentes antes de que se ofrezcan a nuevos inversores. Una escisión podría indicar una empresa lista para asumir un nuevo desafío o una que está reenfocando las actividades del negocio principal.

Por qué los dividendos son importantes para los inversores

"Lo único que me da placer es ver entrar mi dividendo". - John D. Rockefeller.

Una de las formas más sencillas para que las empresas comuniquen el bienestar financiero y el valor para los accionistas es decir "el cheque de dividendos está en el correo". Los dividendos, esas distribuciones en efectivo que muchas empresas pagan regularmente a partir de las ganancias a los accionistas, envían un mensaje claro y poderoso sobre las perspectivas y el rendimiento futuros. La voluntad y la capacidad de una empresa para pagar dividendos constantes a lo largo del tiempo, y su poder para aumentarlos, proporcionan buenas pistas sobre sus fundamentos .

CONCLUSIONES CLAVE
La capacidad de una empresa para pagar dividendos regulares, o distribuciones de efectivo, contribuye en gran medida a comunicar su fortaleza y sostenibilidad fundamentales a los accionistas.

En general, las empresas maduras de crecimiento más lento tienden a pagar dividendos regulares, mientras que las empresas más jóvenes y de crecimiento más rápido prefieren reinvertir el dinero en el crecimiento.

El rendimiento por dividendo mide cuántos ingresos se han recibido en relación con el precio de la acción; un rendimiento más alto es más atractivo, mientras que un rendimiento más bajo puede hacer que una acción parezca menos competitiva en relación con su industria.

El índice de cobertura de dividendos, el índice entre las ganancias y el dividendo neto que reciben los accionistas, es una medida importante del bienestar de una empresa.

Las empresas con un historial de pagos crecientes de dividendos que los recortan repentinamente pueden estar teniendo problemas financieros; empresas similares y maduras que se aferran a una gran cantidad de efectivo también pueden estar teniendo problemas.

Fundamentos de la señal de dividendos

Antes de que la ley obligara a las empresas a divulgar información financiera en la década de 1930, la capacidad de una empresa para pagar dividendos era uno de los pocos signos de su salud financiera . A pesar de la Ley de Bolsa y Valores de 1934 y la mayor transparencia que aportó a la industria, los dividendos siguen siendo un criterio valioso de las perspectivas de una empresa.

Normalmente, las empresas maduras y rentables pagan dividendos. Sin embargo, las empresas que no pagan dividendos no necesariamente carecen de beneficios . Si una empresa piensa que sus propias oportunidades de crecimiento son mejores que las oportunidades de inversión disponibles para los accionistas en otros lugares, a menudo se queda con las ganancias y las reinvierte en el negocio. Por estas razones, pocas empresas de "crecimiento" pagan dividendos. Pero incluso las empresas maduras, si bien gran parte de sus ganancias pueden distribuirse como dividendos, aún necesitan retener suficiente efectivo para financiar la actividad comercial y manejar contingencias.

Ejemplo de dividendo

La progresión de Microsoft (MSFT) a lo largo de su ciclo de vida demuestra la relación entre dividendos y crecimiento. Cuando la creación de Bill Gates fue una preocupación cada vez mayor, no pagó dividendos pero reinvirtió todas las ganancias para impulsar un mayor crecimiento. Finalmente, este " gorila " de software de 800 libras llegó a un punto en el que ya no podía crecer al ritmo sin precedentes que había mantenido durante tanto tiempo.

Entonces, en lugar de recompensar a los accionistas mediante la revalorización del capital , la empresa comenzó a utilizar dividendos y recompras de acciones como una forma de mantener el interés de los inversores. El plan se anunció en julio de 2004, casi 18 años después de la OPI de la empresa . El plan de distribución de efectivo puso casi $ 75 mil millones en valor en los bolsillos de los inversionistas a través de un nuevo dividendo trimestral de 8 centavos , un dividendo especial único de $ 3 y un programa de recompra de acciones de $ 30 mil millones que se extiende por cuatro años. En 2019, la empresa sigue pagando dividendos con un rendimiento del 1,32%.

El rendimiento de dividendos

A muchos inversores les gusta ver el rendimiento de los dividendos , que se calcula como el ingreso anual por dividendos por acción dividido por el precio actual de la acción . El rendimiento por dividendo mide la cantidad de ingresos recibidos en proporción al precio de la acción. Si una empresa tiene un rendimiento de dividendos bajo en comparación con otras empresas de su sector, puede significar dos cosas: (1) el precio de la acción es alto porque el mercado considera que la empresa tiene perspectivas impresionantes y no está demasiado preocupado por los pagos de dividendos de la empresa. , o (2) la empresa tiene problemas y no puede pagar dividendos razonables. Al mismo tiempo, sin embargo, una empresa con un alto rendimiento de dividendo podría estar indicando que está enfermo y tiene un deprimido precio de la acción.

El rendimiento de los dividendos tiene poca importancia al evaluar las empresas en crecimiento porque, como comentamos anteriormente, las ganancias retenidas se reinvertirán en oportunidades de expansión, dando a los accionistas ganancias en forma de ganancias de capital (piense en Microsoft).

Si bien una empresa que tiene un alto rendimiento por dividendo suele ser positiva, en ocasiones puede indicar que una empresa tiene problemas económicos y un precio de las acciones deprimido.

Ratio de cobertura de dividendos

Cuando evalúe las prácticas de pago de dividendos de una empresa, pregúntese si la empresa puede permitirse pagar el dividendo. La relación entre las ganancias de una empresa y el dividendo neto pagado a los accionistas, conocida como cobertura de dividendos, sigue siendo una herramienta muy utilizada para medir si las ganancias son suficientes para cubrir las obligaciones de dividendos . La relación se calcula como las ganancias por acción divididas por el dividendo por acción . Cuando la cobertura se reduce, hay buenas probabilidades de que haya un recorte de dividendos, lo que puede tener un impacto nefasto en la valoración . Los inversores pueden sentirse seguros con un índice de coberturade 2 o 3. En la práctica, sin embargo, el índice de cobertura se convierte en un indicador urgente cuando la cobertura cae por debajo de 1,5, momento en el que las perspectivas comienzan a parecer riesgosas. Si la proporción es menor a 1, la compañía está usando sus ganancias retenidas del año pasado para pagar el dividendo de este año.

Al mismo tiempo, si el pago es muy alto, digamos por encima de 5, los inversores deben preguntarse si la gerencia está reteniendo el exceso de ganancias y no está pagando suficiente efectivo a los accionistas. Los gerentes que aumentan sus dividendos les dicen a los inversionistas que el curso de los negocios durante los próximos 12 meses o más será estable.

El temido recorte de dividendos

Si una empresa con un historial de pagos de dividendos en constante aumento recorta repentinamente sus pagos, los inversores deberían tratar esto como una señal de que se avecinan problemas.

Si bien un historial de dividendos constantes o crecientes es ciertamente tranquilizador, los inversores deben tener cuidado con las empresas que dependen de los préstamos para financiar esos pagos. Tomemos, por ejemplo, la industria de servicios públicos , que una vez atrajo a inversores con ganancias confiables y grandes dividendos. Como algunas de esas empresas estaban desviando efectivo hacia oportunidades de expansión mientras intentaban mantener los niveles de dividendos, tuvieron que asumir mayores niveles de deuda . Tenga cuidado con las empresas con una relación deuda-capital superior al 60%. Los niveles de deuda más altos a menudo generan presiones de Wall Street y de las agencias calificadoras de deuda . Eso, a su vez, puede obstaculizar la capacidad de una empresa para pagar sus dividendos.

Gran disciplinario

Los dividendos aportan más disciplina a la toma de decisiones de inversión de la dirección. Mantener las ganancias puede conducir a una compensación ejecutiva excesiva , una gestión descuidada y un uso improductivo de los activos . Los estudios muestran que cuanto más efectivo guarda una empresa, más probabilidades hay de que pague de más por las adquisiciones y, a su vez, dañe el valor para los accionistas . De hecho, las empresas que pagan dividendos tienden a ser más eficientes en su uso del capital que empresas similares que no pagan dividendos. Además, es menos probable que las empresas que pagan dividendos estén cocinando los libros.. Seamos realistas, los gerentes pueden ser tremendamente creativos cuando se trata de hacer que las ganancias se vean bien. Pero con las obligaciones de dividendos que se deben cumplir dos veces al año, la manipulación se vuelve mucho más desafiante.

Finalmente, los dividendos son promesas públicas. Romperlos es vergonzoso para la gerencia y perjudicial para los precios de las acciones. Demorarse en la recaudación de dividendos, no importa suspenderlos, se ve como una confesión de fracaso.

La evidencia de rentabilidad en forma de cheque de dividendos puede ayudar a los inversores a dormir tranquilos: las ganancias en el papel dicen una cosa sobre las perspectivas de una empresa, las ganancias que producen dividendos en efectivo dicen otra cosa.

Una forma de calcular el valor

Otra razón por la que los dividendos son importantes es que los dividendos pueden dar a los inversores una idea del valor real de una empresa. El modelo de descuento de dividendos es una fórmula clásica que explica el valor subyacente de una acción y es un elemento básico del modelo de precios de activos de capital que, a su vez, es la base de la teoría de las finanzas corporativas . Según el modelo, una acción vale la suma de todos sus pagos de dividendos prospectivos, "descontados" a su valor actual neto . Como los dividendos son una forma de flujo de efectivo para el inversor, son un reflejo importante del valor de una empresa.

Es importante señalar también que las acciones con dividendos tienen menos probabilidades de alcanzar valores insostenibles. Los inversores saben desde hace mucho tiempo que los dividendos ponen un techo a las caídas del mercado.

INVESTIGACIÓN DE ACCIONES

¿Qué son los fundamentos bursátiles?

Escuchamos la palabra fundamentos casi a diario. Analistas, ejecutivos e inversores aparecen en CNBC a diario para hablar sobre los fundamentos de una acción. Los administradores de fondos siempre están hablando de cómo esta o aquella acción tiene fundamentos sólidos. También hay algunos operadores que, a su vez, proclaman que los fundamentos no importan realmente y que los inversores deberían confiar en los méritos técnicos de una acción. ¿Pero qué son exactamente? Siga leyendo para conocer algunos de los fundamentos de las acciones.

CONCLUSIONES CLAVE
El análisis fundamental implica observar cualquier dato que se espera que afecte el precio o el valor percibido de una acción.

Algunos de los fundamentos de las acciones incluyen el flujo de caja, el rendimiento de los activos y el apalancamiento conservador.

Realizar un análisis fundamental puede ser un desafío porque requiere examinar los estados financieros para saber cuándo el precio de las acciones es incorrecto.

Fundamentos de las acciones fundamentales

En términos más amplios, el análisis fundamental implica observar cualquier dato que se espera que afecte el precio o el valor percibido de una acción. Esto es, por supuesto, cualquier cosa aparte de los patrones de negociación de las acciones en sí. Como su nombre lo indica, significa ir a lo básico.

El análisis fundamental se centra en crear un retrato de una empresa, identificar el valor fundamental de sus acciones y comprar o vender las acciones en función de esa información. Algunos de los indicadores que se utilizan comúnmente para evaluar los fundamentos de la empresa incluyen: 1

-Flujo de efectivo
-Retorno de activos
-Engranaje conservador
-Historial de retención de ganancias para financiar el crecimiento futuro
-La solidez de la gestión del capital para maximizar las ganancias y los rendimientos de los accionistas.

El enfoque fundamental
Los analistas fundamentales tienen un enfoque serio para analizar el rendimiento de las acciones. Observan una variedad de factores que creen que influyen en el rendimiento de una acción. Estos incluyen la industria en su conjunto, la competencia, la estructura de gestión de una empresa, sus ingresos e ingresos , así como su potencial de crecimiento. Todos los datos son públicos y están fácilmente disponibles, generalmente a través de los estados financieros de una empresa . El objetivo es, en última instancia, identificar qué acciones tienen un precio correcto (e incorrecto) en el mercado.

Para ayudarlo a visualizarlo, usemos la siguiente analogía. Piense en el mercado de valores como un centro comercial, donde las acciones son los artículos a la venta en los puntos de venta. Su mirada está puesta únicamente en los productos del centro comercial. Los compradores son descartados como una manada emocional poco confiable que no tiene ni idea del valor real de los productos a la venta. Los analistas fundamentales se mueven lentamente por las tiendas en busca de las mejores ofertas. Una vez que la multitud se aleje de los PJ, observarán más de cerca a los que fueron pasados por alto.

Los analistas fundamentales pueden intentar determinar el valor de desecho de la PC reducida a su disco duro, tarjetas de memoria, monitor y teclado. En el mercado de valores, esto es similar a calcular el valor en libros, o precio de liquidación , de una empresa. Estos analistas también miran muy de cerca la calidad de la PC. ¿Va a durar o se estropeará en un año? Los analistas fundamentales estudiarán detenidamente las especificaciones, analizarán la garantía del fabricante y consultarán los informes de los consumidores . De manera similar, los analistas de acciones verifican el balance de una empresa para verificar la estabilidad financiera.

Luego, los analistas fundamentales pueden intentar comprender el rendimiento de la PC en términos de, digamos, potencia de procesamiento, memoria o resolución de imagen. Estos son como las ganancias y los dividendos previstos identificados en el estado de resultados de una empresa. Por último, los analistas fundamentales reunirán todos los datos y obtendrán el valor intrínseco , o valor independiente del precio de venta actual. Si el precio de venta es menor que el valor intrínseco calculado, los fundamentalistas comprarán PC. De lo contrario, venderán las PC que ya poseen o esperarán a que bajen los precios antes de comprar más.

Los buenos fundamentos no equivalen a beneficios
Realizar un análisis fundamental puede suponer mucho trabajo. Pero esa es, posiblemente, la fuente de su atractivo. Al tomarse la molestia de profundizar en los estados financieros de una empresa y evaluar sus perspectivas futuras, los inversores pueden aprender lo suficiente para saber cuándo el precio de las acciones es incorrecto. Estos inversores conscientes son capaces de detectar los errores del mercado y ganar dinero. Al mismo tiempo, comprar empresas basadas en valor intrínseco a largo plazo protege a los inversores de los peligros de las fluctuaciones diarias del mercado.

Sin embargo, el hecho de que el análisis fundamental muestre que una acción está infravalorada no garantiza que cotizará a su valor intrínseco en el corto plazo. Las cosas no son tan sencillas. En realidad, el comportamiento del precio real de las acciones cuestiona implacablemente a casi todas las tenencias de acciones, e incluso el inversor más independiente puede comenzar a dudar de los méritos del análisis fundamental. No existe una fórmula mágica para descubrir el valor intrínseco.

El hecho de que el análisis fundamental muestre que una acción está infravalorada no garantiza que cotizará a su valor intrínseco en el futuro cercano.

Cuando el mercado de valores está en auge, es fácil que los inversores se engañen pensando que tienen la habilidad de elegir ganadores. Pero cuando el mercado cae y las perspectivas son inciertas, los inversores no pueden confiar en la suerte. De hecho, necesitan saber lo que están haciendo.

Análisis fundamental frente a análisis técnico

El análisis fundamental es muy diferente de su primo, el análisis técnico . 2 Cuando el análisis fundamental se centra en medir el valor intrínseco de una acción, el análisis técnico se concentra únicamente en el historial de cotización y precio de una acción al observar las señales de negociación y otras herramientas analíticas para evaluar la fortaleza o debilidad de una acción.

Los analistas técnicos creen que el rendimiento pasado de una acción (su precio y actividad comercial) puede ayudar a determinar a dónde irá en el futuro. En esencia, la teoría del análisis técnico se basa en el hecho de que el movimiento del precio no es aleatorio. En cambio, cree que los patrones y las tendencias son identificables y se repiten con el tiempo.

Para demostrarlo, volvamos a la analogía anterior. Los analistas técnicos ignoran los productos a la venta. En cambio, vigilan a las multitudes como guía para saber qué comprar. Por lo tanto, si un analista técnico nota que los compradores se congregan dentro de una tienda de computadoras, intentará comprar tantas computadoras como sea posible, apostando a que la creciente demanda hará subir los precios de las computadoras.

La línea de fondo
Los inversores pueden hacer mucho para aprender sobre los fundamentos. Los inversores que se arremanguen y aborden la terminología, las herramientas y las técnicas del análisis fundamental disfrutarán de una mayor confianza en el uso de la información financiera y, al mismo tiempo, probablemente se convertirán en mejores selectores de valores . Como mínimo, los inversores tendrán una mejor idea de lo que significa cuando alguien recomienda una acción con fundamentos sólidos.

5 elementos esenciales que necesita saber sobre cada acción que compra

Tomar su dinero y depositarlo en diferentes vehículos de inversión puede parecer fácil. Pero si quiere ser un inversor exitoso, puede ser muy difícil. Las estadísticas muestran que la mayoría de los inversores minoristas, los que no son profesionales de la inversión, pierden dinero todos los años. Puede haber una variedad de razones, pero hay una que todos los inversores con una carrera fuera del mercado de inversión comprenden: no tienen tiempo para investigar una gran cantidad de acciones y no tienen un equipo de investigación para ayudar. con esa monumental tarea.

Entonces, la moraleja de la historia es que si no investigas lo suficiente, terminarás acumulando pérdidas. Ésa es la mala noticia. La buena noticia es que puede reducir las pérdidas, así como la cantidad de investigación que necesita hacer, al observar algunos factores clave de inversión. Obtenga más información sobre los cinco elementos esenciales de la inversión a continuación.

CONCLUSIONES CLAVE
Investigue a fondo las empresas: qué hacen, dónde lo hacen y cómo.

Busque la relación precio-ganancias de la empresa: el precio actual de las acciones en relación con sus ganancias por acción.

La versión beta de una empresa puede indicarle que hay mucho riesgo en una acción en comparación con el resto del mercado.

Si desea estacionar su dinero, invierta en acciones con un dividendo alto.

Aunque leerlos puede ser complicado, busque algunas de las señales más simples en gráficos como el movimiento del precio de las acciones.

Lo que hacen

En su libro "Dinero real", Jim Cramer aconseja a los inversores que nunca compren acciones a menos que tengan un conocimiento exhaustivo de cómo las empresas ganan dinero. ¿Qué fabrican? ¿Qué tipo de servicio ofrecen? ¿En qué países operan? ¿Cuál es su producto estrella y cómo se vende? ¿Se les conoce como el líder en su campo? Piense en esto como una primera cita. Probablemente no irías a una cita con alguien si no tuvieras idea de quiénes son. Si lo hace, está buscando problemas.

Esta información es muy fácil de encontrar. Con el motor de búsqueda de su elección, vaya al sitio web de la empresa y lea sobre ellos. Luego, como aconseja Cramer, acuda a un miembro de la familia e infórmele sobre su posible inversión. Si puede responder a todas sus preguntas, ya sabe lo suficiente.

Relación precio-beneficio (P / E)

Imagine por un momento que está buscando a alguien que pueda ayudarlo con sus inversiones. Entrevista a dos personas. Una persona tiene una larga historia de hacer que la gente gane mucho dinero. Tus amigos han visto un gran rendimiento de esta persona y no puedes encontrar ninguna razón por la que no debas confiarle el dinero de tu inversión. Te dice que por cada dólar que gane por ti, se quedará con 40 centavos, dejándote con 60 centavos.

El otro chico recién se está iniciando en el negocio. Tiene muy poca experiencia y, aunque parece prometedor, no tiene mucha trayectoria de éxito. La ventaja de invertir tu dinero con este tipo es que es más barato. Solo quiere quedarse con 20 centavos por cada dólar que le gane. Pero, ¿y si no te gana tantos dólares como el primero?

Puede calcular la relación P / E dividiendo el valor de mercado por acción de una empresa por sus ganancias por acción.

Si comprende este ejemplo, comprenderá la relación precio-ganancias (P / E) . Estos índices se utilizan para medir el precio actual de las acciones de una empresa en relación con sus ganancias por acción. La empresa se puede comparar con otras corporaciones similares para que los analistas e inversores puedan determinar su valor relativo . Entonces, si una empresa tiene una relación P / E de 20, esto significa que los inversores están dispuestos a pagar $ 20 por cada $ 1 por ganancia. Eso puede parecer caro, pero no si la empresa está creciendo rápidamente.

El P / U se puede encontrar comparando el precio de mercado actual con las ganancias acumuladas de los últimos cuatro trimestres. 1 Compare este número con otras empresas similares a la que está investigando. Si su empresa tiene un P / E más alto que otras empresas similares, es mejor que haya una razón. Si tiene un P / E más bajo pero está creciendo rápidamente, es una inversión que vale la pena observar.

Beta

Beta parece algo difícil de entender, pero no lo es. Mide la volatilidad o qué tan caprichosas han actuado las acciones de su empresa durante los últimos cinco años. En esencia, mide el riesgo sistémico involucrado con las acciones de una empresa en comparación con el de todo el mercado. De hecho, puede encontrar este valor en la misma página que la relación P / E en un importante proveedor de datos bursátiles, como Yahoo o Google.

Piense en el S&P 500 como el pilar de la estabilidad mental. Si su empresa baja o aumenta de valor más que el índice durante un período de cinco años, tiene una beta más alta. Con beta, cualquier valor superior a uno es alto, es decir, mayor riesgo, y cualquier valor inferior a uno es beta bajo o riesgo menor.

Beta dice algo sobre el riesgo de precio , pero ¿cuánto dice sobre los factores de riesgo fundamentales? Tienes que vigilar de cerca las acciones de beta alta porque, aunque tienen el potencial de hacerte ganar mucho dinero, también tienen el potencial de tomar tu dinero. Una beta más baja significa que una acción no reacciona a los movimientos del S&P 500 tanto como otras. Esto se conoce como una acción defensiva porque su dinero está mucho más seguro. No ganarás tanto en poco tiempo, pero tampoco tienes que verlo todos los días.

Dividendo

Si no tiene tiempo para observar el mercado todos los días y desea que sus acciones ganen dinero sin ese tipo de atención, busque dividendos. Los dividendos son como intereses en una cuenta de ahorros: se le paga independientemente del precio de las acciones. Los dividendos son distribuciones que realiza una empresa a sus accionistas como recompensa de sus ganancias. El monto del dividendo lo decide su junta directiva y generalmente se emite en efectivo, aunque no es raro que algunas empresas emitan dividendos en forma de acciones.

Los dividendos significan mucho para muchos inversores porque proporcionan un flujo constante de ingresos. La mayoría de las empresas los emiten a intervalos regulares, principalmente trimestralmente. Invertir en empresas que pagan dividendos es una estrategia muy popular para muchos inversores tradicionales. A menudo, pueden proporcionar a los inversores una sensación de seguridad en tiempos de incertidumbre económica.

Los mejores dividendos normalmente los emiten grandes empresas que tienen beneficios predecibles. Algunos de los sectores más conocidos con empresas que pagan dividendos incluyen petróleo y gas, bancos y finanzas, materiales básicos , atención médica, productos farmacéuticos y servicios públicos . Los dividendos del 6% o más no son desconocidos en acciones de alta calidad. Es posible que las empresas que se encuentran en las primeras etapas, como las empresas emergentes, no tengan todavía la suficiente rentabilidad para emitir dividendos.

Pero antes de salir a comprar acciones, busque la tasa de dividendos de la empresa . Si simplemente desea estacionar dinero en el mercado, invierta en acciones con un dividendo alto.

El gráfico

Hay muchos tipos diferentes de gráficos de cotizaciones. Estos incluyen gráficos de líneas, gráficos de barras, gráficos de velas , gráficos utilizados por analistas fundamentales y técnicos . Pero leer estos gráficos no siempre es fácil. De hecho, puede resultar muy complicado. Aprender a leerlos es una habilidad que requiere mucho tiempo para adquirirla.

Entonces, ¿qué significa esto para usted como inversor minorista? No tienes que pasar por alto este paso. Eso es porque la lectura de gráficos más básica requiere muy poca habilidad. Si el gráfico de una inversión comienza en la parte inferior izquierda y termina en la parte superior derecha, eso es bueno. Si el gráfico se dirige hacia abajo, manténgase alejado y no intente averiguar por qué.

Hay miles de acciones para elegir sin tener que elegir una que pierda dinero. Si realmente cree en esta acción, colóquela en su lista de observación y vuelva a consultarla más adelante. Hay muchas personas que creen en invertir en acciones que tienen gráficos de aspecto aterrador, pero tienen tiempo y recursos de investigación que usted probablemente no tenga.

La línea de fondo

Nada reemplaza una investigación exhaustiva. Sin embargo, una forma clave de proteger sus activos es invertir a largo plazo aprovechando los dividendos y encontrando acciones con un historial probado de éxito. A menos que tenga el tiempo, las estrategias comerciales arriesgadas y agresivas deben evitarse o minimizarse.

Desglose del sector

¿Qué es un desglose del sector?

Un desglose por sector es la combinación de sectores dentro de un fondo o cartera, normalmente expresada como un porcentaje de la cartera. Las designaciones de sectores pueden variar según los criterios de inversión del fondo y el objetivo general.

Comprensión del desglose del sector

Se proporciona un desglose por sector para el análisis de fondos y puede ayudar a un inversor a observar las asignaciones de inversión de un fondo. La inversión en el sector puede ser un factor importante para influir en las inversiones en el fondo. Un fondo puede apuntar a un sector específico, buscar diversificar entre sectores o, en general, tener variaciones de sector que resulten de invertir en un universo amplio. Un fondo sectorial tendría una asignación del 100% a un sector específico.

Algunos fondos pueden tener restricciones sobre las inversiones del sector. Por lo tanto, los administradores de fondos utilizan el análisis de fondos para excluir inversiones específicas. Esto ocurre a menudo con fondos centrados en el medio ambiente, la sociedad y la gobernanza (ESG). Estos fondos buscan excluir industrias o empresas que sus inversores consideran indeseables por diversas razones. Esto puede incluir una agrupación industrial como los productores de tabaco en un fondo o las empresas de exploración petrolera en otro fondo.

Las empresas del fondo proporcionan periódicamente informes sectoriales en sus materiales de marketing. Los desgloses por sectores proporcionan una representación de las asignaciones sectoriales de los activos del fondo, a menudo de forma mensual o trimestral. Algunos fondos incluso pueden informar diariamente sobre los desgloses del sector en el sitio web del fondo.

Sectores GICS

Por lo general, los sectores se consideran una clasificación amplia. Dentro de cada sector, también se pueden delinear más numerosos subsectores e industrias. El Estándar de clasificación de la industria global, también conocido como GICS, es el estándar principal de la industria financiera para definir las clasificaciones de los sectores. 1

El estándar de clasificación industrial global fue desarrollado por los proveedores de índices MSCI y Standard and Poor's. Su jerarquía comienza con 11 sectores que pueden delimitarse aún más en 24 grupos industriales, 69 industrias y 158 subindustrias. Sigue un sistema de codificación que asigna un código de cada agrupación a cada empresa que cotiza en el mercado. El sistema de codificación GICS está integrado en toda la industria, lo que permite informes detallados y análisis de existencias a través de tecnología financiera. 1 2

Los 11 sectores generales de GICS que se utilizan comúnmente para la presentación de informes desglosados por sectores son los siguientes: 3

-Energía
-Materiales
-Acciones industriales
-Consumidor discrecional
-Productos básicos de consumo
-Cuidado de la salud
-Finanzas
-Tecnologías de la información
-Servicios de telecomunicación
-Utilidades
-Bienes raíces
-Diversificación y sectores
Una cartera de acciones diversificada mantendrá acciones en la mayoría, si no en todos, los sectores de GICS. La diversificación en los sectores de acciones ayuda a mitigar los riesgos idiosincrásicos o no sistemáticos causados por factores que afectan a industrias o empresas específicas dentro de una industria.

Los índices sectoriales también pueden ser utilizados por inversores que buscan invertir en las perspectivas de crecimiento de un solo sector. Las empresas de inversión ofrecen fondos indexados pasivos que buscan replicar cada uno de los once sectores de **GICS**. El Vanguard Information Technology Index Fund es un ejemplo de fondo mutuo administrado pasivamente que busca replicar las tenencias del **MSCI US** Investable Market Information Technology Index. La estrategia también está disponible para los inversores a través de un fondo cotizado en bolsa, el ETF Vanguard Information Technology.

Cómo analizar la posición financiera de una empresa

¿Qué es el análisis financiero?
Para comprender y valorar una empresa, los inversores examinan su situación financiera mediante el estudio de sus estados financieros y el cálculo de determinadas proporciones. Afortunadamente, no es tan difícil como parece realizar un análisis financiero de una empresa. El proceso a menudo forma parte de cualquier técnica de revisión de evaluación de programas (**PERT**), una herramienta de gestión de proyectos que proporciona una representación gráfica de la línea de tiempo de un proyecto.

CONCLUSIONES CLAVE:
Los inversores valoran una empresa examinando su posición financiera con base en sus estados financieros y calculando ciertas razones.
El valor de una empresa se basa en su valor de mercado.

Para determinar el valor de mercado, las razones financieras de una empresa se comparan con sus competidores y con los puntos de referencia de la industria.

Comprensión de un análisis de la situación financiera de una empresa

Si pide dinero prestado a un banco, debe enumerar el valor de todos sus activos importantes , así como todos sus pasivos importantes . Su banco utiliza esta información para evaluar la solidez de su posición financiera; examina la calidad de los activos, como su automóvil y su casa, y les asigna una valoración conservadora . El banco también se asegura de que todos los pasivos, como la deuda hipotecaria y de tarjetas de crédito , se divulguen adecuadamente y se valoren en su totalidad . El valor total de todos los activos menos el valor total de todos los pasivos da su valor neto o patrimonio.

La evaluación de la posición financiera de una empresa cotizada es similar, excepto que los inversores deben dar un paso más y considerar esa posición financiera en relación con el valor de mercado . Vamos a ver.

La hoja de balances

Al igual que su situación financiera, la situación financiera de una empresa se define por sus activos y pasivos. La posición financiera de una empresa también incluye el capital social . Toda esta información se presenta a los accionistas en el balance . 1

Suponga que estamos examinando los estados financieros del minorista ficticio que cotiza en bolsa, The Outlet, para evaluar su posición financiera. Para ello, revisamos el informe anual de la empresa , que a menudo se puede descargar del sitio web de una empresa. El formato estándar para el balance general es el activo, seguido del pasivo y luego el capital contable.

Activos y pasivos corrientes
En el balance, los activos y pasivos se desglosan en partidas corrientes y no corrientes. Los activos o pasivos corrientes son aquellos con una vida esperada inferior a 12 meses. Por ejemplo, suponga que se espera que los inventarios que The Outlet informó al 31 de diciembre de 2018 se vendan dentro del año siguiente, momento en el que el nivel de inventario disminuirá y la cantidad de efectivo aumentará.

Como la mayoría de los otros minoristas, el inventario de The Outlet representa una proporción significativa de sus activos actuales y, por lo tanto, debe examinarse cuidadosamente. Dado que el inventario requiere una inversión real de un capital precioso, las empresas intentarán minimizar el valor de una acción para un nivel dado de ventas o maximizar el nivel de ventas para un nivel dado de inventario. Entonces, si The Outlet ve una caída del 20% en el valor del inventario junto con un aumento del 23% en las ventas con respecto al año anterior, esto es una señal de que están administrando su inventario relativamente bien. Esta reducción contribuye positivamente a los flujos de caja operativos de la compañía .

Los pasivos corrientes son las obligaciones que la empresa tiene que pagar durante el próximo año e incluyen las obligaciones existentes (o acumuladas) con los proveedores, empleados, la oficina de impuestos y los proveedores de financiación a corto plazo. Las empresas tratan de gestionar el flujo de caja para asegurarse de que haya fondos disponibles para hacer frente a estos pasivos a corto plazo a su vencimiento. 1

La razón actual

Los analistas suelen utilizar el coeficiente circulante, que es el total de activos circulantes dividido por el total de pasivos circulantes, para evaluar la capacidad de una empresa para cumplir con sus obligaciones a corto plazo. Una razón corriente aceptable varía entre industrias, pero no debe ser tan baja que sugiera una insolvencia inminente , ni tan alta que indique una acumulación innecesaria de efectivo, cuentas por cobrar o inventario. Como cualquier forma de análisis de razón , la evaluación de la razón actual de una empresa debe tener lugar en relación con el pasado.

Activos y pasivos no corrientes

Los activos o pasivos no corrientes son aquellos cuya vida se espera que se extienda más allá del próximo año. Para una empresa como The Outlet, es probable que su mayor activo no corriente sea la propiedad, planta y equipo que la empresa necesita para administrar su negocio.

Los pasivos a largo plazo pueden estar relacionados con obligaciones derivadas de contratos de arrendamiento de propiedades, planta y equipo, junto con otros préstamos.

Posición financiera: valor contable

Si restamos los pasivos totales de los activos, nos quedamos con el capital contable. Básicamente, este es el valor en libros , o valor contable, de la participación de los accionistas en la empresa. Está compuesto principalmente por el capital aportado por los accionistas a lo largo del tiempo y las ganancias obtenidas y retenidas por la empresa, incluida la parte de cualquier ganancia no pagada a los accionistas como dividendo .

Múltiple mercado a libro

Al comparar el valor de mercado de la empresa con su valor en libros, los inversores pueden, en parte, determinar si una acción está sobrevalorada o por debajo del precio. El múltiplo mercado-valor contable, si bien tiene deficiencias, sigue siendo una herramienta crucial para los inversores de valor . Una amplia evidencia académica muestra que las empresas con acciones de mercado a libro bajas se desempeñan mejor que aquellas con múltiplos altos. Esto tiene sentido, ya que un múltiplo de mercado a libro bajo muestra que la empresa tiene una posición financiera sólida en relación con su precio. 2

La determinación de lo que se puede definir como una relación mercado / valor contable alta o baja también depende de las comparaciones. Para tener una idea de si el múltiplo de libro a mercado de The Outlet es alto o bajo, debe compararse con los múltiplos de otros minoristas que cotizan en bolsa.

En resumen, la posición financiera de una empresa informa a los inversores sobre su bienestar general. Un análisis financiero de los estados financieros de una empresa, junto con las notas a pie de página del informe anual, es esencial para cualquier inversor serio que busque comprender y valorar una empresa correctamente.

Análisis técnico

¿Qué es el análisis técnico?
El análisis técnico es una disciplina comercial empleada para evaluar inversiones e identificar oportunidades comerciales mediante el análisis de tendencias estadísticas recopiladas de la actividad comercial, como el movimiento de precios y el volumen.

A diferencia del análisis fundamental, que intenta evaluar el valor de un valor en función de los resultados comerciales, como las ventas y las ganancias, el análisis técnico se centra en el estudio del precio y el volumen. Las herramientas de análisis técnico se utilizan para analizar las formas en que la oferta y la demanda de un valor afectarán los cambios en el precio, el volumen y la volatilidad implícita. El análisis técnico se utiliza a menudo para generar señales comerciales a corto plazo a partir de varias herramientas de gráficos, pero también puede ayudar a mejorar la evaluación de la fortaleza o debilidad de un valor en relación con el mercado más amplio o uno de sus sectores. Esta información ayuda a los analistas a mejorar la estimación de valoración general.

El análisis técnico se puede utilizar en cualquier valor con datos comerciales históricos. Esto incluye acciones, futuros , materias primas , renta fija, divisas y otros valores. En este tutorial, generalmente analizaremos acciones en nuestros ejemplos, pero tenga en cuenta que estos conceptos se pueden aplicar a cualquier tipo de seguridad. De hecho, el análisis técnico es mucho más frecuente en los mercados de materias primas y divisas , donde los operadores se centran en los movimientos de precios a corto plazo.

CONCLUSIONES CLAVE
El análisis técnico es una disciplina comercial empleada para evaluar inversiones e identificar oportunidades comerciales en las tendencias y patrones de precios que se ven en los gráficos.

Los analistas técnicos creen que la actividad comercial pasada y los cambios de precio de un valor pueden ser indicadores valiosos de los movimientos futuros de precios del valor.

El análisis técnico puede contrastarse con el análisis fundamental, que se centra en las finanzas de una empresa en lugar de los patrones históricos de precios o las tendencias de las acciones.

Los fundamentos del análisis técnico

El análisis técnico tal como lo conocemos hoy fue introducido por primera vez por Charles Dow y la Teoría de Dow a fines del siglo XIX. 1 Varios investigadores notables, incluidos William P. Hamilton, Robert Rhea, Edson Gould y John Magee, contribuyeron además a los conceptos de la Teoría de Dow que ayudaron a formar su base. En la actualidad, el análisis técnico ha evolucionado para incluir cientos de patrones y señales desarrollados a lo largo de años de investigación.

El análisis técnico se basa en la suposición de que la actividad comercial pasada y los cambios de precio de un valor pueden ser indicadores valiosos de los movimientos futuros del precio del valor cuando se combinan con las reglas de inversión o negociación adecuadas. Los analistas profesionales suelen utilizar el análisis técnico junto con otras formas de investigación. Los comerciantes minoristas pueden tomar decisiones basándose únicamente en los gráficos de precios de un valor y estadísticas similares, pero los analistas de acciones en ejercicio rara vez limitan su investigación únicamente al análisis fundamental o técnico.

Entre los analistas profesionales, la Asociación CMT respalda la mayor colección de analistas autorizados o certificados que utilizan el análisis técnico de manera profesional en todo el mundo. La designación de Técnico de mercado colegiado (CMT) de la asociación se puede obtener después de tres niveles de exámenes que cubren una visión amplia y profunda de las herramientas de análisis técnico. Casi un tercio de los titulares de la carta de CMT también son titulares de la carta de Analista Financiero Certificado (CFA). Esto demuestra lo bien que se refuerzan las dos disciplinas. 2

Los supuestos subyacentes del análisis técnico

Hay dos métodos principales que se utilizan para analizar valores y tomar decisiones de inversión: análisis fundamental y análisis técnico. El análisis fundamental implica analizar los estados financieros de una empresa para determinar el valor razonable de la empresa, mientras que el análisis técnico supone que el precio de un valor ya refleja toda la información disponible públicamente y, en cambio, se centra en el análisis estadístico de los movimientos de precios . El análisis técnico intenta comprender el sentimiento del mercado detrás de las tendencias de precios buscando patrones y tendencias en lugar de analizar los atributos fundamentales de un valor.

Charles Dow publicó una serie de editoriales sobre la teoría del análisis técnico. Sus escritos incluyeron dos supuestos básicos que han seguido formando el marco para el comercio de análisis técnico.

Los mercados son eficientes con valores que representan factores que influyen en el precio de un valor, pero

Incluso los movimientos aleatorios de los precios del mercado parecen moverse en patrones y tendencias identificables que tienden a repetirse con el tiempo. 3

Hoy en día, el campo del análisis técnico se basa en el trabajo de Dow. Los analistas profesionales suelen aceptar tres supuestos generales para la disciplina:

1: El mercado lo descuenta todo

Los analistas técnicos creen que todo, desde los fundamentos de una empresa hasta los factores generales del mercado y la psicología del mercado , ya tiene un precio en las acciones. Este punto de vista es congruente con la Hipótesis de Mercados Eficientes (EMH) que asume una conclusión similar sobre los precios. Lo único que queda es el análisis de los movimientos de precios, que los analistas técnicos ven como el producto de la oferta y la demanda de una determinada acción en el mercado. 4

2: El precio se mueve en tendencias

Los analistas técnicos esperan que los precios, incluso en movimientos aleatorios del mercado, muestren tendencias independientemente del período de tiempo observado. En otras palabras, es más probable que el precio de una acción continúe una tendencia pasada que se mueva erráticamente. La mayoría de las estrategias comerciales técnicas se basan en esta suposición. 4

3: la historia tiende a repetirse

Los analistas técnicos creen que la historia tiende a repetirse. La naturaleza repetitiva de los movimientos de precios a menudo se atribuye a la psicología del mercado, que tiende a ser muy predecible en función de emociones como el miedo o la excitación. El análisis técnico utiliza patrones de gráficos para analizar estas emociones y los movimientos posteriores del mercado para comprender las tendencias. Si bien se han utilizado muchas formas de análisis técnico durante más de 100 años, todavía se cree que son relevantes porque ilustran patrones en los movimientos de precios que a menudo se repiten. 4

Cómo se utiliza el análisis técnico

El análisis técnico intenta pronosticar el movimiento de precios de prácticamente cualquier instrumento negociable que generalmente esté sujeto a las fuerzas de la oferta y la demanda, incluidas las acciones, los bonos, los futuros y los pares de divisas. De hecho, algunos ven el análisis técnico como simplemente el estudio de las fuerzas de oferta y demanda reflejadas en los movimientos de precios de mercado de un valor. El análisis técnico se aplica más comúnmente a los cambios de precios, pero algunos analistas rastrean otros números además del precio, como el volumen de operaciones o las cifras de intereses abiertos.

En toda la industria, existen cientos de patrones y señales que han sido desarrollados por investigadores para respaldar el comercio de análisis técnico. Los analistas técnicos también han desarrollado numerosos tipos de sistemas comerciales para ayudarlos a pronosticar y negociar sobre los movimientos de precios. Algunos indicadores se centran principalmente en identificar la tendencia actual del mercado, incluidas las áreas de soporte y resistencia, mientras que otros se centran en determinar la fuerza de una tendencia y la probabilidad de que continúe. Los indicadores técnicos y patrones de gráficos de uso común incluyen líneas de tendencia, canales, promedios móviles e indicadores de impulso.

En general, los analistas técnicos observan los siguientes tipos generales de indicadores:

Tendencias de precios
Patrones de gráficos
Indicadores de volumen e impulso
Osciladores

Medias móviles

Niveles de soporte y resistencia

La diferencia entre análisis técnico y análisis fundamental

El análisis fundamental y el análisis técnico, las principales escuelas de pensamiento cuando se trata de abordar los mercados, se encuentran en extremos opuestos del espectro. Ambos métodos se utilizan para investigar y pronosticar tendencias futuras en los precios de las acciones y, como cualquier estrategia o filosofía de inversión, ambos tienen sus defensores y adversarios.

El análisis fundamental es un método de evaluación de valores al intentar medir el valor intrínseco de una acción. Los analistas fundamentales estudian todo, desde la economía general y las condiciones de la industria hasta la situación financiera y la gestión de las empresas. Las ganancias , los gastos , los activos y los pasivos son características importantes para los analistas fundamentales.

El análisis técnico se diferencia del análisis fundamental en que el precio y el volumen de las acciones son los únicos datos de entrada. El supuesto fundamental es que todos los fundamentos conocidos se tienen en cuenta en el precio; por lo tanto, no hay necesidad de prestarles mucha atención. Los analistas técnicos no intentan medir el valor intrínseco de un valor, sino que utilizan gráficos de acciones para identificar patrones y tendencias que sugieren lo que hará una acción en el futuro.

Limitaciones del análisis técnico

Algunos analistas e investigadores académicos esperan que
la EMH demuestre por qué no deberían esperar que
ninguna información procesable esté contenida en los datos
históricos de precios y volúmenes. Sin embargo, con el
mismo razonamiento, los fundamentos empresariales
tampoco deberían proporcionar información procesable.
Estos puntos de vista se conocen como la forma débil y la
forma semi-fuerte de la EMH.

Otra crítica al análisis técnico es que la historia no se repite
exactamente, por lo que el estudio de los patrones de
precios tiene una importancia dudosa y puede ignorarse.
Los precios parecen estar mejor modelados asumiendo un
paseo aleatorio.

Una tercera crítica al análisis técnico es que funciona en
algunos casos, pero solo porque constituye una profecía
autocumplida. Por ejemplo, muchos operadores técnicos
colocarán una orden de stop loss por debajo del promedio
móvil de 200 días de una determinada empresa. Si un gran
número de comerciantes lo ha hecho y la acción alcanza
este precio, habrá una gran cantidad de órdenes de venta, lo
que empujará la acción hacia abajo, confirmando el
movimiento anticipado por los comerciantes.

Luego, otros operadores verán disminuir el precio y también venderán sus posiciones, reforzando la fuerza de la tendencia. Esta presión de venta a corto plazo puede considerarse autocumplida, pero tendrá poco que ver con dónde estará el precio del activo dentro de semanas o meses. En resumen, si suficientes personas usan las mismas señales, podrían causar el movimiento predicho por la señal, pero a largo plazo este único grupo de operadores no puede impulsar el precio.

PREGUNTAS FRECUENTES

En el momento de comprar acciones, se está comprando parte, en proporción, de la empresa que ha emitido ese activo. Quien adquiere esta acción consigue a su vez determinados derechos, entre ellos, recibir dinero, fruto de las ganancias que obtenga la empresa. De igual forma, quien posee acciones puede venderlas cuando así lo desee, y si su valor está por encima del precio en el momento en el que se compraron puede obtener ganancias.

Una vez tenemos claro qué es una acción, veamos qué más hay que conocer para saber cómo comprar acciones en la Bolsa.

El mercado de valores

Así se denomina a la acción o lugar donde se negocian activos con valor monetario. Las acciones tienen un valor, ya que representan en la compra/venta una parte de la empresa. En este caso, el mercado de valores donde se negocian las acciones son las bolsas de valores, siendo la más reconocida y con mayor movimiento la Bolsa de Nueva York, además existen muchas otras bolsas de valores en los propios Estados Unidos y en muchos otros países.

Oferta y demanda

Este es un mercado especulativo donde los precios de las acciones tienen un continuo movimiento, subiendo o bajando su precio. La variación del valor puede deberse a varios factores, pero el más común es el de la oferta y demanda, si hay muchos compradores (demanda), el valor de venta (oferta) es mayor y viceversa. Sin embargo, esta variación se puede deber a otros factores de índole muy variable.

Objetivo

Al comprar acciones en la Bolsa, lo que se busca es invertir en una empresa, esperando que en un plazo prudencial suba la cotización de ésta y, por tanto, el valor de las acciones. Al suceder esto, las acciones se venden a un precio mayor que el invertido y, por consiguiente, se obtiene una beneficio.

Algunos Términos

A la hora de saber cómo comprar acciones es necesario conocer la terminología que se usa en el mercado de valores. No tendría ningún sentido y podría ser muy arriesgado para las finanzas entrar a operar sin entender los conceptos que se usan y qué significado tienen en el momento de negociar. Al conocer los significados de los términos más utilizados, el inversor podrá entender el movimiento del mercado y tomará las decisiones óptimas en el momento de comprar o vender. Veamos algunos de estos conceptos:

Precio de venta

Este valor se refiere al precio más bajo disponible para una acción.

Orden

Es la solicitud que se lleva a cabo para vender o comprar una acción. En función de lo anteriormente mencionado, si se desea vender se recibirá el precio de oferta por cada acción y, si lo que se desea es comprar, la operación se llevará a cabo bajo el precio de venta existente. Las órdenes pueden estar condicionadas por el propietario de las acciones. Se puede delimitar el valor con el que se desea comprar o vender una acción. De la misma forma, pueden llevar una orden de suspensión, lo que se refiere al cierre de la operación cuando el valor de la acción llega a un valor predeterminado por el inversionista.

Fondo mutuo o mutual

Este concepto da nombre a una "piscina" donde se coloca el dinero de muchos inversores y se utiliza para invertir en diferentes áreas. Por ejemplo, hay fondos mutuales que invierten en acciones de compañías de diversa índole, diversificando así la inversión y reduciendo los riesgos de pérdidas. Al entrar en este tipo de fondos, se obtiene una participación en las ganancias, equitativa al dinero colocado en dicha piscina. Esta es una manera favorable de invertir si no se tiene mucho tiempo para dedicarse a esto o poco conocimiento sobre el mercado de valores. Es importante saber que estos fondos de inversión tienen un coste basado en comisiones que se deben pagar a quien o quienes administran la piscina y cuotas anuales por el mantenimiento de éstas.

Investigando para saber cómo comprar acciones.

Los fondos de inversión señalados anteriormente son adecuados cuando se desea que una persona realice las operaciones por uno mismo. Pero, si lo que se desea es operar personalmente, es muy importante seguir las siguientes pautas:

Investigación

Es necesario realizar un estudio profundo del mercado, las acciones, las empresas, las noticias, los precios y otros elementos antes de decidir colocar el dinero en acciones. La existencia de internet ha favorecido mucho esta investigación, ya que se pueden encontrar varias web en las que, por ejemplo, se obtiene información fresca sobre las empresas de interés. Detalles como: a qué se dedican, cómo están sus finanzas, quiénes la dirigen, cómo se ha comportado el precio de sus acciones en un tiempo determinado, y otra serie de datos.

Por otra parte, es bueno conocer un poco las empresas en función de la información suministrada por terceros ajenos a ella. Es decir, buscar noticias sobre la empresa que interesa: qué se dice, qué ha pasado, cuál es la opinión de los expertos sobre ella y otros datos relevantes. Lo más recomendable para aprender a cómo comprar acciones es enfocarse desde un principio en las grandes empresas del mercado bursátil. Esto se debe a que es recomendable iniciar la inversión con estos consorcios de primera línea por ser muy conocidos, tanto por inversores como por consumidores, dándoles una estabilidad general. Dicha estabilidad provoca que las acciones no tengan movimientos bruscos en su precio en un período de tiempo largo, haciendo que las posibles ganancias sean mínimas pero, como ventaja, permiten aprender mucho sobre el mercado financiero. Dentro de ellas destacamos: Google, Apple, Facebook, McDonalds y Walmart.

Una vez elegida la empresa, el siguiente paso es estudiar algunos de sus indicadores financieros y hacer una comparación de estos con los indicadores de las compañías que compiten con ella. Dentro de estos indicadores debemos observar:

Margen de beneficio
Este es el resultado que indica cuánto es la ganancia de la empresa por cada dólar/euro invertido. Lo cual se deriva de la siguiente fórmula, donde la ganancia es de 15 centavos por cada dólar/euro vendido: 0,15 centavos / 1 dólar/euro = 15% de margen de beneficio.

Analizar la equidad en relación al retorno

La equidad es el total de dólares que tienen invertido los accionistas y el retorno es la cantidad de dinero, cantidad porcentual, que vuelve al accionista por el capital invertido. La relación es la siguiente: Si la ganancia de la empresa 150.000 dólares/euros y equidad de 2.500.000 dólares/euro, el retorno es 150.000 / 2.500.000, es decir, del 6%.

Al analizar este indicador, y tras observar que el porcentaje de retorno es constante en el tiempo o va en aumento, se puede pensar que es una acción con buenas posibilidades de ir creciendo y causar dividendos.

Invertir en amazon

Amazon comenzó a darse a conocer a finales del siglo XX, y desde entonces, su crecimiento ha sido exponencial. Desde que Jeff Bezos fundara una pequeña tienda online de libros llamada Amazon hasta la actualidad en 2020, Amazon no sólo ha revolucionado la venta de libros, sino la de cualquier producto que se nos ocurra. Y no sólo eso, por el camino ha entrado en nuevas industrias y sectores como la nube con AWS (Amazon Web Services). Es más, incluso se ha subido a la moda de la series, incluyéndolas en su oferta de Amazon Prime.

En su crecimiento a nivel negocio, sus acciones y su
capitalización también han acompañado. No obstante, la
cotización de las acciones de Amazon ha tenido momentos
mejores y peores. Cuando se vivió el boom y burbuja
tecnológica del 2000, las acciones de Amazon subían cada
día de forma imparable. Justo después, pinchó la burbuja y
la bajada fue tremenda. Sin embargo, durante todo el
proceso, Amazon seguía creciendo y haciendo evolucionar
su negocio. Tanto es así, que es líder en venta online en
prácticamente todos los países del mundo, incluyendo a los
de lengua española como España, México, Colombia,
Chile, Argentina, y muchos más. Toda esta inversión que
hizo Amazon en su crecimiento posteriormente influyó en
su subida en Bolsa.

Evidentemente todo este crecimiento requiere mucha
financiación, por lo que durante muchos años, Amazon no
sólo no ha tenido beneficios, sino que ha estado perdiendo
dinero. La fuerte inversión que supone crear almacenes,
sistemas de reparto, la compra de stock, etc. ha significado
que los gastos sean muy grandes durante mucho tiempo.
Por este motivo, hasta hace unos pocos años, Amazon no
ha sido capaz de ganar algo de dinero. De hecho, nunca ha
pagado dividendos a sus accionistas.

Curiosamente, a pesar de que Amazon ha perdido dinero
durante muchos años, sus acciones subían mucho. Tanto es
así, que Amazon se ha convertido en una de las empresas
de mayor capitalización del mundo, y forma parte de las
famosas FAANG.

La empresa Amazon se ha convertido en uno de los principales líderes del sector de la venta de productos en línea para el público. Además, Amazon es una empresa que pertenece según la clasificación actual, al hombre más rico del mundo.

¿Cómo se compran acciones?

Para comprar acciones (o venderlas) necesitas que un broker lo haga por ti. Un broker es una persona (o una empresa) que está autorizada para comprar y vender acciones en el mercado. Tú le dices qué y cuánto quieres comprar o vender y él te lo hace, a cambio de una pequeña comisión. Lo habitual no es que cojas el móvil y grites "¡Compra! ¡¡Vende!!" Lo normal es que te conectes a internet y te registres en la web de algún broker, abras una cuenta con ellos (como si la abrieses en un banco, el papeleo va y vuelve por correo ordinario) y, desde esa página web, elijas qué quieres comprar o vender y lo ejecutes todo a base de clicks de ratón. Ejemplos de este tipo de brokers son Interactive Brokers, IG, Saxo Bank, Thinkforex, Plus500, GKFX, etc.

Si todavía no sabes cuál es el que más te conviene, deja que yo te aconseje el mejor broker para ti. Lo más probable es que tu banco tenga servicio de broker. Esto es, que te puedes abrir una cuenta de valores con ellos y operar en Bolsa desde tu banco. Aunque es algo más caro, no es mala opción para tus primeros pasos en Bolsa, porque te ahorras algunas dificultades iniciales. Por ejemplo, en un broker normal tendrás que abrir un cuenta y poner dinero en ella, en cambio, en la cuenta de valores que abras con tu banco, el dinero lo puedes sacar directamente de tu cuenta corriente. Además, la mayoría de los brokers no tienen oficinas, o al menos no tienen tanta presencia física como pueda tener tu banco; y poder hablar con una persona de carne y hueso en directo te puede ayudar bastante al principio.

Para comprar acciones, puedes hacerlo en cualquier momento del día si lo haces vía web. No obstante, tu orden sólo se ejecutará si el mercado está abierto (en horario de oficina). Si lanzas la orden fuera de horas, o incluso un domingo, ésta queda almacenada y se ejecutará en los primeros minutos de la próxima jornada bursátil.

¿Cuánto dinero necesito para comprar acciones?
Esta es una pregunta que la mayoría respondería de otra manera. De todos modos, siempre que le preguntas a los expertos sobre un tema qué hace falta para empezar, te dirán que necesitas una cantidad de cosas y detalles a tener en cuenta infinitamente superiores a lo que ellos tuvieron en sus inicios. Y ahí están ellos. Así que tampoco hay que hacer mucho caso a esas opiniones, porque si no no empiezas en nada jamás. Yo opino que, bajo la condición de que lo que quieres es operar por primera vez en Bolsa, sin ánimo de lucro y simplemente con fines exploratorios y educativos, basta para empezar a operar el hecho de disponer de 600€, de los que no se necesita ni necesitará un duro para otros fines, y de los que no hay por qué perder más allá de 100€. ¿Quedó claro? Si no quedó absolutamente claro, por favor, relee el párrafo anterior tantas veces como sea necesario para que así sea. Has de saber que cuanto más dinero tengas para dedicar a aprender en bolsa, mejor. Lo ideal para empezar a aprender a toda máquina es disponer de un mínimo de 15.000€, sin embargo, la mayoría de los mortales tenemos que conformarnos con aprender mientras ahorramos. Tener poco dinero no impide aprender y, mientras no se tenga conocimiento, no importa el dinero disponible, no se puede ganar. Así que primero aprende (practica en pequeño) y luego gana. Al revés nunca funciona.

¿Qué acciones compro?

Cualquiera de las que conforman el IBEX35 es una buena elección para tus primeras pruebas. Repsol, Banco Santander, Endesa, OHL, Ferrovial, Telefónica, Mapfre. Esos son buenos valores siempre. Eso no quiere decir que vayan a subir. Hasta cierto punto, este artículo es atemporal. Estoy escribiendo esto sin saber cómo estará el mercado cuando tú lo leas. Seguro que si compras alguno de los antes mencionados, no te vas a llevar grandes sustos (y no llevarte grandes sustos es lo que más necesitas ahora). Que vayan a subir o no, es cosa del mercado. Suponiendo que pretendas retener tus acciones unos pocos días o semanas, lo mejor es que mires si el mercado está subiendo o no en líneas generales, y ya está. Sin entrar en detalles, si la línea azul del gráfico que sale al pinchar en este enlace apunta hacia arriba en su extremo derecho, en general, puedes comprar algunas acciones de cualquiera de los valores mencionados antes sin grandes preocupaciones por perder mucho dinero. Lo más probable es que no pierdas dinero o incluso que hasta saques algo (comisiones aparte). Si la línea azul (una media móvil de cien días) apunta hacia abajo o está plana, mejor espérate a que vire al alza. Otro detalle digno de mención respecto a qué acciones comprar, es el de elegir cualquier empresa que no esté saliendo en las noticias. Televisión, prensa, internet y demás, están fuertemente manipulados para que el incauto ponga el dinero donde otros puedan robárselo. No piques.

¿Cuántas acciones comprar?

Esta pregunta no se responde fácilmente pero, para una primera operación, te recomiendo el número de acciones equivalente a 600€. Pongamos un ejemplo sencillo: Suponiendo que quieras comprar Inditex, cuyas acciones estuviesen hoy a 44€, suponiendo que las comisiones te salgan en conjunto por 25€, podrías comprar 13 acciones (600-25)/44 = 13. Si tienes más dinero, no te recomiendo que gastes más en tu primera operación. Esto es de prueba.

¿Cuánto se suele ganar comprando acciones?

No hace falta decir que cuánto ganes depende sólo de ti. Se puede ganar, ganar dinero cuando la bolsa baja. Si alguien pierde, otro alguien gana, pues para todo comprador ha habido un vendedor, y viceversa. No hay seguridades completas ni escenarios imposibles. No hay nada escrito y nadie puede predecir el futuro. No obstante, te puedo dar un par de pistas orientativas: La primera, y más importante, es que si eres completamente nuevo en Bolsa, no ganarás ni un duro durante los primeros seis meses. Obviamente, habrá operaciones en las que ganes y otras en las que pierdas, pero en conjunto no ganarás. Esto no es nada grave, siempre que vayas con cuidado y no pierdas hasta la camisa mientras aprendes, pero tenlo en mente. La segunda orientación sobre los beneficios es que a los profesionales les cuesta batir al mercado. Esto significa que, si el IBEX35 sube un 14% entre el 1 de enero y el 31 de diciembre, ellos sudan para superar ese 14%. Conténtate con empezar ganando un 8% anual de forma sostenida y no esperes jamás sacar más del 20% año tras año, salvo que te conviertas en uno de los mejores traders del mundo.

¿Qué más me hace falta tener en cuenta?

Cuando quieras lanzar tu primera orden al mercado, no sólo te preguntarán qué sociedad quieres comprar y cuántas acciones. Además, como mínimo, te preguntarán por el tipo de orden. Hay, a grosso modo, dos tipos de órdenes: En las que fijas cuándo compras o en las que fijas a cuánto compras. Las primeras son las llamadas órdenes de mercado y las segundas son las órdenes limitadas. Cuando compras a precio de mercado compras ya, al precio al que esté cotizando la sociedad en ese instante. Antes de dar la orden de compra, puedes consultar el precio y, en los segundos entre que la orden entra y se ejecuta, el precio puede haber variado un poco. En las órdenes limitadas, tú dices a cuánto quieres comprar, pero tienes que esperar a que el precio pase por ese punto. Por ejemplo, OHL está ahora a 19.1€ y tú quieres comprar a 19€. Si das ahora la orden, es posible que te entre en algún momento de la mañana. También es posible que OHL no vuelva a valer 19€ en los próximos 20 meses. En cualquier caso, especialmente si compras valores del IBEX35, como te recomiendo, no debería preocuparte en exceso comprar y vender con órdenes de mercado (instantáneas). Cuando afines un poco más, tú mismo decidirás qué tipo de orden te conviene más. Una cosa que debes saber es que, aunque pongas 600€, no tienes por qué arriesgar 600€. Si tú entras en Inditex a 44€ (con 10 acciones, por ejemplo) estás poniendo encima de la mesa 440€. Pero, si decides que, si Inditex baja hasta 43€, vas a retirar tu dinero, pase lo que pase, entonces, realmente, sólo estás arriesgando 1€ de cada una de tus acciones, es decir, pones 440€, pero sólo arriesgas 10€. Por ello, cuando des la orden de compra, debes dar una orden de venta también, a ejecutar sólo si las cosas se ponen feas. A este tipo de órdenes se les llama stop loss ("parar pérdidas"). Estos stop loss no son más que órdenes condicionadas que deshacen tu posición si el precio fuese en el sentido contrario al deseado. Si vas a invertir 600€, te recomiendo que pongas un stop, aproximadamente, a 50€ de distancia. Esto es, volviendo con el ejemplo de Inditex: Si compras 13 acciones de ITX a 44€ y no quieres perder más de 50€, debes poner un stop loss en 40.15€ (pues, 50/13=3.85 y 44-3.85=40.15). Las órdenes que se envían a Bolsa y no se ejecutan son gratis. Así pues, no escatimes y pon siempre un stop loss. De este modo, controlarás tu riesgo en todo momento.

Algunos consejos previos a comprar acciones

Si oyes la palabra "futuros", "opciones", "warrants" o "apalancamiento" huye. Simplemente huye, porque, no importa lo que te digan o lo que a ti te pueda parecer, no son para ti. Los productos derivados y el poder de apalancamiento son multiplicadores de riesgo. El aprendiz tiene que practicar con el mínimo riesgo. Todo lo demás es fantasía y, en el mercado, la fantasía se paga muy (pero que muy) cara. No importa lo seguro que estés de tus operaciones, acompaña siempre tus entradas en Bolsa de una orden stop loss de salida de emergencia. Si al final no hace falta, enhorabuena. Si la hace, te ahorrará muchos disgustos y mucho dinero. No sigas los consejos de nadie a la hora de elegir qué valores comprar y vender. Tienes que aprender a pensar por ti mismo y nadie te va a pagar el dinero que pierdas tras haberte aconsejado mal. Ya que eres el único responsable de tus resultados, asegúrate de tener total control sobre tus decisiones y operaciones. No operes intradía. Por si no sabes lo que significa, quiere decir que no abras operaciones con la intención de cerrarlas a los pocos minutos. Ese juego de alta velocidad es reino de los más expertos. Espera a ser uno de ellos para entrar en él.

Mirando un gráfico de bolsa

En cinco minutos entenderás para siempre cómo funciona esto. Verás que es muy sencillo.

En la siguiente imagen (pínchala para agrandar), arriba a la izquierda, podemos ver que en este ejemplo tenemos el gráfico de Apple, la famosa compañía del iPod y los ordenadores Mac.

Además, marcado con un círculo rojo (arriba en el centro), vemos que se trata de un gráfico diario. Esto es lo que se llama un gráfico de velas japonesas, así que cada vela representa un día. Hay gráficos en los que las velas representan semanas o minutos, pero este es diario.

El mercado cada día, abre por la mañana, oscila durante toda la jornada, bajando hasta un mínimo, subiendo hasta un máximo y cierra por la tarde.

Así que, el punto más alto de cada vela es el precio máximo que alcanzó Apple ese día, el punto más bajo es el precio mínimo del día y el cuerpo de la vela (en rojo o en verde, aunque podrían ser otros colores) marca el espacio entre la apertura y el cierre del mercado. Si es verde, el precio ha subido entre que el mercado abrió y cerró. Si es roja, es que el precio bajó

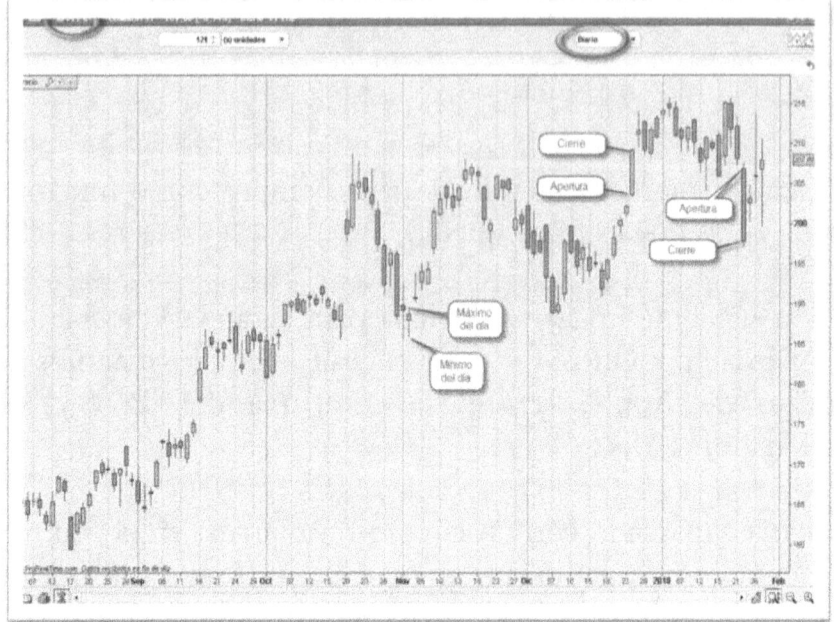

En muchas ocasiones, a los gráficos de precios se les añaden líneas y más gráficos para ver rápidamente la situación del mercado. Parece complicado pero es extremadamente sencillo.

Lo primero que se le suele hacer es agregar una media móvil (en azul) para determinar de un golpe de vista cuál es la tendencia. Vemos, por ejemplo, que en estos últimos días la tendencia es bajista. Aunque mirando sólo a las últimas velas no lo tengamos muy claro, la media móvil lo revela fácilmente:

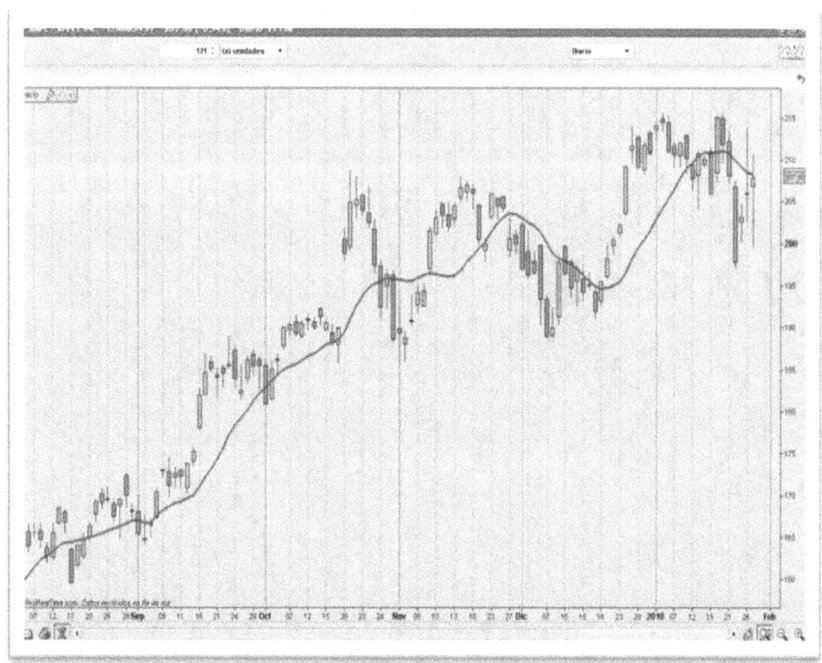

Lo siguiente que se suele hacer es marcar un canal envolvente (en blanco), por el que se está moviendo últimamente el precio de Apple. Si vamos a comprar o a vender esto es muy útil, porque te avisa del margen que es probable del que no se salga el precio en los próximos días.

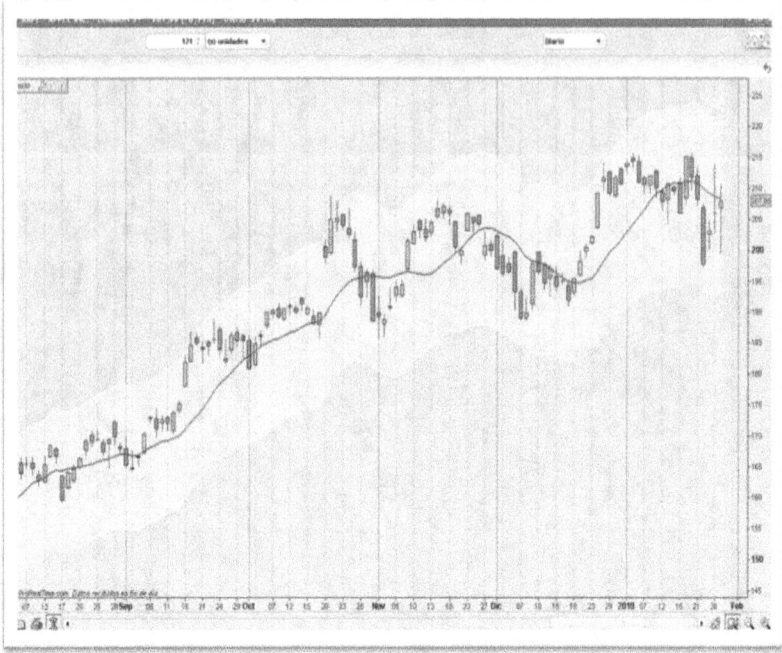

En mucha ocasiones, al gráfico del precio se le acompaña de un gráfico de volumen (prácticamente siempre en forma de barras), que desvela el interés va teniendo la gente en Apple, pues cuenta la cantidad de compraventas que se han hecho durante la jornada:

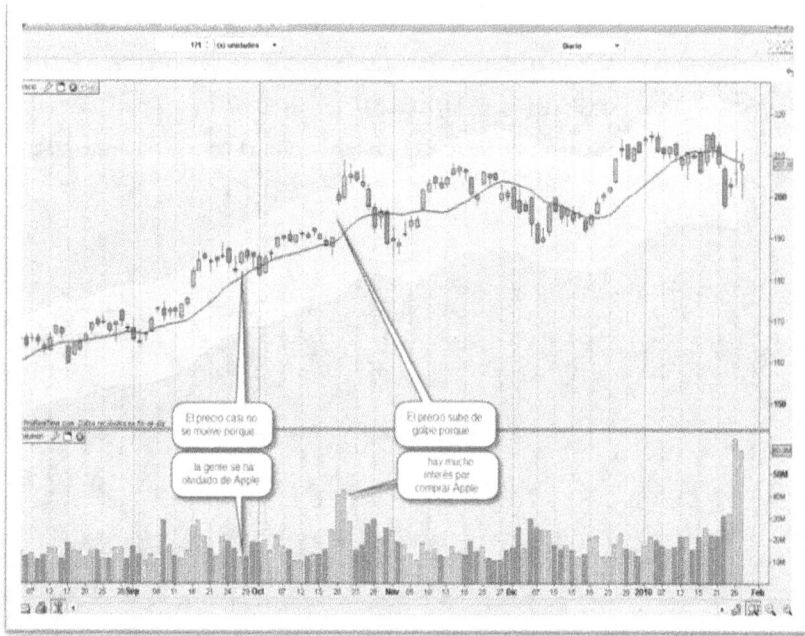

A partir de aquí, al gráfico se le pueden añadir algunos "extras", que son los indicadores técnicos. Hay cientos, pero vamos a mostrar dos de los más comunes, que son tremendamente útiles.

Este que vemos en la próxima imagen, el de las barras verdes o rojas, se llama **MACD** y revela la fuerza que traen los alcistas o los bajistas. Cuando las barras están verdes quiere decir que los alcistas son más fuertes y que el precio tiende a subir, sobre todo cuando las barras cada vez son más largas. Cuando van perdiendo fuerza, y las barras verdes se acortan, **MACD** nos avisa de que el precio va a bajar.

Si las barras están rojas, los bajistas son más fuertes y el precio baja, especialmente si las barras se están alargando cada vez más. Cuando empiezan a acortarse quiere decir que los alcistas están recuperando el control y que el precio va a subir.

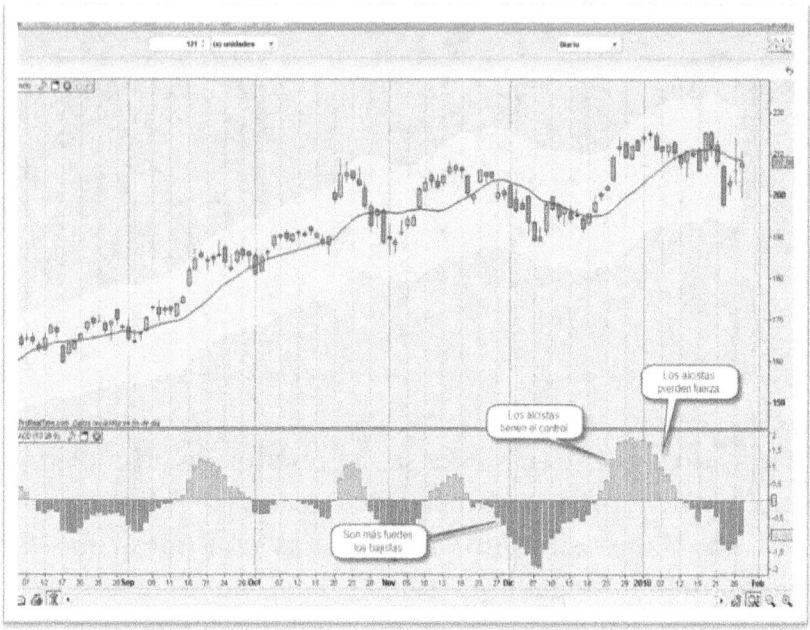

Este otro indicador es la %R de Williams. Es un oscilador y hay muchos parecidos a este. Estos indicadores son fantásticos para encontrar el mejor momento para comprar y vender. Avisan de cuando la gente se ha pasado comprando o vendiendo y llega el momento de hacer lo contrario. Te ayudan a comprar barato y vender caro:

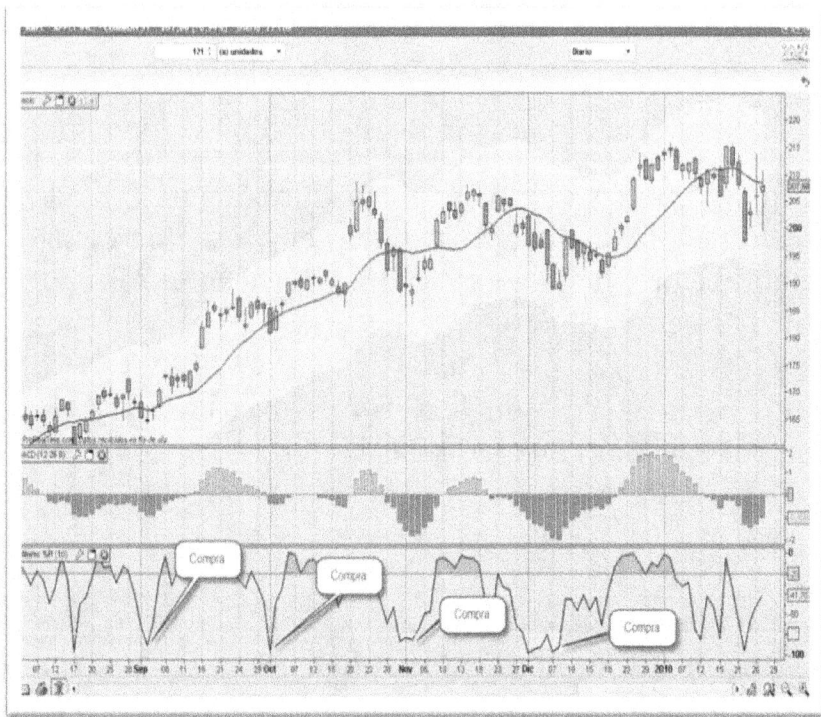

Existen muchos más indicadores y a los gráficos se les puede agregar infinidad de accesorios, pero lo que ya hemos visto es lo más importante.

Errores típicos a la hora de comprar acciones

Comprar acciones es el paso menos importante de todo el proceso necesario para ganar dinero en Bolsa, sin embargo la gran mayoría de la gente ignora este hecho. Por ello, lo normal es perder dinero.

Vamos a ver cuáles son los errores más típicos y cómo podemos evitarlos con unas sencillas reglas:

Tener un plan básico
Lo cierto es que mucha gente compra acciones sin saber de antemano cuánto tiempo mantendrá esas acciones consigo, cuánto pretende ganar y, sobre todo, cuánto está dispuesto a perder.

Antes de hacer nada, es imprescindible tener una idea clara de estos tres puntos.

¿Cuánto tiempo mantendrás esas acciones?
Para el inversor novel estará bien entre algunos días y pocas semanas, pero tienes que saber que no tiene sentido aguantarlas indefinidamente si no están aumentando de valor.

¿Cuánto pretendes ganar al comprar acciones?
Piensa en rentabilidades de una sola cifra, un 8% estaría muy bien para empezar. No esperes duplicar tu dinero.

¿Cuánto estás dispuesto a perder?

Esta pregunta es clave y te ayudará a responder otras cuestiones ¿Asumirás un 10% en pérdidas? ¿Un 1%? ¿1000€? ¿50€?

Sea lo que fuere, debe estar claro antes de entrar, porque si no perderás más que eso.

En ningún caso, deberás permitir pérdidas que superen el 5% de tu cuenta de trading. Es más, sería muy recomendable que nunca superases la barrera del 2%.

Esperar al momento correcto

Igual que uno no intenta subirse a un tren en marcha, tampoco puede pretender tirarse a la Bolsa sin que sea el momento adecuado, pues lo más probable es que resulte atropellado.

Ya que vas a comprar acciones, tiene sentido que lo hagas cuando la Bolsa está subiendo. Para confirmar que estos días está subiendo, asegúrate de que la línea azul del gráfico apunta hacia arriba en su extremo derecho.

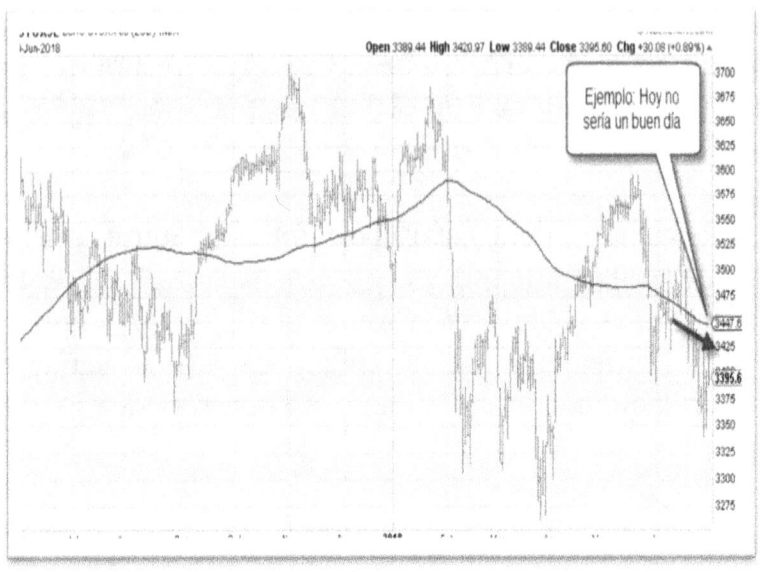

Cuando comprar acciones (y cuándo no)

sta es una explicación muy sencilla, para que puedas decidir
por ti mismo, cuándo es buen momento para comprar
acciones y cuándo no debes hacerlo.

Continuamente, me llegan consultas por diversos canales
pidiendo recomendaciones para comprar. La mayoría de la
gente se centra en qué comprar, cuando lo más importante
es cuándo comprar.

Casi ni importa lo que compres. Si el mercado en general
baja, lo más probable es que lo que tú hayas comprado baje
también . Si todo el mercado sube, probablemente tus
acciones suban, y ganes dinero.

La idea es comprar cuando las acciones estén baratas,
cuando el mercado en general esté barato.

El problema es que tendemos a pensar que un precio bajo y
un precio barato son la misma cosa, pero esto no es así. Las
acciones siempre pueden bajar más o subir más de lo que
lo han hecho nunca.

Por ejemplo, vemos que ciertas acciones han bajado mucho
¿Están baratas? No necesariamente. Puede que sí, pero
también puede que no.

Tenemos métodos muy simples para saber si unas acciones
(o todo el mercado) están baratas o caras.

Vamos a ver cómo hacer para saber si es buen momento
para comprar o no:

En nuestro ejemplo, vamos a centrarnos en el supuesto de que tú quieras comprar acciones de una o varias sociedades españolas fuertes (¡Olvídate de los chicharros!)

Queremos esperar a que el mercado esté barato y comprar en ese momento. Cuando se ponga caro, venderemos las acciones.

Más adelante, explico cómo conseguir este gráfico, ahora fíjate qué sencillo es saber cuándo comprar y cuándo vender.

Se trata del gráfico diario del índice del mercado español, el IBEX35. A este gráfico le hemos añadido debajo un indicador técnico llamado estocástico. Este indicador puede decirnos si el precio está caro o barato (que no siempre es lo mismo que alto o bajo).

Estas son las reglas:

Si el estocástico está por debajo de la línea verde (20), el mercado está barato. Es un buen momento para comprar.
Si el estocástico está por encima de la línea roja (80), el mercado está caro. Es un buen momento para vender.
Entre las líneas verde y roja es mal momento para comprar o vender, tengas o no tengas acciones. No hagas nada.
Por supuesto, lo peor de todo sería comprar cuando está caro y vender cuando está barato.
Aquí tienes, otra vez, el mismo gráfico del IBEX35 con el estocástico añadido debajo:

La información del estocástico no es siempre fiable al 100%, puede darnos pistas equivocadas. No obstante, es mucho más fiable que los consejos del vecino del quinto o que, un día sin más, a ti te dé por pensar que es un buen momento para invertir en Bolsa.

Para evitar problemas con las señales falsas, es fundamental no permitir pérdidas de más del 2% de tu capital en una posición. Al comprar tus acciones, pídele a tu broker que te ponga un stop loss un 2% de tu capital (no del precio) por debajo de tu punto de entrada. De este modo, las pérdidas (de haberlas), serían muy contenidas.

Una forma especialmente conservadora de actuar en función del estocástico es la de comprar sólo cuando el indicador cruza de abajo a arriba la línea horizontal inferior (20) y vender en cuanto el estocástico asoma por encima de la línea superior (80).

Con esta sencilla estrategia, comprarás cuando es correcto y venderás cuando es correcto, incluso aunque luego el mercado se ponga aún más caro, o aún más barato.

Por supuesto, este planteamiento no es válido en un mercado bajista (donde comprar tiene poco sentido).

Un truco inmediato para saber si el mercado es alcista, bajista o lateral es mirar hacia donde apunta la línea azul en su extremo derecho de este gráfico. Aquí tienes un ejemplo de mercado alcista, otro de un momento bajista y aquí una fase lateral:

Un consejo más: No compres chicharros. Compra valores fuertes, cuanto más fuertes mejor, como Inditex, Telefónica, Santander, Repsol...

Estos valores se portan de forma muy parecida al IBEX35 (los chicharros hacen lo que les da la gana) y, mirando el gráfico de antes, podrás predecir si, en general, todos los grandes españoles subirán o bajarán, si están caros o baratos. Así sabrás cuándo comprar y cuándo vender, sin importar demasiado si compras acciones de uno, de otro, o de varios a la vez (que sería lo mejor).

Por supuesto, esta estrategia de compra y venta de acciones es un plan que propongo de buena fe y entiendo como bueno, pero Novatos Trading Club no representa ningún servicio de asesoramiento financiero, por lo que no se responsabiliza de las ganacias o pérdidas en las que cada uno pueda incurrir siguiendo esta estrategia.

Comprar el valor adecuado

Es muy frecuente desear entrar en Bolsa porque alguien que sabe algo nos avisa de que tales acciones van a subir.

Si tu compañero del trabajo te recomienda que compres acciones de cierta sociedad, si crees que cierta empresa va a subir tras ver una noticia en la tele o el periódico, si todo el mundo se está forrando comprando ciertas acciones, te estarás equivocando en el 95% de los casos (¿Te suena el caso de Terra, por ejemplo?)

La manipulación (voluntaria e involuntaria) es enorme y, seguramente, haya intereses detrás que hagan pensar a la gente lo contrario de lo correcto para sus bolsillos.

No caigas y piensa por ti mismo.

Comprar la cantidad adecuada
Otro error frecuente es el de invertir esos euros que te sobran sin averiguar primero si es poco, mucho, o simplemente adecuado.
Así pues, a falta de un plan más preciso, cuando vayas a comprar acciones no inviertas un bloque de menos de 600€ (preferiblemente de 1000€). Evitarás tener pérdidas automáticas por no poder neutralizar las comisiones, aunque acertases con el sentido del precio.

Tener una forma de escapar si las cosas se ponen feas

No te cuesta nada darle a tu broker/banco la orden de deshacer la posición si el precio de tus acciones baja de cierto umbral. Esto es lo que se llama una orden stop loss.

Para averiguar dónde ponerla, ten en cuenta las oscilaciones recientes del precio.

Por ejemplo, si vamos a comprar acciones de Inditex, miramos su gráfico histórico y nos fijamos en los vaivenes del precio en las últimas semanas. Basta buscar "cotización inditex" en internet para encontrarlo fácilmente.

Imagina que observamos que Inditex no baja de 22€ desde hace cuatro meses; así que tendría sentido poner nuestra orden de stop loss en 22€.

Nada más comprar tus acciones, lanza tu orden stop loss. Te ahorrará muchos disgustos y no te costará nada.

¿Cómo comprar acciones de Amazon?

Teniendo en cuenta que la compra de acciones de Amazon no es tan sencillo como hacer uso de la plataforma minorista, una de las formas más accesibles para invertir en acciones de Amazon es utilizando los CFDs. Este tipo de productos nos ayudan a entrar en la inversión bursátil sin tener como intermediarios a bancos u otro tipo de fondos de inversión que muchas veces hacen que no sepamos dónde se invierte nuestro dinero. No obstante, recordemos también que este tipo de productos bursátiles son sumamente complejos y que la CNMV no recomienda su contratación para inversores minoristas, así que si decidimos realizar una operación de este tipo recomendamos informarse lo máximo posible sobre sus riesgos.

Los CFDs permiten invertir en Amazon sin tener que comprar una acción entera, es decir, poniendo parte del capital y pidiendo prestado el resto en crédito al operador bursátil que contratemos (por ejemplo eToro). Esto es lo que se conoce como apalancamiento, es decir, invertir por mucho más dinero de lo que realmente inviertes a través de tu broker. Así, si operamos con un apalancamiento de 10 querrá decir que de 1 euro que invirtamos 9 nos los prestarán, por lo que la rentabilidad que obtengas del euro que has invertido en Amazon se multiplicará por 10, ganando un monto mucho mayor que el que te correspondería por el capital invertido. Pero ojo, hay que tener en cuenta que realizar una inversión mala utilizando este tipo de prácticas también conlleva un mayor volumen de pérdidas, ya que si apalancamos en 10, deberemos hacer frente a las pérdidas generadas en nuestro euro y en los 9 prestados. Debemos saber, pues, que los CFDs se comportan de igual manera tanto en la ganancia como en la pérdida, de ahí su riesgo.

Así, contratar CFD de Amazon tiene los mismos riesgos asociados a cualquier contrato con CFDs, pero también cuenta con las principales ventajas de los mismos, a saber, una gran accesibilidad y posibilidad de grandes rentabilidades si decidimos contratar una acción de Amazon. Este tipo de operaciones se han popularizado en los últimos años y han surgido varias plataformas online que facilitan este tipo de operaciones. Los hay de todo tipo y con diferentes mínimos a invertir y opciones para el inversor. Si nos preguntamos, pues, dónde comprar acciones de Amazon, uno de los operadores que más fácil nos ponen la inversión en acciones de Amazon y el control de los mismos es precisamente la española eToro, por lo que si deseas contratar CFDs de Amazon, puedes comenzar a hacerlo a través de este enlace.

De todas formas, desde hace tiempo etoro.com ofrece la posibilidad de invertir en acciones de forma normal, es decir, comprando títulos sin apalancamiento, por lo que nosotros recomendamos esta opción más segura. Así pues, a día de hoy puedes invertir en prácticamente la empresa que quieras, puedes comprar acciones de Google, Neflix, Tesla... lo que te de la gana, con Etoro.

Ganar dinero cuando las acciones de Amazon bajan
Los gráficos antes expuestos nos indican que la tendencia del valor de las acciones de Amazon hasta el momento ha sido el de ir aumentando, por lo que invertir en él puede reportarnos buenos resultados.

No obstante, y por muy paradójico que parezca, también es posible ganar dinero cuando las acciones de Amazon pierden valor. Se trata de utilizar la práctica conocida como ponerse en "corto", es decir, vender acciones que contratarás más adelante. Es otra forma de utilizar los CFD de Amazon, ya que este tipo de productos permiten invertir tanto al alza como a la baja. Si eres de los que siguen las noticias relacionadas con empresas del tipo de Amazon y prevés que el valor de las acciones de Amazon tendrán un retroceso, puedes utilizar este tipo de inversión para ganar dinero.

Al no ser los CFD un producto seguro, ni las rentabilidades pasadas asegurar la rentabilidad futura, podemos utilizar este tipo de productos con inteligencia e invertir tanto a que la acción sube como baja según los inputs que recibamos.

Que la información es poder es un dicho que hoy en día ya casi parece un mantra, pero una buena inversión en el mundo de la bolsa requiere de mucha información previa, por lo que a la hora de invertir en corto en Amazon o realizar una inversión tradicional al alza, recomendamos utilizar plataformas que nos den las herramientas y facilidades necesarias para invertir sobre seguro o al menos acercarse a ello.

Otro sitio donde te puede gustar invertir pueden ser las acciones de Netflix, las cuales llevan un recorrido espectacular y parece no tener fin o en acciones de Uber, una de las empresas más prometedoras de cara al futuro.

Cómo comprar acciones de Amazon

En este momento está listo para comprar acciones Amazon. Siga los siguientes sencillos pasos para comenzar la inversión de acciones Amazon con eToro:

- Tiempo necesario: 5 minutos.
- Decida cuántas acciones Amazon comprará

o Es peligroso invertir más de lo que son sus verdaderas posibilidades.

- Abra una cuenta

o Este enlace lo conducirá a la página oficial eToro para comprar acciones Amazon.

- Haga clic en "Únase ahora" o Regístrese"

o así comenzará el proceso de registro.

- Tendrá que llenar el formulario de registro

o Deberá proporcionar su nombre, dirección de correo electrónico y una contraseña.

- Inicie sesión después del registro
- Busque el nombre Amazon

Podrá encontrarlo digitándolo en el cuadro de búsqueda

Como resultado, aparecerá información relativa a las acciones Amazon y las diferentes opciones para invertir.

¿Es buen momento para invertir?

Ya hemos visto algunos de los factores más importantes de Amazon como empresa, ¿pero es buen momento para comprar acciones de Amazon? Nos gustaría poder darte una respuesta exacta, pero lo cierto es que no sabemos si es buen momento para invertir en Amazon o no, ni cuándo va a serlo. Si lo supiéramos estaríamos haciéndonos ricos invirtiendo en Amazon, en lugar de hablar sobre ella. Y antes de seguir, y ver qué podemos hacer para estudiar cuando es buen momento, déjanos decirte algo. Nadie saber con seguridad qué va a pasar con la cotización de Amazon y su valor. Dicho esto, hay sistemas para estudiar cuál puede ser la evolución de las acciones. A grandes rasgos, hay dos formas: análisis fundamental y análisis técnico.

El análisis fundamental consiste, básicamente, en analizar el negocio de la empresa. Es decir, tienes que estudiar sus cuentas, su balance, sus ventas, sus costes, etc. Evidentemente también tienes que analizar a la competencia, como por ejemplo Alibaba o incluso otras empresas tecnológicas como Netflix, Google o Facebook, que tiene la opción de vender online si lo desean. Este tipo de análisis no es fácil, pues requiere mucho tiempo, y determinar cuál es el valor aproximado de las acciones. Si resulta que nos sale que las acciones valen mucho más que el precio que tenemos que pagar, puede tener sentido comprar. Si por el contrario nos sale un valor inferior, entonces tiene más sentido vender. Evidentemente, con cada compañía hay opiniones de todo tipo. Por tanto, lo mejor es que, en lugar de centrarte en las opiniones de otras personas sobre las acciones de Amazon, seas tú quien analice a Amazon.

Por otro lado, tenemos el análisis técnico, que consiste en analizar los gráficos de la cotización de las acciones. Mediante el estudio de los gráficos, se trata de determinar la tendencia de la cotización. Simplificándolo al extremo, si las acciones llevan subiendo una temporada de forma sostenible, podría entenderse que la tendencia es alcista. Cuando la tendencia es alcista, algunas personas recomiendan comprar. Y lo mismo al revés, si la tendencia es bajar, la recomendación es bajar. Eso sí, no te creas que es tan sencillo. Esto es sólo una simplificación para que entiendas los conceptos. Como todo, aprender a invertir y aprender a realizar un análisis técnico requiere tiempo y formación. Por eso mismo, si quieres invertir en bolsa, nuestra mejor recomendación es que estudies y te formes.

¿Que es un broker de Forex?

Para poder operar en el mercado Forex o en cualquier otro mercado financiero es necesario contar con una cuenta de trading con con corredor o broker y lógicamente contar con fondos en dicha cuenta.

Básicamente un broker (ver lista de brokers de Forex) es una compañía o individuo que se dedica a comprar o vender en los mercados financieros siguiendo las instrucciones de los traders que son clientes suyos. Por este servicio los brokers cobran una comisión, que en algunos casos puede estar incluida en el spread a la hora de realizar las operaciones. Actualmente existe una gran cantidad de brokers online, por lo cual para los operadores con poca experiencia puede resultar sumamente difícil elegir uno que le brinde un buen servicio.

Seguidamente vamos a explicar una serie de pautas básicas donde explicamos cómo elegir un broker Forex adecuado de acuerdo a nuestras necesidades. Es importante que en la elección de nuestro broker, invirtamos el tiempo necesario ya que de lo contrario podemos lamentar en un futuro nuestra negligencia. Hay que recordar que es a una compañía de estas a quien vamos a confiar nuestra dinero.

Pasos para comenzar a invertir con un broker online

Elegir un broker: Lo primero que tienes que hacer es elegir alguno de los brokers recomendados. Elegir uno u otro dependerá en parte del tipo de inversión que quieras hacer (fondos de inversión, acciones, ETFs, CFDs...) Uno de los más completos es Etoro, que además cuenta con la promoción de compra-venta de acciones gratis, sin ningún coste, cuando por norma general en cualquier banco te cuesta mínimo 20€. Otros interesantes son igualmente XTB, Degiro...

Abrir una cuenta: Con cualquiera de estos brokers puedes abrir una cuenta para operar en bolsa completamente online rellenando tus datos personales, dirección, DNI... y en cuestión de minutos tendrás tu cuenta abierta y disponible.

Ingresar dinero en tu cuenta: Una vez tienes tu cuenta abierta, deberás proveerla de dinero para poder comenzar a operar con ella. Normalmente contarás con diversos métodos de ingreso tales como transferencia, tarjeta de crédito o incluso Paypal en muchos casos.

Elegir qué acciones vas a comprar y la cantidad que vas a invertir: Debes hacer un buen estudio de dónde vas a invertir el dinero y cuánto vas a aportar.

Cuánto dinero puedes invertir en bolsa

Esta respuesta dependerá de cada uno. No es lo mismo una persona que comienza a invertir por primera vez y que quiere probar este mundillo a otra con larga experiencia que lleva años invirtiendo.

Si estás comenzando, nuestro consejo es que empieces con una cantidad que te sientas cómodo y que poco a poco vayas viendo que tal se te da.

En este sentido brokers online como Etoro están muy bien porque te permiten abrir una cuenta con ta sólo 200€ para probar. De echo, aunque puedes empezar con esa pequeña cantidad, deberías empezar a invertir con cantidades que rondaran los 2.000-3.000€ para que realmente pudieras ver fluctuaciones en tu efectivo con el movimiento del mercado. De todas formas, como decimos, puedes empezar con esa pequeña cantidad e ir aumentando a medida que afianzas tu estrategia de inversión.

Qué acciones comprar

Esta vendría a ser la pregunta del millón. Existen empresas más sólidas o con ingresos recurrentes que son mucho más estables que otras. Así, este tipo de empresas suelen tener una rentabilidad positiva a largo plazo si bien es cierto tampoco puedes esperar subidas espectaculares de su cotización. En este grupo podríamos incluir a las acciones de bancos como el BBVA, el Santander, Endesa, Repsol... empresas del Ibex35 Español.

Otras empresas, como pueden ser las tecnológicas, farmacéuticas... suelen tener mayor potencial de revalorización, pero hay que tener en cuenta que también son mucho más arriesgadas y al igual que pueden subir mucho también puede bajar si por ejemplo un medicamento no pasa unas pruebas específicas o una tecnología que están desarrollando no evoluciona como se esperaba. Imagínate haber comprado acciones de Google, o comprar acciones de Amazon o Tesla cuando salieron al marcado...

Comprar unas u otras acciones dependerá de tu perfil de inversor, de cuánto quieras arriesgar y de la rentabilidad que esperes conseguir. Lo mejor es siempre tener una cartera de acciones diversificada, que te garantice un rentabilidad por un lado y te de potencial por otro corriendo un pequeño riesgo.

Cuánto dinero puedes ganar

Ganar dinero en bolsaUna vez más, no hay respuesta para ello. Hay quienes han ganado muchísimo dinero en bolsa y quienes han perdido todo lo que han invertido.

Por esta razón insistimos tanto en que lo mejor es primero comenzar invirtiendo pequeñas cantidades e ir subiendo poco a poco tus aportaciones a medida que vas cogiendo experiencia.

Hay acciones que sólo se revalorizan un 2% en un año y otras que multiplican su precio por 2 o por 3 en un mismo período de tiempo. También hay otras que pierden valor por el momento de mercado o porque sus resultados financieros no han sido buenos.

Hay que saber el estado de las empresas dónde se invierten y el trabajo que están haciendo de cara al futuro para saber si es posible que su cotización siga subiendo en el futuro o por el contrario piensas que pueda bajar.

Elegir buenas empresas y con crecimiento de cara al futuro será lo que te haga ganar dinero en bolsa.

Cómo elegir al Mejor Broker Online

Ahora que ya sabemos qué es un broker, veamos cómo elegir un broker de Forex. Deberán tenerse en cuenta los siguientes criterios:

• Los mercados ofrecidos - Siempre es interesante poder invertir en varios mercados al mismo tiempo. Para ello, una buena opción es trabajar con un broker Forex que también ofrezca otros mercados, como CFDs, índices, materias primas, acciones, criptomonedas, bonos o ETFs.

• Diferentes tipos de cuentas de trading - los mejores brokers de bolsa te ofrecerán varios tipos de cuentas: ECN, STP o cuentas con spreads reducidos para depósitos más grandes.

• Spreads - Es evidente que los traders buscan el broker online más barato. Encontrar el bróker con los spreads más bajos es bueno, pero ten cuidado con las diferentes técnicas de marketing, como explicaremos más adelante. Elegir un broker de Forex basándonos en las ofertas de spreads bajos no es una buena estrategia ya que esto no garantiza que se aplique a todo tipo de órdenes.

• Capacidad para elegir el apalancamiento - Forex es un mercado en el que a menudo se opera con apalancamiento. Para gestionar correctamente tu posición, es muy importante que tú mismo puedas elegir el apalancamiento con el que quieres operar.

• Calidad de ejecución de órdenes y deslizamiento o slippage - Tener spreads bajos es bueno, tener órdenes ejecutadas al precio de venta es aún mejor.

- ¿Permite el scalping? - Si estás interesado en el trading de alta frecuencia debes asegurarte de que el bróker que vas a elegir no tiene limitados los estilos de trading. Un broker que permite scalping no tiene un periodo mínimo de tiempo de espera entre el precio de mercado, el stop loss y el take profit, ni establece distancias mínimas de precio.

- Plataforma de trading - Elige el bróker de bolsa que tenga la plataforma de trading con la que te sientas más cómodo y que más se adapte a tus necesidades. Admiral Markets ofrece varias opciones que incluyen MetaTrader 4, MetaTrader 5, MetaTrader Webtrader y los complementos de MetaTrader Supreme Edition para MT4 y MT5.

- Herramientas personalizadas y complementos - los mejores brokers online deben ofrecer un buen soporte para sus traders. Por ejemplo, Admiral Markets creó los complementos MT4 y MT5 Supreme Edition y los puso a disposición de sus clientes y en las cuentas demo. Estas herramientas tienen como objetivo ayudar a los traders de Forex y CFDs a ganar más dinero, con menos esfuerzo.

- Seguridad de los fondos - Elige un bróker de bolsa con cuentas bancarias en Europa y especialmente con cuentas bancarias segregadas. Esto asegura que los clientes tendrán sus fondos disponibles en todo momento y no puedan ser utilizados por el propio broker para propósito alguno.

- Regulación del broker online - Los mejores brokers tienen una buena regulación. Siempre va a ser mejor abrir una cuenta con un bróker regulado, para evitar posibles irregularidades o estafas en el trading.

• Broker Forex No Dealing Desk o Dealing Desk - Dependiendo de tu estrategia, elige el broker STP, ECN o No Dealing Desk que sea más interesante para ti. Asegúrate de que tu bróker te ofrece un modelo de ejecución que se adapte a tus necesidades.

• Servicio de atención al cliente - Tener un broker con servicio de atención al cliente en español, y con oficina en España es mucho más conveniente y tranquilizador. Siempre podrás acudir de forma presencial a aclarar tus dudas o problemas. Es una forma de garantía de que será mejor broker que otros.

• Formación - un broker de Forex no está autorizado a dar consejos de inversión, pero puede ofrecer servicios de formación con un carácter general en Forex. Para los traders principiantes es esencial comprender la terminología del trading, por lo que un bróker con un buen servicio de formación siempre es la mejor opción. Admiral Markets ofrece varios cursos, tanto presenciales como online, y una completa biblioteca de artículos y tutoriales sobre Forex, trading de CFD y trading en general.

Resumen de consejos sobre cómo elegir un broker de Forex
Para sintetizar todo lo discutido en este apartado, si un operador quiere invertir con confianza en los mercados financieros debe elegir un broker de Forex que cumpla lo siguiente:

--Estar debidamente regulado y capitalizado.
--Ofrecer spreads bajos.
--Contar con una plataforma de trading estable con un paquete de análisis y de gráficos adecuado.

--Tener un apalancamiento y requerimiento de margen adecuados al depósito inicial del cliente.

--Tener un mínimo de apertura de cuenta relativamente bajo.

--Brindar ejecuciones rápidas y eficientes.

¿Cuánto dinero necesito para hacer trading?

¿Has estado realizando cálculos últimamente? ¿Te duele hasta la última muela de tanto pensar? ¿Peor que el teorema de Pitágoras? No te preocupes, la pregunta "cuánto dinero necesito para hacer trading" es de las más ambiguas a nuestros ojos y también de las más pensadas por parte de todo aprendiz de Trading.

Bien, en lugar de decirte el dinero exacto necesario para hacer trading ahora, iremos por partes para que entiendas el porqué de esta cantidad.

Para empezar a hacer trading, necesitarás dinero para pagar a un broker,

Hoy en día existen brokers muy baratos para operar en trading online, con una cantidad de 50 – 100€ ya puedes abrirte una cuenta para comenzar.

Una vez contratado el broker, verás que existen distintos tipos de productos financieros para empezar a operar

Puedes ganar dinero en los mercados con estos 7 productos financieros:
Hay quien se centra en uno, hay quien diversifica (sabia opción) y, supongo, que habrá algún ente superior que los domine todos.

En el capítulo siguiente te explico en detalle

Dinero necesario para invertir en trading con acciones

Para comprar y vender acciones cuando estas suben o viceversa, es decir, para hacer trading con acciones y ganar dinero con ellas, recomendamos una cantidad mínima de 2.000€.

Puedes operar con menos, claro, pero te servirá sobre todo para aprender, ya que existen demasiadas comisiones y no te saldrá rentable.

Si estás empezando en el mundo del trading, te recomendamos empezar con acciones debido a su sencillez.

Si te decides por este producto financiero, nuestro artículo sobre ¿cómo invertir en bolsa? te ayudará bastante.

Dinero necesario para operar en Forex

El dinero que necesitas para operar en trading de futuros, será mayor que el necesario para operar en Forex. Esto se debe a que en Forex existen microlotes (número prefijado de unidades del activo con el que se quiere operar) que requieren mucha menos garantía. Las cuentas micro permiten operar con sólo $10. Un micro-lote son 1.000 unidades de la moneda base. Se suele trabajar con cuentas micro porque el dinero necesario para empezar a invertir es mucho menor que en los lotes, que corresponden a 100.000 unidades de la moneda base.

Puedes empezar a operar con una cantidad mínima de 150€, eso sí, no esperes obtener grandes beneficios con este tipo de operaciones.

Dinero necesario para hacer Trading de futuros

Para empezar a aprender a hacer trading de futuros, nosotros recomendamos una cantidad mínima de 6.000€. ¿Por qué? Porque te permitirá cubrir las comisiones y los gastos que cada operación conlleva. Esto lo puedes calcular a través del tick, un tick equivale al cambio de precio más pequeño que se puede dar en un mercado, teniendo en cuenta que los mercados de futuros más accesibles suelen tener un precio de 5$ implica que cada variación de tick arriba o abajo, estoy ganando o perdiendo 5$ en mi cuenta.

Menos, es muy poco dinero y vamos a tirarnos literalmente de los pelos hasta quedarnos calvos cuando vayamos perdiendo 100 dólares en una operación (gran error porque 100 dólares en una cuenta de 2000 suponen un 5% de pérdida. Y en una de 1000, supone un 10% de pérdida).
Los contratos de futuros lo que hacen es replicar un activo, y la cantidad mínima para abrir una cuenta es de aproximadamente 1000€ y pico que te piden como garantía (esto es en los micro-futuros).

Nosotros como expertos, si lo que buscas es ganar dinero con el trading, recomendamos una cantidad mínima de 20.000€ para este tipo de operaciones. Se trata de una cantidad que te permite diversificar, y la diversificación siempre es una buena manera de deshacerte de parte del riesgo y dejar de pensar en las constantes comisiones.

Seguramente necesites una cantidad incluso mayor en el caso de que le otorgues una mayor prioridad a los ingresos. La razón es mantener el riesgo bajo control, ya que le prestarás más atención a las fluctuaciones del mercado y a cada una de tus operaciones.
Conoce tu perfil de trader

Dicho esto, puedes plantearte unas cuantas preguntas personales para dejar claro tu cometido. La insoportable levedad del ser es recomendable pero no es tiempo de filosofar, aquí van:

¿De cuánto dinero dispongo para invertir sin poner en peligro mi situación económica?

¿Quiero que sea mi fuente principal de ingresos, quiero vivir del trading? ¿O simplemente quiero que sea una fuente secundaria de ingresos?

¿Qué tipo de trader soy? ¿Estoy dispuesto asumir grandes riesgos o prefiero ir sobre seguro?

Todas estas preguntas tienen una respuesta en común, y es la formación. El trading requiere constancia y disciplina. Lecturas diarias y continuidad. Cada día hay multitud de personas que lo dejan por desesperación. El trading no se trata, como algunos dicen, de un engaño. Se trata de conocimiento, como todo.

Productos financieros principales en trading

Trading e inversión con acciones
Las acciones son el producto financiero más conocido.

Las acciones son muy fáciles de entender: Si crees que Apple va a subir, compras acciones de Apple, esperas, vendes y te embolsas la diferencia. Esto es trading.

La otra forma de ganar dinero es simplemente invertir (ya no es trading) en empresas que pagan un buen dividendo, sin importar si su precio sube o baja. (Es más, si baja, quizás aproveches para comprar algunas acciones más a buen precio).

Cuando inviertes, tú compras la acciones y, una o dos veces al año, te dan un pequeño porcentaje de beneficios (dividendos) por ser dueño parcial de la empresa.

La principal ventaja de operar con acciones es la sencillez. Compras (o vendes) un número de acciones a un precio, para después cerrar la operación.
Los gráficos de acciones son bastante limpios y coherentes con su historia y puedes operar en cualquier marco temporal, incluso utilizarlas como inversión a largo plazo.

Encontrarás brokers de acciones con gastos de operativa bastante bajos, incluso puedes operar con acciones en tu propio banco, aunque no lo recomiendo porque éstos suelen ser notablemente más caros.

La principal desventaja es que, en la mayoría de brokers, no podrás operar en corto con acciones al contado, lo cual limita un poco tu operativa.

La cuenta mínima que recomiendo para empezar con acciones es de 2.000€. Por supuesto, puedes empezar con menos para aprender más rápido, pero las comisiones se comerán los beneficios que puedas tener.

Como consejo personal, si tienes que empezar por algún sitio, que sea por aquí.

Podrás ir a tu ritmo y alternar operaciones de días, semanas e incluso meses y, lo más importante, aprenderás a controlar tu riesgo poco a poco.

Inversión y trading con ETF
Los ETF (fondos cotizados) son unos productos financieros no muy utilizados (por desgracia), pero muy potentes. De hecho hay gente que los prefiere a las acciones.

¿Te interesan los ETF? Por supuesto que sí.

En la práctica funcionan básicamente como las acciones: Se compran o venden por unidades enteras y, en algunos casos, generan dividendos.

Los gastos de operativa y el tamaño de cuenta es muy parejo al de las acciones.

Una de las principales ventajas de los ETF respecto de las acciones es que te permiten operar en otros mercados con gran facilidad.

Puedes hacer trading con ETF que replican índices, sectores, materias primas, bonos...

Son una opción muy potente para operar a largo plazo como estrategia de inversión.

Desventaja: Hay que saber elegir bien el ETF, porque varía mucho su rendimiento en función de su liquidez y del coste de gestión del propio ETF (son productos creados y comercializados por gestoras y esto se paga).

Comentar también que hay ETF inversos y apalancados, que te permiten una operativa más arriesgada, pero con mayor rentabilidad potencial.

Si quieres buscar ETF interesantes, te recomiendo ETFdb y Morningstar.

Trading con CFD
Los CFD son ideales para gente que empieza y tiene poco dinero para experimentar. No son el mejor producto, pero para trastear un poco y cogerle el aire al trading, vienen muy bien.
Los CFD (Contracts For Difference) son productos financieros que replican a un subyacente (oro, acciones de Telefónica, bitcoin, el índice alemán DAX, etc).

Pueden replicar casi cualquier cosa: Hay CFD sobre acciones, sobre índices, sobre criptodivisas, sobre ETF, etc.

Es el producto que suele elegir mucha gente para empezar en el mundo del trading, debido a que no exige una cuenta demasiado grande para operar.

Tienes la ventaja de poder abrir cortos en cualquier subyacente.

Sin embargo, sus gastos de operativa son elevados, ya sea en forma de comisión, spread o swap (comisión por mantener la posición abierta de un día para otro).

Los brokers de CFD son abundantes, así que, para evitar sorpresas, fíjate bien en estos detalles antes de abrir una cuenta. Algunos que sé que funcionan bien están en nuestra tabla de mejores brokers.

Otra desventaja de los CFD a tener en cuenta es su liquidez y la variación del precio respecto al activo que replican, que en algunos casos puede ser demasiada. Simplemente, mantente atento a estas cosas.

Inversión y trading con criptodivisas
Están de moda, y no es por casualidad. Vale la pena considerarlas muy seriamente.

Es raro que a estas alturas no hayas oído hablar sobre criptodivisas. Cada día tienen más adeptos y los proyectos tecnológicos en base a ellas no paran de crecer.

Aunque también es verdad que aparecen nuevas altcoins hasta debajo de las piedras, por eso tienes que tener cuidado si decides entrar en este mundo.

Si quieres ver las principales criptodivisas, te recomiendo que visites Coinmarketcap.

Las criptodivisas, al igual que las acciones y los ETF, las puedes utilizar tanto para trading como para inversión a largo plazo. Y para ambos mundos funcionan muy bien.

Importante: En este apartado estoy hablando de criptodivisas reales, las que puedes comprar y mantener en un wallet. Hay que saber diferenciarlas de los CFD sobre criptodivisas, que es lo que la mayoría de los brokers de derivados ofrecen. Si quieres hacer inversión con el activo real, deberás utilizar un exchange. Para trading de corto plazo, casi compensa más un buen broker de CFD que ofrezca criptodivisas.

Como desventaja principal de las criptodivisas (puras, no a través de CFD sobre criptodivisas), está su dificultad de operativa.

No la dificultad de operar sus gráficos, ya que sirven las mismas técnicas de entrada y salida que con las acciones (por ejemplo) que te enseñaremos si te unes a nuestra escuela, sino la complejidad de su manejo .

Si estás empezando, te va a costar aprender a gestionar las transferencias, las cuestiones de seguridad, los diferentes pares que hay para una sola moneda, las diferencias entre exchanges...
Digamos que es un poco "coñazo" empezar, pero una vez que coges experiencia, es uno de los productos financieros con más posibilidades.

Si quieres empezar a trastear un poco con sus gráficos, te recomiendo que utilices TradingView, tienes casi todos los pares disponibles en el mercado.

Futuros y daytrading: Un equipo muy potente
La operativa con futuros en trading está ligada al intradía.

Los traders con amplia experiencia (y amplias cuentas) utilizan este producto financiero para conseguir altas rentabilidades.

Te permiten especular directamente, mediante contratos, sobre el movimiento del precio del S&P500 o sobre el precio del oro, por ejemplo.

Ventajas:

Puedes operar directamente en futuros sobre índices y materias primas (commodities), sin tener que utilizar CFD, ahorrándote así unos costes más elevados y a veces notables diferencias en la cotización.
Gastos de operativa realmente bajos.
Oportunidad de grandes rentabilidades al poder abrir cortos y ser un producto apalancado.
Desventajas:

Necesitas una tamaño elevado de cuenta. Podrías empezar con unos 20.000€, pero en algunos futuros necesitarás bastante más.
Requieren un alto nivel de experiencia y exigen un extra de esfuerzo personal (como toda operativa intradía).
Una curiosidad de los futuros
Una característica de los futuros es que su nombre completo es "contratos de futuros". Y estos contratos caducan. Cuando lo hacen tu posición se cierra.

Así que si compras, por ejemplo, un contrato de futuros del cacao, y se te olvida cerrar la posición (venderlo) antes de que expire, seguramente recibas una llamada de tu broker preguntándote a qué dirección quieres que te manden las 10 toneladas de cacao que acabas de comprar.

Sé a más de uno que le ha pasado. Y al final no pasa nada, porque siempre tienes la opción de, pagando una pequeña multa por despistado, seguir con tu vida normal, sin necesidad de tener que guardar un contenedor industrial lleno de cacao en el salón de tu casa.

Para evitar esto, hacemos lo que se llama un rollover del contrato.

En la práctica, cuando operas con futuros, aún teniendo en mente la fecha de expiración del contrato, ya notas en el gráfico como la liquidez se pierde y el mercado está migrando de un contrato al siguiente. Cierras en este contrato, abres en el siguiente y santas pascuas.
En caso de querer intentarlo con los futuros, sin tener capital suficiente, siempre puedes hacerlo con CFD. No está mal, y puedes hacerlo perfectamente, pero échale antes un vistazo a este artículo: Los problemas de operar índices y commodities con un broker de Forex y CFD.

Forex: Trading con divisas
Es el mercado más grande y más líquido del mundo, con el par EUR/USD a la cabeza como el más negociado.

Se mueven cifras astronómicas a diario. Puedes ver todos los detalles en la web oficial del Banco de Pagos Internacionales. Si quieres saber más te recomiendo mi artículo sobre qué es Forex y cómo funciona.

Básicamente, la operativa con Forex, consiste en especular sobre el movimiento de una divisa respecto a otra: Euro respecto dólar, dólar respecto libra, yen japonés respecto franco suizo... Y así un largo etcétera.

Permanece abierto las 24 horas, ofrece altos apalancamientos y no requiere de una cuenta muy grande para empezar, por lo que resulta muy atractivo para los recién llegados.

Pero ojo, es sumamente complicado operar en él, puesto que su actividad es frenética.

Está enfocado principalmente al daytrading, pero también se puede utilizar para hacer operaciones de cobertura de divisa para periodos más largos.

Si te interesa este producto, empieza con mucho cuidado, ya que puedes pulirte la cuenta en cuestión de días (o minutos).

Existen incontables brokers de Forex en Internet que te prometen ser el mejor y alardean de no tener comisiones, pero cuidado con esto porque luego tienen unos spreads de miedo...

Si quieres un buen broker de Forex, aquí tienes uno de los más serios que conozco.

Trading con opciones financieras

Las opciones financieras conforman un mercado potente, muy técnico y con enormes posibilidades.

Una opción no es un activo, sino un contrato (una apuesta, si quieres entenderlo así) sobre el comportamiento de un activo en el futuro próximo. Y puede que aciertes o no.

Cuando compras una opción pagas muy poquito por ella y, si aciertas, ganas mucho dinero. Pero claro, no es nada fácil acertar.

Cuanto más difícil acertar, más ganas con la opción. Fíjate que esto implica que, como cuanto más se acerca la fecha de expiración, más fácil es acertar, también menos ganarás con la opción. Es decir, su valor cambia con el tiempo.

Puedes comprar opciones de dos tipos: Opciones call y opciones put. Las call las compras cuando prevés que algo va a subir (hasta cierto punto y antes de determinada fecha). Las opciones put las compras cuando crees que algo bajará (de nuevo, hasta cierto nivel y antes de un tiempo concreto).

Con una cuenta de 2000€ podrías empezar a hacer pruebas de este tipo.

La gracia del asunto es que también puedes hacer lo contrario:

Si crees que algo no va a subir significativamente durante un tiempo, puedes vender una opción call. Y, simétricamente, si crees que algo no va a bajar, puedes vender una opción put y ganar dinero con ello. Una forma estupenda de ganar dinero cuando el mercado no se mueve ¿no crees? (Ojo con este tipo de operativa, porque requiere un tamaño de cuenta muy superior. Piensa a partir de 10.000€).

A esta forma de operar, comprando o vendiendo una opción (put o call) sin más, se conoce como naked options trading (trading de opciones desnudas).

La vuelta de tuerca de todo esto es combinar compras y ventas de opciones put y call de forma muy medida y estudiada, lo que da lugar a estrategias interesantísimas y que pueden llegar a ser sumamente complejas.

Las griegas
Hay una diferencia entre las opciones y el resto de los otros productos, incluso de los futuros, si despreciamos el efecto del rollover, por operar exclusivamente intradía. Esta diferencia es que las opciones financieras incorporan la variable tiempo.en la ecuación: No sólo tienes que acertar con la dirección del precio, también tienes que clavar el cuándo va a llegar al objetivo. Esto puede volver a las opciones increíblemente complejas y difíciles de operar.

Para poder entender y manejar la oferta de opciones que hay (precio, plazos, tipos) y su cambio de precio esperado con el paso del tiempo, hay definidos una serie de parámetros que tienen nombres de letras griegas (como la δ, la θ, la γ, la ρ). De ahí el concepto de las griegas.

No vamos a entrar ahora eso, pero tienes que saber que, para operar (bien) con opciones, las griegas tienes que dominarlas. Y no es fácil.

Qué tipo de producto financiero elegir para empezar (o continuar)
Esto es algo muy personal.

Te he contado las características de cada uno y tú sabrás mejor que nadie cuál se adapta más a tu perfil.

Si estás empezando o todavía no lo has hecho, desde luego, mi consejo es que lo hagas con acciones al contado (CFD sobre acciones si no dispones de mucho capital).

También tienes la opción de centrarte en inversión a largo plazo, sobre todo con ETF, si tu tiempo es muy limitado.

Ahora bien, si puedes diversificar, mejor.

Te pongo **MI RANKING** (lo pongo en mayúsculas para que se note que es una opinión personal basada en mi experiencia) de preferencia a la hora de elegir productos financieros:

--Acciones (swing trading e inversión a largo plazo) o CFD (swing trading)
--ETF (Swing trading e inversión a largo plazo)
--Criptodivisas (Swing trading e inversión a largo plazo)
--Forex (Swing trading y cobertura de divisas)
--Forex intradía
--Futuros
--Opciones financieras

Análisis técnico

El conocimiento sobre como operar y el mercado, es extremadamente importante para los inversore en línea. Siempre hay que aprender más, ampliando su comprensión de los diferentes conceptos y estrategias, mejorará su capacidad para tomar decisiones comerciales. En artículos anteriores, hemos cubierto los conceptos básicos de comercio en línea, pero ahora estamos pasando al siguiente nivel al discutir el análisis técnico. ¿Estás listo para descubrir esta nueva y popular estrategia comercial? Es mejor que estés, porque estamos empezando ahora ...

Comprensión del análisis técnico
La idea básica detrás del análisis técnico es bastante fácil de entender. Este es un método a través del cual los comerciantes usan los movimientos históricos de los precios para tratar de predecir los futuros movimientos de precios. No sabemos si la historia realmente se repite, pero según el análisis técnico, los movimientos de precios tienden a repetirse y se mueven en ciertos patrones que pueden ser rastreados y reconocidos

Gráficos, gráficos y gráficos

Quiera o no, si desea dominar el análisis técnico, necesita arrollar las mangas y prepararse para hacer frente a las cartas. Esta es la principal herramienta para los comerciantes técnicos por buenas razones. Si toda la información del mercado se refleja en el precio (en teoría por supuesto), entonces lo único que los comerciantes deben considerar es el movimiento de precios. ¿Qué tipo de gráficos hay? Vamos a entrar en los gráficos en breve, pero en primer lugar, vamos a hablar de dos tipos de animales: Osos y toros.

Las tendencias del mercado

Cuando usted opera online (o offline por esta causa), usted encontrará a menudo el término "tendencia del mercado". ¿Qué es una tendencia? En palabras simples, es la dirección general del movimiento de precios de un instrumento, o de un mercado específico. ¿Cuánto dura una tendencia? Difiere. Dependiendo del calendario, las tendencias pueden durar años o minutos, pero las clasificaciones comunes aceptadas son a corto plazo, a medio o largo plazo. Debido a que el mercado sólo tiene dos direcciones - hacia arriba o hacia abajo - la tendencia se puede describir de una de dos maneras; o tambien " bull market" o " bear market". ¿Qué tienen que ver estos animales con el trading? Aguanta, estamos llegando a ella

Los mercados de Bull y Bear

Usted probablemente ha escuchado los términos "bull market" y "bear market" antes. Se utilizan comúnmente en noticias financieras y análisis de mercado. Aquí hay una explicación rápida de lo que significan.

Bull marketBull market

Un Bull Market es un mercado financiero en el que los precios están aumentando o se espera que aumente. Este tipo de mercado se caracteriza a menudo por el "optimismo" y por una sensación de confianza que se genera entre los inversionistas. Tradicionalmente, cuando la gente decia "bull market", querian decir mercado de valores, pero hoy en día también se utiliza para describir el comercio de materias primas y de divisas

Bear marketBear market

El bear market es el contrario del bull market. En un mercado de este tipo, los precios están bajando o se espera que caigan. Un mercado bajista se caracteriza por un pesimismo general y un sentimiento de inestabilidad e incertidumbre entre los inversore.

¿Por qué el toro y el oso? Hay muchas respuestas a esta pregunta y, aunque ninguno está probado - y probablemente la mayoría de ellos son ficticios - nuestro favorito personal es cómo estos animales atacan. Un toro empujará sus cuernos hacia arriba. Un oso deslizará su cuerpo hacia abajo. Esto refleja los movimientos del mercado: Subir durante el mercado alcista, hacia abajo durante el mercado bajista. Tiene sentido, ¿verdad?

Los mercados bull y bear pueden utilizarse, en teoría, como indicadores financieros. Por ejemplo, el inicio de un bull market es visto por algunos como un indicador de la expansión económica. El inicio de un bear market es visto por algunos como un indicador de la contracción económica. ¿Por qué? Porque el sentimiento de los inversores con respecto a las condiciones económicas futuras afecta los precios de las acciones

Esperamos no tener que decirles que el optimismo y el pesimismo son términos subjetivos, por lo que es difícil saber cuándo cambiarán los oficios. Sin embargo, no importa qué teoría o estrategia comercial que elija seguir (puede elegir más de uno), la psicología y el sentimiento son siempre parte de los factores que mueven los mercados. Los comerciantes deben recordar esto al tomar decisiones.

Nos comprometimos a explicar más acerca de los tipos de gráficos y tenemos la intención de hacerlo. No dejes que los patrones y todos los números te asusten. Albert Einstein dijo una vez: "No te preocupes por tus dificultades en matemáticas. Puedo asegurarles que los míos son aún mayores ", y ciertamente compartimos el sentimiento. Usted no necesita un título en economía o matemáticas para entender gráficos e incluso ser capaz de hacer cálculos básicos. Danos unos minutos y te mostraremos que es más fácil de lo que piensas.

Tipos de gráficos

Hay muchos tipos de gráficos disponibles en línea y no hay ninguna posibilidad en el mundo que vamos a pasar por todos ellos. Sin embargo, cubriremos los gráficos más populares y utilizados comúnmente, sólo para darle una idea básica de algunas de sus opciones estándar

Gráfico de linea

Comenzaremos con un gráfico de líneas porque, seamos honestos, es el más fácil de entender. Es simplemente una línea siguiendo el movimiento de precios ... eso es todo. La línea se extrae de un precio de cierre específico al próximo precio de cierre. Ofrece una buena visión general del movimiento de precios a través del tiempo. ¿Quieres ver un ejemplo de gráfico de líneas? Aqui tienes...

Gráfica de barras

Un gráfico de barras no es mucho más complicado que un gráfico de líneas, pero incluye más información. ¿Qué queremos decir? Cada "barra" muestra no sólo los precios de apertura y cierre, sino también los altos y bajos relevantes. La parte inferior de la barra vertical indica el precio negociado más bajo para ese período de tiempo, mientras que la parte superior de la barra indica el precio más alto pagado. El precio de apertura se encuentra en el lado izquierdo de la barra, mientras que el precio de cierre está en el lado derecho.

¿Qué es una "barra"? Un solo segmento de tiempo. Puede ser una hora, un día, una semana o un mes. En algunos casos, podría significar 15 o incluso 5 minutos.

Gráfico de velas

Esperamos que esté de acuerdo en que los dos primeros tipos de gráficos que hemos cubierto eran bastante claros. Ahora, vamos a discutir un tercero, y un poco más complejo de tipo de gráfico llamado "candelabro".

Los gráficos de velas tienen en realidad la misma información que los gráficos de barras, simplemente muestran la información de manera diferente. Una línea vertical muestra el rango de precios - de mayor a menor. La diferencia es que la sección media de un cuadro de velas muestra la diferencia entre las tasas de apertura y cierre. Por lo general, si se llena la sección "vela" del centro, el activo se cerró por debajo de la que se abrió. Si está "vacío", cerró más alto de lo que abrió. Sin embargo, en algunos casos, se puede usar un indicador diferente (por ejemplo: diferentes colores), como se puede ver en el ejemplo siguiente.

Soporte y resistencia

Ahora que entendemos las tendencias del mercado, pasemos a la pregunta más interesante de todas: ¿Cómo saber cuando una tendencia está cambiando? Bueno, usted tiene que empezar por mirar el apoyo y la resistencia. Según el análisis técnico - que, recordamos, es teórico, no factual - el soporte y la resistencia representan niveles de precios desde los cuales un instrumento específico rara vez se mueve por encima (resistencia) o por debajo (soporte).

¿Confuso? Aquí está un diagrama lindo que hicimos, apenas para usted.

La idea detrás de esta teoría es bastante clara y todo vuelve a los aspectos psicológicos del comercio, así como la oferta y la demanda. El soporte y la resistencia son los niveles de precios en los que muchos inversionistas están dispuestos a vender el instrumento (si estamos tratando con resistencia) o comprarlo (si estamos tratando con soporte).

En algunos casos, podría parecer que un soporte o un nivel de resistencia se ha roto, pero más tarde, descubrirá que el mercado sólo lo estaba "probando". En teoría, cuanto más "pruebas" que fallan en romper una resistencia o nivel de soporte, más fuerte es la resistencia o soporte. Recuerde sin embargo: El apoyo y la resistencia son los niveles - no los precios reales.

Comprendiendo estos niveles y siguiéndolos, usted debe - según la teoría técnica del análisis - saber cuándo comprar y cuándo vender.

Entender el concepto de volumen de operaciones
Este es un concepto muy importante para los inversores online. Se refiere a la cantidad total de contratos negociados para un instrumento negociable especificado. Si hablamos de acciones, por ejemplo, el volumen es el número de acciones que cambiaron de manos durante un día de negociación específico. ¿Por qué debería preocuparse por el volumen de operaciones? Por lo general, cuando el volumen es mayor, el precio cambia más rápido, ofreciendo más oportunidades para los inversores online. Las noticias sobre nuevos productos o adquisiciones, informes trimestrales sorprendentes y anuncios importantes podrían dar lugar a un aumento temporal en el volumen de operaciones de una acción.

Entendiendo el 'Índice de Fuerza Relativa'

El Índice de Fuerza Relativa o RSI es un indicador interesante que intenta evaluar si un instrumento -o un mercado- está sobrecompuesto o sobrevendido. ¿Cómo? Bueno, sin entrar en los cálculos específicos, compara pérdidas y ganancias recientes en un período de tiempo especificado. El RSI se clasifica comúnmente como un indicador de momentum

Puntos de pivotePuntos de pivote

Un punto de pivote es un indicador utilizado para determinar la tendencia del mercado en plazos específicos. Los puntos de pivote son utilizados por los inversores para identificar potenciales 'niveles de soporte y resistencia'.

¿Cómo lo calculas? Es fácil: Basta con calcular el promedio de los precios altos, bajos y de cierre de las operaciones del día anterior. En teoría, si el día siguiente las características de comercio estan por encima del punto de pivote, indica un sentimiento alcista. El comercio por debajo del punto pivote indica un sentimiento bajista.

¿Quién usa puntos de pivote? Principalmente a corto plazo los comerciantes que tratan de capitalizar en pequeños movimientos de precios.

¿Qué es MACD?¿Qué es MACD?

MACD significa Moving Average Convergence/Divergence. En pocas palabras, es un indicador de negociación utilizado en el análisis técnico de los precios de las acciones. Teóricamente, se supone que debe descubrir cambios en la dirección, la fuerza, la duración y el impulso de las tendencias en un precio de las acciones específicas. Si usted piensa que vamos a poner las matemáticas antes que usted ahora, piense de nuevo. Si desea dominar los cálculos requeridos, sólo tiene que hacer un poco más de lectura y ver si este indicador funciona para usted.

Elliott WaveElliott Wave
El principio de la onda de Elliott (no un principio real, por supuesto, sólo una teoría) afirma que el mercado tiene ciclos repetitivos, que refleja teóricamente el sentimiento del inversionista, que es afectado por la psicología colectiva. Estos ciclos (aka: 'ondas') supuestamente tienen patrones. Los comerciantes que pueden identificar estos patrones podrían utilizarlos para predecir lo que el precio de un instrumento hará a continuación

Hay más todavia - por supuesto que hay. Si esta teoría pudiera resumirse en un párrafo, no sería una gran teoría, ¿no? Según el modelo de Elliott, los precios alternan entre una fase impulsiva y una fase correctiva. Los impulsos se muestran como un conjunto de 5 ondas de menor grado (alternando también entre el motivo y el correctivo), las ondas 1, 3 y 5 son impulsos, mientras que el 2 y 4 son más pequeños de la 1ª y 3ª olas. ¿Estás todavía con nosotros? Espera, estamos casi listo. Las ondas correctivas incluyen 3 ondas de menor grado (un impulso de contra-tendencia de cinco ondas, un retroceso, y finalmente otro impulso). En los mercados bajistas, el patrón se invierte

Si te sientes débil y desmayado, estarás feliz de escuchar de que esto es tan profundo como vamos. Usted puede hacer una lectura adicional para obtener una mejor comprensión de esta teoría (y la crítica de la misma) y evaluar si realmente puede ayudar a predecir el comportamiento de los mercados financieros.

Estrategia Bollinger BandEstrategia Bollinger Band
Un Bollinger Band ® es utilizado por algunos inversores para medir la "alteza" o "baja" de un precio en relación con las operaciones anteriores. Estas bandas se utilizan como indicadores de volatilidad y se pueden utilizar para identificar patrones. La Banda de Bollinger coloca dos desviaciones estándar de una media móvil básica. Los precios son altos en la banda superior y bajos en la banda inferior. Ahora, sabemos lo que estás pensando: "Esto es bastante sencillo, pero ¿cómo me ayuda a operar?"

Bueno, algunos inversores creen que cuanto más cerca el precio se mueve a la banda superior, más sobrecompra el instrumento es y, por lo tanto, cuanto más cerca el precio se mueve a la banda inferior, más sobrevendido es el instrumento. De acuerdo con esta teoría, cuando las bandas se acercan ("el apretón"), indica que la volatilidad es baja y potencialmente alta volatilidad - y por lo tanto las oportunidades de inversión - por delante. Cuando las bandas se separan, se ve como un signo de baja volatilidad y, por lo tanto, aumenta la posibilidad de operaciones que se salga.

Hay otros factores interesantes. Alrededor del 90% de la acción de precios tiene lugar entre las bandas. Cualquier ruptura - arriba o abajo - se considera un acontecimiento importante. Sin embargo, estos brotes no deben confundirse con señales comerciales. Los desgloses no ofrecen pistas sobre el alcance -o incluso la dirección- de cualquier movimiento futuro de precios

Todo esto, por supuesto, no significa que Bollinger Bands le ayude a operar. Esta es una teoría, que usted puede elegir aceptar o rechazar a voluntad, e incluso si usted elige adoptarlo, las Bandas de Bollinger se usan generalmente en colaboración con otros métodos, no como un autónomo.

Estrategia FibonacciEstrategia Fibonacci
Una secuencia de Fibonacci se caracteriza por el hecho de que cada número que sigue a los dos primeros es la suma de los dos números precedentes. Un ejemplo de una secuencia moderna de Fibonacci sería:
0 , 1 , 1 , 2 , 3 , 5 , 8 , 13 , 21 , 34 , 55 , 89 , 144 , …

Después de algunos números, la proporción de cualquier número al número siguiente es 0.618.
¿Quieres un ejemplo?
34 / 55 = 0.618.

La relación entre los números alternados es 0.382. He aquí un ejemplo:
34 / 89 = 0.382.

Algunos inversores usan los niveles de retroceso de Fibonacci como áreas de soporte y resistencia. Los niveles de la extensión de Fibonacci se utilizan a veces como niveles del "toma provecho". Debido a que muchas personas colocan órdenes de mercado en estos niveles, a veces pueden llegar a ser profecías auto-realizables.

Anteriormente , los inversores necesitaban calcular los niveles de Fibonacci de retroceso y los niveles de extensión, pero ahora, la mayoría de software de gráficos, incluyendo el software que encontrará en iFOREX, ofrece una herramienta de Fibonacci. No es necesario decir que ni siquiera hemos arañado la superficie de la teoría de Fibonacci y sus implicaciones, pero cuando se profundiza en el mundo del trading, aprenderá más sobre él y podrá elegir si desea o no utilizarlo.

Los 2 indicadores de bolsa y trading más usados

Iniciarse en el mundo del trading nunca es sencillo, pero tampoco es tan complicado como puedas pensar. Existen una serie de indicadores de bolsa que te pueden ayudar si estás llevando a cabo tus primeras inversiones.

Estos datos son muy útiles para los novatos, pero no hay que incurrir en el error de elegir mal. Debes dedicar algo de tiempo a conocer los diferentes indicadores que tienes a tu disposición para así elegir los mejores.

Los indicadores de bolsa más utilizados
En muchas disciplinas existen lo que se conoce como "buenas prácticas" y el trading es una de ellas.

Tienes a tu disposición un buen número de indicadores que puedes usar para ayudarte a tomar decisiones de inversión. Pero quizá lo más inteligente sea dejarte guiar por aquellos que durante años han demostrado ser válidos.
Antes de nada conviene que aclaremos que los indicadores técnicos son representaciones matemáticas elaboradas con la información que tenemos sobre el precio, el movimiento y el volumen de
cualquier valor o título cotizado. Así conseguimos una representación gráfica que nos puede guiar a la hora de tomar una decisión acertada de inversión.

Entre los más utilizados podemos destacar:

--Trend Follower.

--Los Osciladores.

--Estocástica.

--Medias móviles.

--Bandas de Bollinger.

--Soportes y resistencias.

--MACD.

¿Cuántos indicadores usar para invertir en bolsa?
En el apartado anterior hemos mencionado siete de los más populares, pero la verdad es que tienes muchos a tu disposición.

Sin embargo, si trabajas con demasiados es posible que consigas el resultado contrario al que buscas y que te acabes liando todavía más.

Lo más recomendable es trabajar con el mínimo número posible de indicadores. Esto te permite ver la información de manera clara y rápida, sin tener que complicarte demasiado.

Ahora bien, ¿qué indicadores usar? Si quieres obtener beneficios en bolsa te pueden resultar de mucha utilidad cualquiera de los que hemos mencionado, pero te pueden interesar especialmente MACD y Trend Follower.

MACD
Usa las medidas móviles y las diferencias para determinar las señales de entrada y salida de activos. Toda la información queda reflejada en un gráfico, por lo que puedes estar al día de las tendencias con solo echar un vistazo.

Trend Follower

Los indicadores de tendencias te ayudan a conocer las opciones menos arriesgadas y más rentables. Hay muchas herramientas de este tipo, entre ellas podemos destacar ADX o las Bandas de Bollinger.

¿Dónde invertir en bolsa?

Conociendo los indicadores básicos para invertir en 2019 podemos comenzar a trazar estrategias de cara a los meses que tenemos por delante.

Aunque los expertos coinciden en que el mercado estará algo volátil a lo largo de este año, muchos aconsejan apostar por las ramas de tecnología y salud, ya que son una tendencia de consumo global.

Si lo que buscas es una inversión más conservadora, una buena alternativa son los bonos emitidos en dólares o euros con un vencimiento que esté en torno a los cuatro años, o incluso recurrir al ya clásico sector de los seguros.

Otra alternativa de inversión conservadora es actuar con paciencia y garantizarse liquidez para tener recursos y poder invertir aprovechando las caídas que se producirán tarde o temprano.

Existen una serie de empresas que son siempre garantía de éxito y que tienen una buena visibilidad de flujos de caja. Ocurre con Repsol, Iberdrola, Grifols, Roche, Rentokil, Airbus y Unilever entre otros. Tampoco hay que perder de vista a los líderes tecnológicos, Amazon, Google o Microsoft siempre son una buena alternativa para los traders.

Sea cual sea tu perfil inversor, si manejas bien los indicadores de bolsa puedes convertir tus inversiones en todo un éxito. Y si quieres seguir ampliando conocimientos, no te olvides de entrar a formar parte del Club BPT

Señales que invitan a no tomar ninguna operación

Una de las claves a la hora de tener éxito en el trading y generar beneficios de manera consistente, es la de no sobreoperar. Este es uno de los errores más comunes de los traders menos experimentados, o de aquellos condenados al fracaso.

Causas por las que sobreoperamos
La sobreoperativa suele venir motivada por dos razones diametralmente opuestas: bien la falta de seguridad, lo que nos hace caer en las dudas (debido seguramente a una mala racha de la que nos queremos reponer cuanto antes), bien por el exceso de confianza, que nos lleva a pensar que somos infalibles y que vamos a cerrar con éxito todas nuestras operaciones (tras una buena racha).

En cualquiera de los dos casos, la emocionalidad suele trascender al rigor, y los traders se alejan de su plan de trading (que debe estar debidamente contrastado) para forzar su operativa.

Pese a ser esa la causa genérica, podríamos hablar de algunos contextos o escenarios concretos en los que existirían más posibilidades de cometer el error de sobreoperar. De esta forma, podemos hablar de algunas señales a considerar que nos deberían disuadir de tomar posiciones.

Señales para no operar en el mercado: la volatilidad

Una de estas señales claras es cuando los mercados reflejan una volatilidad enorme, causada normalmente por una fase de pánico. Todo trader debe medir la volatilidad del mercado en el que opera, independientemente de que lo haga como una mera "toma de temperatura", o que utilice un indicador concreto de volatilidad en su operativa.

Cuando la volatilidad reviste niveles muy altos, puede ser mejor alternativa el abstenerse de operar.

Otro caso típico de incremento fuerte de la volatilidad es en las inmediaciones o justo tras la publicación de datos macroeconómicos importantes.

O también, cuando un activo ha desarrollado un movimiento muy fuerte en muy poco tiempo en una dirección, y pensamos que puede merecer la pena buscar un impulso rápido en dirección contraria.

Del mismo modo pero en sentido contrario, también debemos desconfiar de mercados demasiado pesados, estáticos y que ofrecen rangos muy estrechos. Por supuesto que cada trader se ajusta a una volatilidad en la que suele tener más éxito, pero los niveles extremos de exceso o defecto nos deberían llevar, como norma general, a detenernos.

Racha de pérdidas o ganancias

Otra señal que debemos considerar muy seriamente es la racha de beneficios o pérdidas diaria, semanal o mensual. En nuestro plan de trading se debe incluir un objetivo diario, semanal y mensual de puntos ganados y perdidos al mercado, y cuando se alcance uno u otro, debemos detener nuestra operativa. Perseguir más beneficios (o intentar remontar las pérdidas), en un contexto de sobreoperativa, es una mala idea.

También debemos evitar a toda costa la tentación de operar en horarios o en mercados que no estén incluidos en nuestro plan de trading. Para la mayoría de traders, la operativa se debe centrar en unos pocos mercados y en unas horas muy concretas: de lo contrario caeremos en la sobreoperativa.

Otro elemento recurrente que debemos evitar es el de dejarnos influir por otros traders, tratando de añadir sus sistemas y metodologías a los nuestros, y tomar posiciones que esperamos que tomarían ellos. Nuestro plan de trading debe ser "nuestro", y estar acreditado por nosotros mismos.

Cómo operar en Forex sin apalancamiento financiero

Operar en Forex sin apalancamiento financiero es una opción que se plantean numerosos perfiles de inversores principiantes. Como, por ejemplo, los minoristas.

Es normal que estos tipos de inversores se piensen cómo arriesgan el dinero en sus operaciones, puesto que el apalancamiento les aporta, igual que unas posibilidades de ganancias más altas, un mayor riesgo de pérdidas.

A continuación, te contamos cómo puedes participar en el mercado Forex sin apalancarte. Descubrirás que en el término medio se encuentra la virtud. Sigue leyendo.

¿A qué se llama apalancamiento financiero?
Como sucede con otros muchos conceptos de la ciencia económica, en nuestro país hemos detectado una deficiente formación. Entre otras cosas, se debe a las carencias educacionales sobre esta materia. A grandes rasgos, el apalancamiento financiero se define como la proporción entre el capital propio y el crédito. Pero vale la pena, sin perder rigor, utilizar ejemplos concretos que permitan una comprensión más sencilla de lo que implican las operaciones en las que se enmarca. Toma nota.

Básicamente, nos referimos a que se trata de emplear el endeudamiento para financiar una operación. Imagina, sin ir más lejos, una compra de acciones en la que las pagas tanto con tus propios fondos como con los que has pedido prestados al banco. Si posteriormente se revalorizan y logras venderlas, habrás conseguido multiplicar los beneficios que hubieras obtenido en esa misma operación si solo hubieras invertido tus propios fondos.

Por lo tanto, apalancarte te permite maximizar tus beneficios. Pero has de tener en cuenta que, si, por ejemplo, esa misma operación de antes conllevara una devaluación de las acciones, multiplicarías tus pérdidas. Incluso, según el volumen de tu posición, podrías llegar a tener que declararte insolvente. Recuerda que no solo vas a tener que devolver el dinero prestado con el que valían unas acciones que se han depreciado, sino que también trendrás que hacer frente a la devolución de los intereses por el crédito que te concedieron.

El apalancamiento no solo se puede llevar a la práctica en valores de la naturaleza de los del supuesto anterior, sino que también puede plasmarse en operaciones como la compra de una empresa, por citar una de las múltiples posibles.

¿Cómo operar en Forex sin apalancamiento?
Si bien utilizar el apalancamiento para operar con los contratos por diferencia supone una de las ventajas de este mercado que se explican en los libros de trading, los inversores novatos tienen el miedo justificado a acabar con su cuenta si hacen uso de él.

Los contratos por diferencia posibilitan operar sin el apalancamiento en corto y con numerosos activos. En los mercados de divisas son habituales estas actuaciones. Un contrato por diferencia sobre una divisa va a resultar más rentable que una operación sin apalancamiento.

Por otra parte, si vas a emplear el apalancamiento, debe hacerse con ciertas reservas para que no se produzca la quiebra de la cuenta. En este aspecto, te interesa que tu broker desempeñe su trabajo con la máxima transparencia. Como se señala en los cursos de bolsa para principiantes, te convendría rebajar el volumen del apalancamiento, lo que implicará unos stop loss más próximos a los precios del mercado y unos menores riesgos con el capital invertido. Por otra parte, cuanto menos retenga el operador, mayor será el apalancamiento.

Por último, si estás comenzando en Forex y vas a recurrir al apalancamiento, te aconsejamos que no lo uses en operaciones paralelas. Limítate a realizar una.

En definitiva, operar en Forex sin apalancamiento financiero es posible; pero, si lo utilizas, opera como lo haría un trader prudente e informado.

Cómo afrontar las rachas malas en trading

Quítate de la cabeza que los malos periodos en trading no existen. Llegan. Y debes estar preparado para afrontarlos y gestionar las emociones que conllevan. Por esto, es de vital importancia que hagas un ejercicio de conciencia para aprender a «saber perder».

De todas formas, ante periodos de pérdida demasiado largos, debes saber utilizar algún mecanismo de defensa. Si notas que tu cartera puede llegar a vaciarse del todo, para, analiza y dale una vuelta a cómo podrías revertir esa racha a través de tu «modus operandi «. Si necesitas cambiar algo en tu forma de hacer trading, ese será el momento.

Las malas rachas que se prolongan mucho pueden acaban minando tu seguridad y afectando directamente a tu desempeño como trader profesional. Por ello, ante todo, mantén la calma, confía en lo que sabes hacer y haz todo lo posible por hacer que las circunstancias se vuelvan en tu favor.

Vale. Estoy en un mal periodo en trading pero, ¿cómo revierto la situación?
De golpe y porrazo no vas a salir de una mala racha, ni existen trucos infalibles que te hagan entrar en un periodo ganador de la noche a la mañana. No obstante, sí que puedes ir dando pequeños pasos para salir de ese «agujero negro». Vamos a darte una serie de recomendaciones que pueden ser de utilidad para volver a ganar dinero.

No le tengas miedo a los gráficos: si te causa algo de ansiedad operar en real, vuelve a practicar en simuladores. Usa tus cuentas demo e intenta ver qué estás haciendo mal. Poner un poquito de distancia no es malo, al contrario, puede darte una nueva perspectiva que antes no veías. Cuando sientas de nuevo que vuelves a tener confianza para operar en real, hazlo, pero con calma. Opera pequeñas cantidades o microlotes y de ahí, para arriba.

Toma las riendas de tus emociones: en trading es muy normal perder el control de lo que sentimos, sobre todo cuando hablamos de emociones fuertes como la euforia, el miedo o la rabia. Más cuando estás empezando. Esta falta de control puede hacer que te precipites en tus acciones. Nuestra recomendación, es que estudies técnicas psicológicas para gestionar estos impulsos y poco a poco, vayas cogiendo más aplomo. Que, al operar, pese más lo que sabes (tu cerebro) que lo que sientes (tu corazón). ¡Ojo también a la venganza contra el mercado! Recuerda que no va «contra ti» y querer vengarse de una mala operación, no hará más que llenarte de pensamientos irracionales y bastante inútiles.

¿Tu estilo de trading va realmente contigo?: reflexiona sobre cómo eres; ¿muy organizado, impulsivo, le das muchas vueltas a las cosas, te dejas llevar por la intuición? Esas características de tu personalidad encuadrarán mejor con uno u otro perfil de trading y te ayudarán a seguir una estrategia definida con la que funciones más cómodo en el mercado.

¡Cuídate!: en todos los sentidos. Haz deporte, sigue una alimentación adecuada y saludable, duerme suficiente y bien, socializa y disfruta de la vida. Parecen consejos muy generales y manidos, pero es que, ¡FUNCIONAN! Así que no saques de tu mente aquello de «menos sana in corpore sano «

Analiza tus experiencias: si perder es algo habitual, aprender de ello debería ser algo obligatorio si quieres llegar a ser un trader profesional. Anotar lo que has hecho en casa sesión de trading que completes y reflexionar sobre tus posibles fallos, puede ser de gran ayuda para no volver a cometer los mismos fallos una y otra vez. Esta práctica además te dará perspectiva y ampliará tu capacidad analítica. Si te lías, pide ayuda a tu mentor.

«A veces lo complicado, es hacer lo más sencillo»: no te líes con operaciones complejas en las que intervienen un montón de indicadores y variables diferentes. Una estrategia de trading suele ser efectiva y productiva debido a su simplicidad.

«Repiensa» tu sistema: una mala racha demasiado larga te puede estar indicando que algo falla en tu sistema. Plantéate revisarlo y modificar aquello que pueda estar fallando.

Y ante todo no te agobies. Siguiendo estos consejos y manteniendo una actitud positiva, al final verás que los periodos malos pasarán. Ser rentable en trading requiere de tiempo, formación, gestión emocional y mucho ensayo-error.

Hacer trading e inversión en bolsa es una disciplina dependiente del conocimiento y una buena metodología. Por eso, para que tengas éxito, te hará falta una formación especializada y nociones de psicotrading.

4 maneras adicionales para ganar dinero con Amazon

Venta de tus propios productos en Amazon
La primera manera de ganar dinero con Amazon es probablemente la más obvia de todas, por lo que no nos detendremos demasiado en ella.
Se trata simplemente de vender tus propios productos en Amazon. La gran ventaja de hacer esto es que el número de potenciales compradores será muy superior si vendes en Amazon que si simplemente vendes a través de tu propia tienda online pues tendrás acceso a los clientes habituales de Amazon.

Además, Amazon te propondrá ideas para mejorar tus ventas y así podrás ganar aun más dinero.

El inconveniente es que tú te tendrás que ocupar de absolutamente todo el proceso de venta (incluido el envío y el servicio de atención al cliente), por lo que no se puede considerar una manera pasiva de ganar dinero con Amazon.
Dropshipping, o Amazon FBA
La mayoría de los vendedores de Amazon optan por esta vía, que consiste en vender marcas propias con productos comprados a bajo precio en China. El procedimiento sería el siguiente:

Compras grandes cantidades de un producto en China. Casi todo el mundo lo hace en Alibaba.
Envías tus productos desde China hasta el centro logístico de Amazon.

Posicionas el producto para que aparezca en las primeras búsquedas y que así los consumidores puedan encontrarlo.

La gran ventaja de este método es que una vez reciba el producto, Amazon se encarga de todo lo demás, por lo que para el vendedor es una forma bastante pasiva de obtener ingresos. El problema es que la competencia también es muy grande y los márgenes muy pequeños. Además, si el producto no se vende rápido, los costes de almacenaje se disparan.

Afiliación.

Amazon tiene un programa de afiliados muy popular al que cualquier persona puede apuntarse. La afiliación consiste en recomendar productos a cambio de una comisión, que en caso de Amazon oscila entre el 3 y el 10% del precio de venta del producto, según su categoría.

La forma de proceder en este caso sería la siguiente:

Mediante el análisis de keywords buscas un nicho de mercado que puedas rankear en Google con SEO. Lo ideal es que tenga productos caros y que se vendan bien en Amazon.

Creas una web o un blog en el que escribir análisis, opiniones y comparaciones sobre esos productos. El objetivo es que alguien que busque información en Google termine leyendo tu web.

Amazon te paga una comisión cada vez que alguien compre ese producto, siempre y cuando haya llegado a la web de Amazon desde tu web.

Como ves, es una manera bastante interesante y pasiva de ganar dinero con Amazon si se te da bien el SEO. Además, todas las partes implicadas ganan: Amazon porque vende, el consumidor porque recibe información gratuita sobre el producto y el creador del blog porque se lleva una comisión.

Invertir en acciones de Amazon

La última manera de ganar dinero (aunque también lo puedes perder) con Amazon que vamos a abordar en este artículo y que probablemente sea la más pasiva de todas en invertir en acciones de Amazon. Esta manera de ganar dinero con Amazon es la que ha hecho que Jeff Bezos se convierta en multimillonario.

Como tal vez recuerdes, a principios de los años 2000 explotó la burbuja de las puntocom. Ello se llevó por delante a una gran parte de las «.com», pero algunas pocas, entre las que destaca Amazon, se vieron reforzadas. Ello fue debido a que quedó claro que Amazon tenía un sólido modelo de negocio con un alto potencial de expansión que nada tenía que ver con todas las demás puntocom que no tenían un verdadero modelo de negocio.

En estos algo más de 15 años Amazon ha evolucionado y crecido mucho.

En enero 2013, la acción de Amazon cotizaba a cerca de $300. Ahora, 5 años después, lo hace a casi $1.300. Es decir, la acción se ha revalorizado más de un 430% en apenas 5 años (o, lo que viene a ser lo mismo, un 86% anual de media).

Si hubiéramos comprado la acción 5 años antes, en enero 2008, entonces hubiéramos ganado un 1.800%. Sí, como lo oyes, un mil ochocientos por cien (y eso que ha habido la crisis de las sub-primes entre medias).

Además, a la luz de los últimos resultados (tras el anuncio de resultados la acción subió un 13.5% en una sóla jornada, lo cual es una barbaridad para una blue chip) y el hecho de que Amazon gana constantemente nuevos clientes y, por lo tanto, cuota de mercado, es altamente probable que el precio de la acción siga subiendo en los próximos años.

Por si eso fuera poco, si Amazon decidiera en el futuro distribuir dividendos, eso aumentaría aun más lo que se podría ganar con Amazon. Dicho esto, recuerda que las empresas que no distribuyen dividendos también ven aumentar la cotización de sus acciones, pues eso significa que la empresa – y, por ende, sus acciones – valen más, con lo cual podemos ganar dinero con Amazon invirtiendo en sus acciones aunque no distribuya dividendos.

Por lo tanto, invertir en acciones de Amazon es una excelente manera de ganar dinero con Amazon.

Para comprar la acción hay que usar el ticker AMZN (la acción cotiza en el NASDAQ). Si deseas comprar acciones de Amazon pero aun no tienes un broker adecuado para ello, te recomendamos InteractiveBrokers.

Consejos finales para comprar acciones

Llegados a este punto, me gustaría darte unos consejos básicos que deberías tener en cuenta para comenzar con buen pie:

-Presta atención a las comisiones: Hay mucha diferencia entre las comisiones que te cobra un broker u otro por operar en bolsa. Fíjate bien en cada una de ellas y elige una que no tenga muchas comisiones, de lo contrario se comerán gran parte de tus beneficios.

-Gastos de custodia y cobro de dividendos: Muchos brokers, especialmente los bancos, te cobran por tener acciones compradas en tu cuenta y cada vez que cobras dividendos de una empresa. Procura elegir uno que no te cobre por estas cosas.

-Huye del apalancamiento: En la gran mayoría de brokers online te permiten comprar con apalancamiento, es decir, invertir más dinero del que tienes multiplicando tu inversión por 5 o por 10, sobre todo cuando inviertes en CFDs. Al principio, mientras aprendes, procura comprar acciones puras y sólo con el dinero que tengas realmente. Cuando tengas experiencia podrás optar a invertir con apalancamiento.

-Utiliza siempre Stop Loss: Esto quiere decir que pongas siempre un límite de pérdidas a tu inversión. Por ejemplo, si compras una acción a 3.50€, puedes poner una orden Stop Loss a 3.20€, es decir, que si en algún momento la cotización de esa empresa baja de los 3.20€ que se venda automáticamente. Esto te protege de que una acción pueda caer bruscamente de forma repentina por una mala noticia, por ejemplo, y también pones un límite de pérdida a una inversión que hayas hecho y que probablemente vaya por mal camino.